——— **199** ———
Johanna Paungger
Thomas Poppe
Il dizionario della luna

W0087659

*Opere di Johanna Paungger
e Thomas Poppe
pubblicate in questa collana:*

L'agenda della luna
Il dizionario della luna
Salute e benessere in armonia con le fasi della luna
Servirsi della luna

Johanna Paungger
Thomas Poppe

IL DIZIONARIO
DELLA LUNA

Con il calendario lunare 2005-2016

Traduzione di
Louisette Palici di Suni

TEA – Tascabili degli Editori Associati S.p.A., Milano
www.tealibri.it

Titolo originale
Das Mondlexikon

Prima edizione TEA Pratica ottobre 2003
Seconda edizione TEA Pratica settembre 2005

PREFAZIONE

Era ora! Siete in molti ad aver atteso a lungo, e ora finalmente ce l'avete in mano: il *Dizionario della luna*, un manuale per vivere in armonia con la natura seguendo i ritmi lunari.

Questo libro mette i profani in condizione di ottenere facilmente le informazioni più importanti e di fare preziose esperienze: non esiste infatti alcun campo della vita quotidiana in cui la scelta del «momento giusto» non sia di grande valore. Lo capirete anche voi: la conoscenza dei ritmi della luna fornisce un contributo fondamentale per tornare a vivere con saggezza e ragionevolezza la salute, il giardino di casa, l'agricoltura, la natura e non da ultima la vostra famiglia.

La nostra speranza è che il rapido successo che di sicuro vi verrà dall'utilizzo di questo libro vi possa spingere in seguito ad approfondire la materia, sollevando la vostra curiosità per i molteplici aspetti e gli interessanti particolari contenuti nei nostri libri precedenti.

I patiti della luna già esperti saranno invece felici di avere finalmente fra le mani lo strumento per trovare risposta a tutte le domande in modo rapido ma anche esaustivo. Una cosa è importante: il volume contiene molte voci mai trattate in quelli precedenti! Grazie alle numerose lettere seguite alla pubblicazione dei nostri libri abbiamo potuto capire quali siano i temi di maggior interesse per i nostri lettori: dalla cottura del pane alla lavorazione della lana alla ricetta per la lisciva di cenere di faggio da usare per la pulizia dei parquet.

Le colonne portanti di questo dizionario sono le numerose attività della vita quotidiana che possono trarre giovamento dalla scelta del «momento giusto»: dalla medicina all'arte di curare il giardino, dall'agricoltura all'economia forestale, dalle faccende domestiche alla ristrutturazione o addirittura alla costruzione di una casa. Ecco alcune voci che potrete trovare nel libro: <u>Sverniciare</u>, <u>Salassi</u>, <u>Concimare</u>, <u>Vetri – lavaggio</u>, <u>Concime organico – preparazione</u>, <u>Tinteggiatura</u>, <u>Dal dentista</u>.

Ogni voce è accompagnata da utilissimi suggerimenti sulle modalità di svolgimento e soprattutto da una piccola e chiara tabella per scoprire quale sia il momento più propizio per ogni attività. Chi vuole avere un buon appuntamento dal parrucchiere o fissare la data per un'operazione dall'esito favorevole, chi vuole essere sicuro che gli effetti della pulizia dei denti durino più a lungo, troverà subito quel che gli serve. Nessuna parte del corpo viene trascurata, e vi è anche un rimando sul momento migliore per intervenire su ogni singolo organo: proprio questo è stato il motivo che ci ha spinto a scrivere questo dizionario. E naturalmente non mancano numerose voci relative al vasto mondo della luna: da <u>Astrologia</u> a <u>Differenze nel calcolo del calendario lunare</u> a <u>Cibi e loro qualità</u>.

Oltre alla sua funzione di pura consultazione il libro si presta a essere letto sia in ordine alfabetico, dalla A alla Z, sia saltando qua e là e lasciandosi sorprendere dai numerosi aneddoti: il dizionario infatti contiene sì tutte le informazioni fondamentali sui ritmi della luna e della natura, ma anche alcune perle di saggezza per vivere meglio la propria vita.

Se i nostri precedenti libri *Servirsi della luna*, *Salute e benessere in armonia con le fasi della luna* e *Alles erlaubt!* sono come un banchetto con numerose portate, che si protrae per più giorni e ha bisogno di molto tempo per essere goduto senza rimpianti e poi digerito, questo *Dizionario della luna* è uno spazioso armadietto dei medicinali pieno di energia in pillole, che nelle più disparate situazioni della vita forniscono ognuna la spinta necessaria, l'informazione veloce e l'indicazione mancante: in una parola, uno strumento indispensabile.

Da quando è apparso il nostro libro *Servirsi della luna* la secolare scienza degli influssi dei ritmi lunari si avvia a riprendere il posto che le spetta nella nostra vita quotidiana, non come moda passeggera ma come elemento portante. Già oggi la sua riscoperta e il suo utilizzo danno un grande contributo alla nostra completezza e salute sia fisica che psicologica, e con essa a quella della nostra terra.

Il futuro non può rinunciare a questa saggezza, questo è certo. Il nostro augurio è che questo libro possa aiutarvi ad andargli incontro con serenità e un fardello più leggero.

Johanna Paungger-Poppe e Thomas Poppe

Prenditi tempo per lavorare;
è il premio del successo.
Prenditi tempo per pensare;
è la fonte della tua forza.
Prenditi tempo per giocare;
è il segreto della gioventù.
Prenditi tempo per essere gentile;
è la porta per la felicità.
Prenditi tempo per sognare;
è la via per le stelle.
Prenditi tempo per essere allegro;
è la melodia dell'anima.
Prenditi tempo per amare;
è la vera gioia della vita.

(Saggezza islandese)

ABETI DI NATALE – TAGLIO

Dice l'antica regola: «Gli abeti vanno tagliati tre giorni prima dell'undicesimo plenilunio dell'anno»; in questo modo, infatti, conservano i loro aghi per molto tempo. In passato i forestali dotavano questi alberi di «segni della luna». Anche i pini conservano gli aghi, purché, come gli abeti, vengano tenuti al fresco fino a Natale. Un nostro parente possiede un albero di Natale datato 1962, con ancora tutti gli aghi.

Una buona idea sarebbe quella di raccogliere al momento opportuno i rami per le decorazioni dell'Avvento, perché allora le tavole già imbandite non saranno piene di aghi.

Naturalmente non è sempre possibile tagliare gli abeti natalizi esattamente tre giorni prima dell'undicesimo plenilunio. Perciò è utile sapere che gli alberi di Natale e le decorazioni dell'Avvento si mantengono più a lungo e perdono più tardi gli aghi anche se tagliati con la luna crescente, poco prima del plenilunio. Anche le decorazioni di fiori seccati, se colti con la luna crescente, si conservano molto a lungo: in questo caso il segno zodiacale ha una grande importanza. La luna calante rende i rami, la rafia, la paglia etc. molto fragili.

AGOPUNTURA E LUNA

L'antichissima scienza empirica dell'agopuntura si fonda sul principio che la nostra pelle è come un amplificatore, che riceve tutte le informazioni e le rimanda all'interno. Numerosi e ben precisi sono i punti e le zone della pelle che fungono da porta d'accesso a determinati meridiani, circuiti energetici, organi e parti del corpo. Stimolandoli – con massaggi, pressioni, aghi, corrente elettrica o anche usando la radioterapia con determinati colori – si agisce positivamente su quel particolare organo.

L'agopuntura con i colori – sotto forma di radiazioni luminose che attraversano lamine o di luci colorate (rosse!) – si è dimostrata particolarmente efficace in caso di stati dolorosi di vario tipo. Viene impiegata con successo per dolori osteoarticolari, per accelerare la guarigione di fratture ossee, in caso di danni alla cartilagine, come terapia supplementare per ferite da operazione e dopo un trapianto, in caso di ustioni e di gambe piagate (queste ultime vanno sempre curate con luna calante!). In quasi tutte le malattie della pelle (dall'herpes agli eczemi fino alle reazioni allergiche) può avere un effetto lenitivo e terapeutico. Questa tecnica si è inoltre rivelata particolarmente efficace nel caso di dolori alla testa e di emicranie. Il vantaggio rispetto alla classica agopuntura con gli aghi è che non si arreca alcun danno alla pelle e non vi è alcun rischio di infezione.

Ogni volta che si pratica l'agopuntura è molto utile fare attenzione al momento più favorevole, e questo varia a seconda dello scopo che si persegue: per depurare l'organismo e ripulire il sangue il momento migliore è quando la luna è calante, per avere un effetto rinforzante e ricostituente è bene attendere quella crescente. Ovviamente dipende anche dalla parte del corpo che si vuole curare: è importante prestare attenzione alla posizione della luna nello zodiaco, dato che ogni segno « regge » per così dire una parte del corpo. Se per esempio si volesse curare un'emicrania cronica, i giorni più favorevoli sarebbero quelli dell'ariete (vedi Parti del corpo e segni zodiacali).

ALLES ERLAUBT!

Alles erlaubt! è il titolo del nostro terzo libro (dopo *Servirsi della luna* e *Salute e benessere in armonia con le fasi della luna*), in cui parliamo della possibilità di sfruttare i ritmi lunari e naturali in genere per nutrirsi meglio e curare il proprio aspetto fisico. In che modo si può mangiare sano, come prendersi cura del corpo in modo naturale, rispettando il proprio carattere individuale, in armonia con i ritmi della luna?

Uno dei segreti di una sana alimentazione sta nel sapere che fondamentalmente esistono due diversi tipi di persone: quello alfa e quello omega (vedi <u>Tipologie alimentari</u>). Può succedere che per voi il burro sia il grasso di cui avete più bisogno fino a tarda età, mentre per altri può essere pesante e provocare una sensazione di debolezza e spossatezza; il caffè può togliervi anche l'ultimo slancio, mentre per altri ha un effetto galvanizzante e tonificante; la farina di frumento può indebolire lentamente il vostro corpo, mentre per altri sarebbe impensabile iniziare la giornata senza una croccante baguette. Il nostro libro chiarisce prima di tutto queste differenze fondamentali e illustra il vantaggio che si può trarre da un'alimentazione commisurata al proprio tipo, senza bisogno di ricorrere a diete e rigide restrizioni.

Inoltre potrete apprendere molte cose nuove, ma di antica saggezza, sulla cura del vostro corpo in modo naturale e sano: in particolare come usare semplici accorgimenti per la vostra pelle, dandole le sostanze di cui ha bisogno per espletare tutte le sue funzioni, invece di «addormentarla» con prodotti chimici.

Per prima cosa presentiamo le nozioni base sulla luna, descrivendone i cicli e i loro effetti sull'igiene, il raccolto, la conservazione degli alimenti e la preparazione dei cibi.

Poi segue un'arringa contro l'utilizzo generalizzato di prodotti alimentari di tipo industriale e di conservanti chimici, a favore invece di un ritorno a un'alimentazione sana e a cosmetici di tipo naturale. Cerchiamo di convincervi a riscoprire una giusta fiducia in voi stessi, in modo da costringere supermercati e produttori a una seria riflessione: con la forza della sua libera scelta il cliente può decidere cosa debba stare sugli scaffali. È la domanda a determinare l'offerta.

Per imparare a nutrirsi in modo sano occorre innanzitutto riacquistare la nostra capacità di giudizio e il nostro intuito: osservare, annusare, assaggiare. Ma il primo passo è quasi obbligato: evitare tutte le sostanze aromatiche non naturali e gli additivi artificiali!

Il secondo passo, la <u>cura della luna</u> (vedi), che prevede un tè diverso a seconda delle fasi lunari così come giorni in cui si consuma solo della frutta o addirittura si digiuna, porta già alla guarigione e a un migliore intuito per cibi genuini, meglio tollerati dalla propria tipologia alimentare.

In seguito descriviamo i due tipi base – quello alfa e quello omega – in cui il lettore si può facilmente identificare sulla base di alcune domande; questi vengono poi armonizzati con il segno zodiacale in cui si trova la luna. Semplici consigli culinari e regole alimentari sempre valide illustrano la via all'alimentazione del nuovo millennio, in cui anche i colori dei cibi e il significato delle erbe hanno un ruolo fondamentale.

Chi desidera sentirsi bene nella propria pelle dovrebbe per prima cosa informarsi su questo importante organo di senso, ovvero sui diversi tipi di pelle e sull'importanza dell'acqua come cura principale per il nostro corpo. Segue un esauriente giro per il corpo e lo zodiaco, che insegna cosa fa bene al nostro organismo e quando. Sapevate per esempio che nei giorni dello scorpione un semicupio è particolarmente indicato?

In linea teorica è davvero «tutto permesso»: basta fare attenzione al momento giusto, dare ascolto al proprio personalissimo intuito e fidarsi delle proprie sensazioni. Se prenderete in considerazione queste circostanze, diverse da persona a persona, niente potrà più andare storto.

> *Un panino al burro, offerto*
> *volentieri e senza aspettarsi*
> *alcuna ricompensa, è mille*
> *volte più sano e nutriente*
> *del miglior pranzo festivo*
> *da sei portate con cui vogliamo*
> *solo impressionare gli ospiti.*

ANIMALI – ALLEVAMENTO E CURA

A questo punto vorremmo ricordarvi che tutte le regole che la luna ci suggerisce riguardo alla nostra salute e alla prevenzione delle malattie valgono anche per gli animali. I vostri «cuccioli di casa» rispondono altrettanto bene degli uomini alle operazioni eseguite al momento giusto, e un breve digiuno con la luna nuova o piena sarebbe altrettanto utile a un animale sovrappeso.

Per quanto riguarda la monta, secondo la nostra esperienza funziona meglio con la luna crescente, tanto quanto più si è vicini al plenilunio. Se poi contemporaneamente la luna è in leone, le condizioni sono ideali. In generale un altro segno buono è lo scorpione, non importa che la luna sia crescente o calante.

Tutte le altre regole per i nostri amici animali potete trovarle sotto le singole voci dedicate a noi umani.

APPARATO DIGERENTE –
INTERVENTI ALL'APPARATO DIGERENTE

Avete già letto la voce <u>Interventi chirurgici</u>? Sarebbe meglio darci un'occhiata prima di fissare l'appuntamento per un'operazione.

Vorremmo ricordarvi una cosa: molti elementi sono decisivi per la riuscita di un intervento chirurgico, dalla competenza del medico allo stato generale di salute del paziente fino alla disponibilità degli strumenti necessari. E non da ultimo sono in gioco anche circostanze determinate dal destino: l'esito di operazioni d'emergenza, per esempio, soggiace di sicuro a leggi superiori.

Nel caso di interventi chirurgici molti fattori sono controllabili, altri no. Ma una cosa è certa: anche lo stato della luna e le sue fasi possono in un dato momento influenzare la riuscita o meno di un'operazione.

La regola di base è molto semplice: tutti gli interventi andrebbero, se possibile, programmati con la *luna calante*, e ciò è tanto più importante quanto più l'operazione è difficile ed estesa.

Le regole per gli interventi all'apparato digerente

Si può fare:	con la luna calante, ma non in leone, vergine e bilancia.
Da evitare:	con la luna crescente.
Il momento peggiore:	con la luna crescente in leone, vergine, bilancia così come tre giorni prima del plenilunio fino al plenilunio compreso, non importa in quale segno.

Se aspetterete il momento giusto: diminuisce il rischio di emorragie e di cicatrici permanenti. Il decorso postoperatorio è più veloce, il pericolo di complicazioni minore.

Se sceglierete il momento sbagliato: complicazioni e infezioni postoperatorie sono più frequenti con la luna crescente, e la fase di guarigione e convalescenza dura di norma più a lungo. Intorno al plenilunio si possono verificare emorragie forti e difficili da arrestare. Anche la cicatrizzazione presenta qualche problema, e il rischio di cicatrici brutte o permanenti è molto più alto. Possono anche essere necessari più interventi per raggiungere risultati apprezzabili. Grande rischio di dolori ai nervi.

E non dimenticate: è fondamentale chiedersi se l'intervento è davvero necessario! Riflettete sul fatto che certe operazioni non vitali (cistifellea, intestino cieco, tonsille) vengono eseguite su pazienti medici e avvocati l'80 per cento in meno rispetto al resto della popolazione, e non certo perché queste categorie vivano in maniera più sana. Prima di un'operazione importante sentite sempre un secondo parere: non può farvi che bene.

Le operazioni allo stomaco e all'intestino possono rivelarsi miracolose oppure dannose. Fate sempre attenzione al momento giusto, anche nel caso di esami con lo specolo o simili!

ASTROLOGIA

Chi, dopo l'uscita del nostro primo libro *Servirsi della luna*, lo avesse cercato in una libreria, lo avrebbe quasi certamente trovato nella sezione dedicata all'astrologia. E comprensibilmente, perché da principio non si è trovata alcuna etichetta pronta per un libro che nel corso del tempo avrebbe conquistato una sua nicchia e che oggi è disponibile in molte sezioni: da quella sul giardinaggio a quella dedicata alla salute piuttosto che vicino alla cassa.

Tanto per fare un po' di luce nelle tenebre: la scienza della luna non ha a che vedere né con l'astrologia né con i superficiali oroscopi di giornali e riviste. Questi infatti stanno all'astrologia classica, esercitata in maniera seria e competente come spesso le previsioni del tempo stanno al tempo: «Domani sarà variabile o resterà come oggi».

Quella dei ritmi lunari e dei loro influssi su tutto ciò che è vivente è un'antica sapienza basata sull'esperienza, che da secoli gli uomini utilizzano e vivono come parte irrinunciabile e naturale della loro quotidianità.

L'unico punto di contatto con l'astrologia è il modo di calcolare il calendario lunare riportato nei nostri libri: è questa la sola cosa che occorre. Ogni anno cambia, e viene calcolato sulla base delle effemeridi, lo strumentario dell'astrologia.

Da secoli lo stesso sistema viene usato anche per altri tipi di calendari, come ad esempio il *Voralberger Schreibkalender* o, negli Stati Uniti, l'*Old Farmer's Almanac* (quest'ultimo dal 1786). In alcune regioni, soprattutto in Austria, non vi è cucina in cui non si trovi appeso uno di questi calendari, e non perché i proprietari si intendano di astrologia, ma perché sono grati ai loro antenati per la sapienza tramandatagli, che apprezzano e utilizzano.

Il desiderio di farvi conoscere un piccolo pezzetto di questa sapienza accompagnerà ancora a lungo il nostro lavoro.

BACINO – INTERVENTI ALLE ANCHE, AI RENI, ALLA VESCICA

Avete già letto la voce Interventi chirurgici? Sarebbe utile darci una breve scorsa prima di accertare la data più propizia per un'operazione.

Vorremmo ricordarvi una cosa: ci sono molti fattori che determinano la buona riuscita di un intervento, dalla capacità del chirurgo allo stato generale del paziente fino alla possibilità di avere gli strumenti necessari. E, non da ultime, sono in gioco anche circostanze volute dal destino: il successo di operazioni d'emergenza, ad esempio, risponde sicuramente a leggi superiori.

In questo campo esistono circostanze e fattori che possiamo controllare, altri no. Ma una cosa è certa: anche lo stato della luna al momento dell'operazione influisce sulla sua riuscita. La regola d'oro è molto semplice: qualsiasi operazione andrebbe eseguita se possibile con la luna calante, e questo vale tanto più quanto più è difficile l'intervento.

Le regole per gli interventi alle anche, ai reni e alla vescica

Si può fare:	con la luna calante, ma non in vergine, bilancia e scorpione.
Da evitare:	con la luna crescente.
Il momento peggiore:	con la luna crescente in vergine, bilancia e scorpione così come tre giorni prima del plenilunio (compreso questo), non importa in quale segno.

Se aspetterete il momento giusto: vi è una minore possibilità di emorragie, le cicatrici potrebbero essere più piccole e non permanenti. La guarigione è più rapida, minore il pericolo di complicazioni. Proprio nelle operazioni alle anche si sono registrati buoni risultati quando sono state eseguite al momento giusto.

Se sceglierete il momento sbagliato: quando la luna è crescente vi è un rischio maggiore di complicazioni e infezioni dopo l'operazione, e le fasi di guarigione e convalescenza sono di solito più lunghe. Intorno al plenilunio possono verificarsi più spesso emorragie forti e difficilmente arrestabili. Anche la cicatrizzazione non è senza problemi, e il pericolo di avere cicatrici brutte e permanenti è molto più alto. A volte si rendono necessarie più operazioni per ottenere un risultato quantomeno soddisfacente. Maggior rischio di nevralgie.

Da non dimenticare: la domanda fondamentale è se l'intervento è davvero necessario! Riflettete sul fatto che medici e avvocati vengono mediamente sottoposti a certe operazioni non vitali (alla cistifellea, all'intestino cieco, alle tonsille etc.) fino all'80 per cento in meno rispetto al resto della popolazione: e non certo perché queste categorie vivano in modo più sano. Prima di un intervento importante, quindi, cercate di avere sempre almeno due pareri: non può farvi che bene.

BALLARE

Fate quattro salti ogni volta che potete! Non esiste una cura del corpo che sia vera ed efficace senza movimento fisico e ginnastica. Fatevi ispirare da noi. Perché le persone che ballano molto sono così incredibilmente sane? La danza – classica o moderna che sia – è uno dei migliori rimedi che vi siano al mondo! Allora, a ballare!

Le regole per ballare

Il momento migliore:	quasi sempre.
Si può fare:	quasi sempre.
Periodo neutro:	raramente.
Da evitare:	raramente.
Il momento peggiore:	solo quando avete la febbre o male ai piedi, e anche in quel caso potete sempre tamburellare le dita e cantare!

Consigli particolari: ballate in senso orario! In questo modo potrete davvero depurarvi e disintossicarvi. I movimenti verso sinistra sono permessi, ma alla lunga hanno un effetto bloccante e vi possono rendere aggressivi e lunatici. Se i medici prescrivessero ai loro pazienti di andare a ballare almeno una volta la settimana, molti piccoli disturbi potrebbero trovare una soluzione. Ballare è anche uno dei metodi migliori per combattere la depressione. Restare svegli tutta la notte ballando, magari per festeggiare la luna piena: un'esperienza che parlerà da sola.

BIORITMI

Chi a poco a poco ha iniziato ad accumulare esperienza sui ritmi lunari e sui loro effetti scoprirà anche quanto sia vantaggioso abbinarli al proprio bioritmo personale. Anch'esso infatti, insieme ai ritmi lunari, ai salassi e così via, appartiene a un'arte medica da lungo tempo dimenticata: un sapere prezioso e fruttuoso in particolare quando si ha a che fare con i bambini.

Dal giorno della nascita in poi le energie del bioritmo umano agiscono sul corpo, sulla mente e sull'anima, dove con quest'ultimo termine si intendono l'umore, i sentimenti, la psiche: esse compenetrano molte delle cose che facciamo, sentiamo e pensiamo. Prendere coscienza di questo influsso può essere di grande aiuto in molti campi, dal lavoro alla vita privata, soprattutto perché le conseguenze sono sotto molti aspetti prevedibili. I ritmi che ci accompagnano dal giorno in cui siamo nati, e che seguono un lentissimo orologio interiore, sono tre:

- il ritmo fisico, della durata di 23 giorni;
- il ritmo psichico, di 28 giorni;
- il ritmo mentale, di 33 giorni.

Ognuno di questi ritmi, fino alla metà della sua durata, ci riserva una lunga fase alta che cresce lentamente fino a un punto massimo. Una volta raggiunto, vi è un drastico e rapido cambio di direzione verso il basso fino a raggiungere il punto di partenza: comincia quindi una fase bassa finché non si raggiunge il punto situato più inferiormente, da dove il ritmo risale improvvisamente verso l'alto per iniziare una nuova fase. Dal grafico qui sotto è possibile vedere il percorso un po' particolare di queste curve: potete notare per esempio come la curva del bioritmo psicologico nel giorno 8 aprile punti dapprima verso l'alto, mentre il giorno 22 aprile – il primo in cui si verifica il cambio di direzione – precipiti decisamente verso il basso per poi dirigersi verso il punto più basso per 14 giorni. Il 16 maggio, quando si verifica un'al-

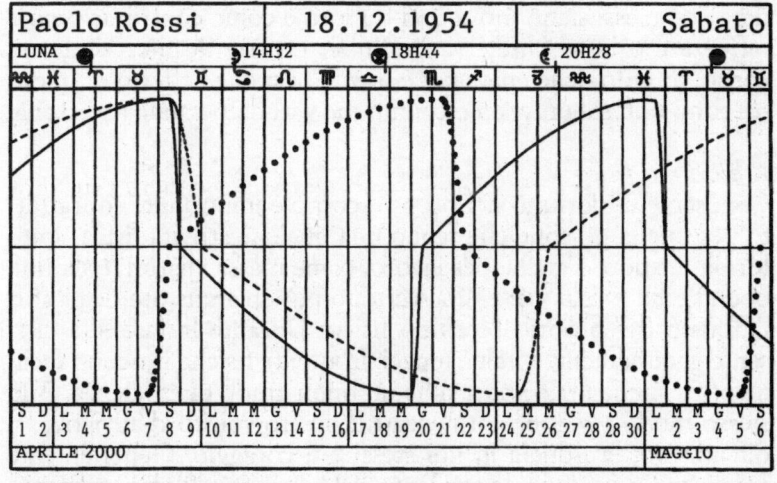

tra inversione, si compie un ciclo e il ritmo ricomincia da capo. Il giorno in cui si verificano le inversioni coincide esattamente con il giorno della settimana in cui siamo nati.

Il ritmo fisico ha lo stesso andamento, ma la fase alta termina già dopo 11 giorni (11,5 per l'esattezza), e l'intero ciclo finisce dopo 23 giorni; la sua curva è quindi più ripida. Il ritmo mentale ha una fase alta che dura 16 giorni (16,5) e a quel punto si inverte. La fase bassa che segue raggiunge dopo 33 giorni il punto d'inizio di un nuovo ciclo. Questo ritmo ha quindi la curva con minor dislivello.

In tutti i ritmi i giorni in cui si inverte la tendenza rivestono una grande importanza: essi sottolineano sempre un periodo critico, che può durare ore come un giorno o anche più. L'effetto sul corpo, sulla psiche e sulla mente si può paragonare a un improvviso cambiamento climatico, un po' come succede quando c'è la luna piena.

I tre bioritmi dell'uomo
Questi tre ritmi ci influenzano continuamente, compenetrandosi, rafforzandosi o indebolendosi a vicenda e interagendo con molti altri influssi come lo stato di salute, l'età, le sollecitazioni dell'ambiente esterno, il grado di stress e così via. Dai grafici potete vedere come essi siano intrecciati tra loro e come contribuiscano a rafforzare o indebolire i vari influssi. Lo stretta interazione tra corpo, mondo delle emozioni e mente fa sì che l'effetto di questi tre ritmi non sia univoco e comunque vari da persona a persona.

Il bioritmo fisico
Conoscere il bioritmo del proprio corpo è importante soprattutto per quelle persone che fanno una qualche attività fisica, sotto forma di sport o anche per lavoro, come massaggiatori, ballerini, operai edili e così via: essi avvertono più chiaramente degli altri l'influsso del proprio bioritmo fisico. Durante la fase alta ci si sente generalmente vitali e tenaci, le attività fisiche riescono facilmente e anche nello sport si ha un buon grado di efficienza. Allo stesso modo vengono influenzati il nostro spirito d'iniziativa, il dinamismo, la fiducia in noi stessi e il coraggio. Generalmente nei giorni in cui muta la tendenza del bioritmo si ha un momento critico: dal punto di vista della salute si è più fragili; compiti che altrimenti svolgeremmo senza problemi richiedono ora una mag-

giore concentrazione; anche per quanto riguarda l'interazione tra nervi, muscoli e articolazioni è come se ci fosse della «sabbia nell'ingranaggio». La fase bassa è caratterizzata da un generale calo di energia e da una minore forza fisica; dopo grossi sforzi abbiamo inoltre bisogno di pause più lunghe per recuperare. Proprio gli ultimi giorni di questa fase sarebbero i più indicati per il riposo e la quiete, in vista di recuperare le energie; sarebbe comunque bene evitare sforzi estremi.

Il *bioritmo psichico*

Questo ritmo influenza la nostra capacità di percezione e di sensazione sia interna che esterna, e in generale il mondo delle nostre emozioni, l'intuizione e la creatività. È particolarmente importante per chi ha a che fare con le persone: educatori, medici, personale sanitario, padri spirituali e così via.

Nella fase alta si è emotivamente più vivaci, e si riesce più facilmente a cogliere gli aspetti positivi della vita e a mantenere una visione ottimistica delle cose. Proprio chi svolge un servizio a favore degli altri – sia cameriere, insegnante o guida spirituale – è ora al meglio della sua forma e con la forza dei pensieri positivi può fare molto bene.

Ogni 14 giorni e sempre nel giorno della settimana in cui si è venuti al mondo (a volte anche un giorno prima, soprattutto se siete nati al mattino molto presto) il ritmo psichico muta, e si ha un breve momento di confusione: irritabilità, terremoti sentimentali, conflitti psicologici sono all'ordine del giorno in questa fase.

Durante la fase bassa reagiamo peggio del solito alle cattive notizie, cadendo più facilmente in un umore di fondo pessimista, abbattuto e ansioso. Percepiamo più chiaramente la mancanza di senso in molte cose della vita. Chi ha la tendenza a far governare la propria vita dalla cattiva coscienza è ora più che mai una vittima designata. In questi giorni, in particolare alla fine della fase bassa, è importante usare un po' di autodisciplina, per non concedere troppo spazio al pessimismo. Fare la predica a dei bambini che stanno attraversando questa fase è totalmente inutile: gli entrerà da un orecchio e gli uscirà dall'altro.

Il *bioritmo mentale*

Riguarda soprattutto la capacità di lavorare e pianificare con la mente. I campi che ne risultano influenzati sono la logica, l'intelletto e la capacità di apprendimento, il pensiero previdente, la capacità associativa e l'orientamento sia in senso interiore che pratico. Insomma, la «presenza mentale» nel senso più vero del termine. Gli insegnanti di tutte le materie, i politici, i relatori, i giornalisti e gli scrittori percepiscono con intensità gli alti e bassi di questo ritmo. Forse potrete immaginare quale effetto abbia la sua fase alta: tutte le attività legate alla mente risultano rafforzate, si apprendono materie nuove e informazioni più facilmente e si rielaborano e riferiscono senza fatica. Si è più concentrati: se si frequentasse un corso di perfezionamento in uno di questi giorni, si otterrebbe di certo un risultato molto migliore che non nei giorni di fase bassa. Il cambio di tendenza del bioritmo mentale blocca l'energia dell'intelletto. La reattività non è al massimo: guidatori e pedoni dovrebbero stare particolarmente attenti e prepararsi a commettere essi stessi degli errori più spesso e più facilmente. Questo periodo impedisce spesso l'apprendimento di una materia nuova. Il metodo migliore di adattarsi al cambiamento è quello di evitare compiti complicati e di aumentare la concentrazione.

Qualcosa di simile si può dire per il periodo che va dal ventesimo al trentatreesimo giorno del bioritmo mentale: nella fase bassa si è meno reattivi emotivamente e più facilmente esauriti a livello mentale, soprattutto se abbiamo dei compiti difficili da svolgere. Cala la voglia di imparare e la capacità decisionale; le paure diventano così vere da sembrare realtà. Ai bambini andrebbero insegnate nuove materie solo quando attraversano una fase alta.

Il bioritmo nella vita di tutti i giorni

Chi è in grado di «sentire» il proprio bioritmo ne scoprirà ben presto l'utilità. Se uno scolaro è in una fase bassa, è spesso totalmente inutile introdurre una nuova materia. I genitori dovrebbero fare attenzione al bioritmo dei loro figli, evitando di aggiungere altre fatiche in questi giorni particolari. Se compiti particolarmente impegnativi cadranno in giorni positivi dal punto di vista del bioritmo, le possibilità di un buon risultato saranno molto maggiori: esami di ogni tipo (soprattutto quelli di guida!), colloqui d'assunzione, candidature, colloqui con impiegati e superiori, scadenze di lavoro impegnative. Per importanti sfide sportive, a parità di rendimento andrebbero scelti quegli atleti che sono in una fase alta.

Conoscere il proprio bioritmo è utile solo se si continua a studiarlo e a capirlo – da soli, senza aiuti esterni –, se lo si accetta e soprattutto se non lo si usa come scusa per la vita di tutti i giorni. Chi vuole porre modelli o regole troppo rigide a questo proposito (tipo: «quando muta il bioritmo fisico non si dovrebbe guidare») è più interessato a mantenere le persone in uno stato di dipendenza che non a liberarle. Come per i ritmi della luna, anche per i bioritmi non esiste un bene e un male. Dipende sempre da come saprete sfruttare la conoscenza del vostro personale bioritmo.

Osservate, sperimentate, prendete appunti: in questo campo l'esperienza personale è più importante delle informazioni che vi vengono dall'esterno. Queste sono solo uno strumento, per quanto importante. La testa, le mani e soprattutto il cuore di chi fa uso di questo strumento dipendono dall'esperienza e dall'esercizio, e dalla gioia che ci si mette. Tutto quello che farete con gioia e con amore darà buoni frutti.

BUCATO

Provate a fare un semplice test che vale più di mille parole: con la luna calante e poco prima del novilunio mettete a bagno in acqua tiepida un bucato mediamente sporco, aggiungendovi un po' di detersivo o di sapone in pasta. Ripetete l'operazione con la luna crescente poco prima del plenilunio e confrontate i risultati dopo una o due ore.

Rimarrete a bocca aperta: con la luna crescente l'acqua resta pulita e i vestiti sporchi, mentre con la luna calante lo sporco si scioglie e dal colore dell'acqua si capisce dove è andato a finire!

Può darsi che vi sia già capitato di notare che a volte il bucato profuma di più e sembra più fresco benché abbiate usato il solito detersivo.

La buona riuscita di un lavoro di pulizia, sia di una stanza che di capi di vestiario, dipende molto dal momento in cui lo fate.

Le regole per fare il bucato

Il momento migliore:	con la luna calante in cancro, scorpione e pesci.
Si può fare:	con la luna calante.
Da evitare:	con la luna crescente.
Il momento peggiore:	con la luna piena.

Se sceglierete il momento giusto: risparmierete molto detersivo, i tessuti vengono rispettati e si conservano bene; anche le macchie più difficili si lasciano rimuovere facilmente. Il detersivo non resta attaccato ai vestiti.

Se sceglierete il momento sbagliato: il bucato non viene così pulito, si forma molta schiuma; resta più detersivo sui vestiti e ciò può provocare allergie.

Consigli particolari: non lasciate i vestiti sporchi che non lavate subito ammassati da qualche parte lontano dall'aria: il rischio che si formino macchie di muffa nei giorni della bilancia con la luna crescente è maggiore. Se la luna è crescente togliete subito il bucato dalla lavatrice e cominciate ad asciugarlo prima che puzzi di muffa e debba essere lavato di nuovo.

Un consiglio per le macchie di unto (soprattutto di lubrificanti per auto o oli per biciclette): frizionatele con un po' di strutto in un giorno d'acqua con la luna calante. Poi lavate il bucato normalmente.

Se possibile evitate di usare detersivi in tavolette. In questo modo non vi rendete conto della quantità che ne mettete e non potrete sfruttare l'occasione della luna calante per usarne meno.

Prendersi cura del proprio corpo vuol dire anche non esporlo continuamente a contatto di sostanze tossiche di cui oggigiorno molti vestiti sono pieni. Fitofarmaci, coloranti, metalli pesanti, circa 3000 diversi additivi chimici e non da ultimi i resti di detersivo possono causare molteplici forme allergiche. Fate attenzione alla dicitura «biologico» sui vestiti, richiedetela e soprattutto abituatevi a lavare a fondo tutti i capi di vestiario appena acquistati prima di indossarli, meglio se con la luna calante.

Nelle famiglie molto numerose è ovviamente impossibile fare tutto il bucato solo con la luna calante. Noi abbiamo fiducia nella vostra creatività almeno nel tentare di fare il grosso del lavoro in quest'epoca. I risultati che otterrete parleranno da soli e vi daranno l'ispirazione per fare altri cambiamenti nel vostro modo di condurre la casa.

CALCARE

A volte può essere un problema togliere il calcare da macchinette del caffè, ferri da stiro e simili; lo stesso vale per quegli aloni di calcare difficili da togliere, per esempio nella cabina doccia etc. Chiunque ha potuto vedere che a volte si riescono a eliminare, altre ritornano dopo breve tempo. Ecco il nostro consiglio: lavorate sempre con la luna calante, mai con quella crescente! In seguito potrete fare ricorso con fiducia a sistemi più dolci (usando l'aceto etc.).

CALCESTRUZZO

Qualsiasi architetto e costruttore edile sa perfettamente che le superfici in calcestruzzo si crepano senza alcun motivo apparente, oppure – peggio ancora – l'umidità vi penetra anche se sono state impermeabilizzate. Il più delle volte la colpa viene attribuita ai soliti sospetti: il tempo, la qualità del calcestruzzo, le improvvise ondate di freddo, il lavoro nero e così via. Ai committenti queste discussioni poco importano, e anche quando dopo un po' di tempo ricevono un indennizzo, il danno è ormai difficile da eliminare.

Se seguirete le regole sottoindicate, potrete rimuovere le cause per cui fondamenta, pareti e soffitti in calcestruzzo si crepano.

Le regole per colare il calcestruzzo

Il momento migliore:	con la luna calante nei segni dell'ariete, della vergine e del capricorno.
Si può fare:	con la luna calante, tranne i giorni del leone.
Da evitare:	in generale con la luna crescente e in uno dei segni d'acqua (cancro, scorpione e pesci).
Il momento peggiore:	in generale con la luna piena, soprattutto quando è in leone.

Se aspetterete il momento giusto: il calcestruzzo si seccherà uniformemente e si salderà in modo resistente al terreno e alle altre superfici. Il rischio che si formino crepe è molto basso. Le casseforme (possibilmente oliate a regola d'arte in precedenza) si staccano più facilmente.

Se sceglierete il momento sbagliato: è possibile che in leone il calcestruzzo secchi troppo rapidamente, e quindi il rischio di crepe è maggiore. Poco prima della luna piena le superfici in calcestruzzo legano male con altri materiali e fra di loro. Anche l'utilizzo di nastri per le giunture può deludere le vostre aspettative.

Consigli particolari: se nel momento più propizio dovesse fare molto caldo, spruzzate le superfici con dell'acqua ogni due ore per favorire un'asciugatura uniforme.

Sarebbe importante attendere il momento migliore anche per costruire le pareti della vostra cantina. Se il lavoro viene eseguito con la luna crescente in uno dei giorni dei segni d'acqua (cancro, scorpione, pesci) le pareti asciugheranno molto difficilmente: questo provoca una maggiore umidità, che è sempre terreno di coltura per la muffa.

Al contrario tutti i soffitti, compreso quello della cantina, dovrebbero asciugare molto lentamente, per evitare che si formino crepe. A questo scopo ci si può aiutare bagnandoli con dell'acqua (ogni 2 o 3 ore circa spruzzateli con una canna). Questo lavoro fatto al momento giusto può essere decisivo per il risultato finale.

A questo punto non possiamo evitare di dire che il calcestruzzo come materiale da costruzione per abitazioni ha un effetto piuttosto nocivo per la nostra salute, poiché sembra che sottragga energia. È difficile descrivere che cosa questo significhi esattamente, ma lo si può facilmente provare e sentire. È un'azione a lungo termine, che da principio attacca l'organo di volta in volta più debole e nelle persone sane l'intero sistema immunitario: un po' come se del grano fuoriuscisse lentamente da un granaio, finché poi è troppo tardi. Uno dei sintomi più frequenti consiste in una sensazione di freddo alla zona dei reni, mentre il resto del corpo resta a temperatura normale.

Questo potere indebolente si può neutralizzare, ma solo con una certa spesa: basterebbe uno strato di sughero di 5 cm. Più è spesso il sughero, maggiore è il suo effetto di protezione. Su questo sughero è possibile pitturare, tappezzare, intonacare. Una soluzione dispendiosa, certo, ma che valore date alla vostra salute e al vostro benessere? Un normale rivestimento di legno può essere utile, ma non quanto il sughero. Quando potete, dunque, rinunciate al calcestruzzo, usandolo solo dove è necessario e quando non danneggia la salute di nessuno.

Vi sono casi in cui l'utilizzo del calcestruzzo è sensato, o perlomeno vi sono posti in cui non disturba; dovrà passare ancora molto tempo perché esso venga sostituito dal legno ovunque sia possibile. Alcune cantine, per esempio, non possono essere mantenute secche se non con il calcestruzzo impermeabile. Se dunque doveste aver bisogno di usarlo, ricordate che il momento giusto per farlo è di grande importanza, esattamente come in molti altri campi della vita... nel vero senso della parola.

È chiaro che senza compromessi non è possibile costruire una casa. Voi stessi, nella fase di progettazione, parlerete con diversi costruttori e sceglierete quello che prometterà di rispettare i tempi desiderati. Non dimenticate che quasi tutte le persone che per lavoro hanno a che fare con la costruzione di case e di interni o con la lavorazione del legno hanno provato la validità delle regole della luna, spesso senza saperlo. Basta che confrontino la data di episodi strani e inspiegabili, e molto presto stabiliranno un collegamento tra questi fenomeni e lo stato della luna. Un esempio convincente è il comportamento di certe recinzioni: a volte cadono al primo colpo di vento, altre sono a prova di bomba per decenni interi.

(IL) CALENDARIO LUNARE: UNO STRUMENTO INDISPENSABILE VEDI ANCHE: DIFFERENZE NEL CALCOLO DEL CALENDARIO LUNARE

La scienza che studia i ritmi della luna e della natura richiede un solo strumento di lavoro: il calendario lunare, in cui sono riportate le varie fasi e la posizione della luna nello zodiaco. Potete trovarne uno alla fine di questo libro.

Dalle numerose lettere che riceviamo da tutto il mondo (i nostri libri sono stati finora tradotti in 18 lingue) sappiamo quali sono le domande che i nostri lettori ci pongono su questo tema e quali esperienze hanno accumulato nel corso degli anni. Ora vogliamo trasmetterle a voi e nello stesso tempo fornire qualche risposta che potrebbe tornarvi utile.

Il calendario lunare è calcolato sulla base della posizione della luna nello zodiaco. Tutte le belle esperienze di cui parliamo in questo libro – dall'imparare a nutrirsi in modo sano al prendersi cura del proprio corpo, dall'arte di raccogliere e usare le erbe mediche a un'edilizia biologica – si basano su questo calendario, in uso da millenni.

Come oggi sappiamo, questo calendario è valido in tutto il mondo per quanto riguarda la posizione della luna nello zodiaco. Quando la luna si trova nel segno dei pesci si manifesta la particolare energia tipica di questo segno sia che ci troviamo in Alaska, in Australia, nello Zaire o a Cipro. Le fasi lunari invece sono soggette alle variazioni di orario, per cui al di fuori dell'area mitteleuropea occorre tenerle presente (vedi anche Differenze nel calcolo del calendario lunare).

L'insieme delle regole sui ritmi della luna e della natura è valido in tutto il mondo, anche nell'emisfero meridionale del nostro pianeta, dal Sudamerica al Sudafrica fino all'Australia e alla Nuova Zelanda. Vi sono piccole «eccezioni» dovute al fatto che laggiù le stagioni sono opposte rispetto alle nostre: quando da noi è inverno là è piena estate, e quando nelle zone temperate cadono le foglie da noi soffia il vento della primavera. Questa differenza è significativa soprattutto nel campo del giardinaggio e dell'agricoltura, per esempio nel determinare il momento giusto per tagliare la legna: in genere il periodo più adatto è quello in cui la

Schreib-Kalender,

Auf eine besondere Form und Weise, allen Obrigkeiten, Kauf- und Handelsleuten, auch männiglich zum täglichen Nutzen also eingerichtet.

Auf das Jahr nach der Geburt JESU Christi

1793.

Welches ein gemeines Jahr von 365 Tagen ist.

Sammt einer kurzen Praktika, darneben auch die fürnehmsten Jahr-Märkte im Churfürstenthume Ober- und Niederbaiern: anbey auch zu sehen, wie der Tag alle Monathe des ganzen Jahrs aufsteiget, und wiederum abnimmt nach münchnerischem Horizonte.

Mit Begnehmigung des Churfürstlichen Bücher-Censur-Collegiums.

Mit Ihro Churfürstl. Durchl. in Baiern Gnad und Privilegio, nicht nachzudrucken.

München,
druckts und verlegts Franz Hübschmann, nächst den PP. Karmelitern.

linfa delle piante è in stato di quiete, ovvero, nelle regioni temperate o fredde dell'emisfero sud, perlopiù in inverno, tra il 21 giugno e il 6 luglio, mentre nelle zone tropicali questo è il periodo del grande caldo e della siccità. Facendo un po' di esperimenti è possibile usare lo stesso sistema anche per l'emisfero sud del globo.

Januarius.		
Als Jesus 12 Jahre alt war. Luc. 2.		**Tagsl. 8 St. 33 m.**
F 1 Sonntag. ♒ Hilar. B. Godefrid. ☾ in der Erdnähe, verspricht	13	
g Monhtag. ♒ Engelmar. Malachi. ☉ aufg. 7 U. 42 m. ♂♂, schon	14	
a Dienstag. ♓ Maurus. Secundina ☾ ☍, ♂♀, ✳♀ st c. mehr Sonnschein	15	
b Mittwoch. ♓ Honoratus. Marcell. ♀ unt. 7 U. 49 m. Ab. △ ♃, doch mit	16	
c Donnerstag. ♈ Anton Abt. Priscilla ☾ unt. 10 U. ab. □ ♀ st. Wolken	17	
d Freytag. ♈ Gamelbert. Prisca. ☉ unt. 4 U. 22 m. abwechselnd	18	
e Samstag. ♒ Fulgenz. Kanut. K. ☉ in ♒ 12 U. 46 m. ☽ 3 U. 19 m. fr.	19	

Münchner Thorsperr vom 16 bis 31 um halb 6 Uhr.

Ma la differenza più visibile è l'aspetto della luna calante e crescente nel cielo. Nell'emisfero nord infatti la luna cresce da destra verso sinistra, mentre in quello meridionale da sinistra verso destra. Poiché è probabile che la maggior parte dei lettori di questo libro vivano nell'emisfero nord, abbiamo raffigurato la luna come la si può vedere alle nostre latitudini.

Alla fine entra in gioco il vostro sano buon senso: le informazioni che vi forniamo vanno prese come stimolo a compiere questo viaggio nel regno dei ritmi naturali della luna. Fate le vostre esperienze, sperimentate e provate: alla lunga è sicuramente questa la cosa migliore, piuttosto che essere guidati passo passo da un libro.

Non è possibile ridurre la natura a uno schema fisso né governarla con ricette già pronte, anche se ci farebbe molto comodo. A nostro parere questa è la più bella e vitale delle sue caratteristiche. Il calendario lunare è uno strumento prezioso, ma niente di più: non può sostituire la vostra capacità di osservare e di sperimentare. Anzi, può servire come chiave per ampliare la vostra percezione. Da questo vi deriverà una forza che potrete sfruttare in ogni campo della vostra vita.

> *Il vero segreto per avere la soluzione*
> *di tutti i problemi, la base di tutte le*
> *buone relazioni d'affari e d'amicizia*
> *è saper ascoltare.*
>
> (Ron Fischer)

CALLI E DURONI – ASPORTAZIONE

Calli e duroni sono un piccolo disturbo ricorrente. Se compaiono sulla pianta del piede possono avere più cause: spesso il motivo scatenante sono le scarpe, o perché si cammina troppo a lungo con lo stesso paio o perché semplicemente le si indossa troppo a lungo (anche stando fermi), perfino quando sono delle buone scarpe. Anche se è questo il vostro caso, dovreste se possibile cambiarle due o tre volte al giorno.

Spesso però calli e duroni compaiono in punti assolutamente diversi. Con la riflessologia plantare è possibile capire subito qual è l'organo indebolito o malato. Malgrado questa terapia, però spesso è necessario rimuoverli o farli rimuovere.

Le regole per togliere calli e duroni

Si può fare:	con la luna calante, ma non in pesci e capricorno.
Da evitare:	con la luna crescente, e con quella calante in pesci e capricorno.
Il momento peggiore:	con la luna crescente in pesci e capricorno e due giorni prima del plenilunio, non importa in quale segno.

Se aspetterete il momento migliore: la pelle resta a lungo elastica e morbida.

Se sceglierete il momento sbagliato: in capricorno la pelle diventerà ancora più dura, in pesci invece più sensibile.

Consigli particolari: dei podologi esperti possono lavorare anche con la luna in pesci.

CAPELLI – LAVAGGIO E TAGLIO

Dobbiamo ringraziare la natura se la luna influenza anche la crescita e la condizione dei capelli. I risultati raggiunti seguendo queste regole sono stati tali che numerosi lettori e lettrici si sono convinti a provare anche le altre presentate nei nostri libri.

Nel passato in Tirolo c'erano pochi uomini calvi, forse perché fin dal primo taglio di capelli da bambini si faceva attenzione ai giorni del leone. Date un'occhiata a fotografie e ritratti che abbiano più di sessant'anni: non troverete alcuna calvizie, e questo non solo perché si portavano le parrucche. Tutti conoscevano il momento migliore per tagliarsi i capelli. E quante «pelate» abbiamo oggi? Non che questo sia negativo, ma se diventa un cruccio occorre fare qualcosa.

Comunque non è certo un caso che una volta questo problema fosse molto meno diffuso: anche le abitudini alimentari erano molto diverse.

Non è detto che un taglio eseguito al momento giusto sia una garanzia contro la calvizie, perché spesso perdiamo i capelli a causa dell'effetto di farmaci, di cambiamenti ormonali o di stress psicologici. In particolare dopo una gravidanza o durante la menopausa si può verificare una più intensa caduta dei capelli, ma in seguito il fenomeno si arresta. Dovreste in ogni caso provare a seguire queste regole per avere capelli sani e belli.

Le regole per lavare e tagliare i capelli

Il momento migliore:	in leone e vergine, non importa se la luna è calante o crescente.
Si può fare:	con la luna crescente tranne nei giorni del cancro e dei pesci.
Da evitare:	con la luna calante nel segno del capricorno.
Il momento peggiore:	nei giorni del cancro e dei pesci. Se possibile evitare anche di lavare i capelli.

Se aspetterete il momento giusto: sarete contenti del risultato. Se tagliati con la luna in leone, i capelli si infoltiscono, con la luna in vergine crescono più velocemente.

Se sceglierete il momento sbagliato: zone rade, caduta dei capelli, forfora.

Consigli particolari:

- Se li tagliate in vergine, i capelli mantengono in genere forma e bellezza più a lungo. Questo periodo è particolarmente adatto alla permanente, mentre nei giorni del leone i capelli normali e folti diventano crespi. Se invece li avete dritti e pesanti e non volete assolutamente avere la permanente, provate comunque in leone.

- I capelli tagliati al momento giusto, con la luna crescente, crescono belli e sani; con la luna calante, sempre al momento giusto, crescono invece più lentamente ma comunque folti e altrettanto sani.

- I peli delle orecchie e del naso andrebbero tagliati con la luna in pesci, perché così diventano più sottili e non pungono. Questi piccoli peli sono molto utili e non devono mai essere rimossi completamente, solo gli uomini di solito ne hanno di lunghi e fastidiosi. Quindi non strappateli ed evitate di usare prodotti chimici. Con naso e orecchie la chimica non c'entra!

Vi sono esperienze a proposito del taglio dei capelli nei giorni dell'ariete e del toro che vi possono essere utili: se contemporaneamente la luna è calante, si possono creare delle zone calve se per caso vi capita più volte di seguito l'ariete. Lo stesso vale per il viso quando vi radete. Attenzione dunque!

La cheratina è un materiale vivo che può assorbire gli influssi dell'ambiente circostante come sporco, polvere e soprattutto radiazioni. I capelli lunghi, per esempio, possono appesantirsi molto nel corso della giornata, soprattutto se usate sostanze chimiche e artificiali sotto forma di gel, gommine e simili. Non avete mai sentito il desiderio di fare un taglio radicale? Spesso si hanno di questi « attacchi », che di solito – strano, no? – passano dopo il primo lavaggio. Se però soffrite spesso di mal di testa o emicranie, provate un taglio corto, rinunciate a qualsiasi prodotto che resti nei capelli e alla sera bagnatevi la testa con dell'acqua fresca.

Sarebbe utile che i parrucchieri tenessero aperti i loro negozi più a lungo in certi giorni, e chiudessero invece prima o del tutto in altri. Nel sud della Germania e in certe regioni dell'Austria è spesso difficile avere un appuntamento nei giorni del leone e della vergine senza prenotare per tempo. Tenere aperto il negozio nelle notti di luna piena sarebbe forse esagerato, ma di certo sarebbe una buona trovata pubblicitaria e non farebbe danni, ancora più efficace se fatta nei giorni del leone.

> *Che enorme fortuna la varietà umana!*
> *È grazie a essa infatti che quattro occhi*
> *vedono più di due...*
>
> (Ron Fischer)

CAPELLI – PERMANENTE

Per molti parrucchieri la buona riuscita di una permanente è sempre una piccola avventura, e quando va male ci sono sempre mille scuse. A volte non tiene bene o tiene solo per breve tempo, o ancora i capelli diventano troppo crespi. Scegliete il momento giusto in modo da avere tutte le premesse per un buon risultato.

Le regole per fare la permanente

Il momento migliore:	in vergine, non importa se la luna è crescente o calante.
Si può fare:	non in cancro, pesci, acquario o scorpione.
Da evitare:	a volte in leone, perché i capelli diventano troppo crespi.
Il momento peggiore:	in cancro, pesci, acquario.

Se aspetterete il momento giusto: i capelli non sono fragili e rovinati, ma restano ben ondulati più a lungo.

Se sceglierete il momento sbagliato: i capelli potrebbero logorarsi, diventare subito più fragili, sbiaditi e opachi.

Consigli particolari: una volta si aggiungeva all'ultimo risciacquo un goccio di aceto per donare brillantezza ai capelli. Questo effetto è ottenibile anche oggi e sarebbe di certo meno gravoso per l'ambiente di tutti i prodotti chimici. Proprio i capelli con permanente sarebbero grati di questo lavaggio.

Volete passare da un taglio corto a uno lungo, ma vi spaventa il periodo intermedio in cui i capelli non stanno mai a posto? La soluzione è questa: cominciate a marzo di un anno qualsiasi e per sei mesi tagliatevi i capelli sempre e solo in vergine, che cadrà sempre con la luna crescente. Per allora i vostri capelli avranno una bella lunghezza, e il periodo di transizione sarà passato.

CAPELLI – TINTA

Spesso ci chiedono se esista una fase lunare particolarmente favorevole per la tintura dei capelli. La nostra esperienza è molto semplice: con la luna crescente la tintura tiene più a lungo, il colore è più intenso e resistente; con la luna calante le sfumature di colore si lavano via più velocemente. Provate, l'esperienza personale vi mostrerà la strada giusta.

Alcuni calendari lunari contengono informazioni più precise per tingere i capelli, ma si tratta solo di riempitivi privi di qualsiasi fondamento pratico: la scienza della luna viene spesso confusa con un fenomeno di moda, con contenuti molte volte inutili e vuoti. Non si può farci nulla, ma occorre riflettere che questa antica saggezza è troppo preziosa per essere falsificata.

CASA – COSTRUZIONE SEGUENDO LA LUNA

Scegliendo materiali da costruzione biologici e ricavati da materie prime naturali (legno, calce, olio di lino, lana di pecora, argilla, resina di larice etc.) possiamo contribuire in maniera determinante affinché i nostri figli e nipoti non soffrano come molti di noi di malattie e allergie di ogni tipo, e contemporaneamente evitare altri gravi danni alla salute e all'ambiente.

Infatti qualunque attività relativa alla costruzione di case, a lavori artigianali e alla lavorazione del legno può contribuire a migliorare la vostra salute e il vostro benessere, oppure a danneggiarli nel breve o nel lungo periodo. Siete voi a dover scegliere se usare legno massiccio, raccolto seguendo i ritmi della luna, lavorato e trattato con metodi naturali o respirare per decenni le esalazioni velenose dei mobili di truciolato e degli antisettici per legno, o ancora se circondarvi di legno contaminato.

Siamo innanzitutto noi che, con la nostra visione della vita, con l'amore o con la paura, riempiamo le città di vita e di gioia piuttosto che di discordia e nervosismo. Ma le migliori intenzioni non bastano se l'ignoranza, la negligenza e la corsa al guadagno rendono le nostre case e i nostri appartamenti dei centri di disturbo e dei depositi di sostanze dannose. Le tante sostanze velenose che usiamo per costruire, verniciare, laccare, incollare e isolare trasformano molte nostre città da luoghi del riposo e della quiete in centri dove la stanchezza e la debolezza si fanno strada a poco a poco, fino a danneggiare seriamente il nostro organismo.

I prodotti biologici avrebbero un mercato molto più ampio se per ottenerli, produrli e soprattutto usarli si tornasse a fare attenzione al momento giusto. Anche quando la buona volontà spinge a costruire in maniera rispettosa e attenta all'ambiente, spesso succede che dopo anni subentri la disperazione perché si ignora l'importanza del rispetto di questi tempi: tanti sforzi finiscono allora in nulla. Tentare una ripresa in questa direzione è una cosa che ci sta particolarmente a cuore, soprattutto perché riteniamo che l'abbandono dei sistemi di costruzione di tipo industriale usa-

ti negli ultimi decenni (ricorrendo a sostanze chimiche, cemento, acciaio, cartone presspan) a favore di altri che ci mantengono in vita sia un compito importante per il futuro. I segnali di cambiamento in meglio si moltiplicano in questo senso: molti consumatori, committenti di costruzioni, falegnami, imbianchini, tappezzieri e artigiani hanno iniziato a cambiare modo di pensare e sono sempre più sensibili ad aggettivi come ecologico, atossico, biodegradabile e simili. In alcuni rari casi è venuto fuori che queste erano solo belle illusioni e che venivano venduti alcuni prodotti dichiaratamente «verdi» i cui effetti dannosi e velenosi sono venuti fuori solo dopo molto tempo. Ma ovunque ci si accorge che il singolo si sta svegliando e non si fa più abbindolare dal mondo dell'industria e della politica, anche se sono sempre troppo pochi quelli che optano per prodotti naturali, di solito un po' più cari: ma quanto sono cari i prodotti industriali cosiddetti economici?

Conservabile, resistente, indistruttibile, durevole: ognuna di queste qualità dovrebbe risvegliare la domanda «Questo prodotto si può reinserire senza dispendio nel circolo naturale? Oppure fra mille anni gli archeologi misureranno la nostra sventatezza dal contenuto della nostra spazzatura e dai veleni presenti nelle nostre ossa?».

Come mai questo stato di cose innaturale può resistere così a lungo? Perché l'industria ha i mezzi per convincerci che tutto è necessario, e perché essa vive della vendita di questi veleni e del loro smaltimento. Per questo si parla tanto di riciclaggio e così poco dei sistemi per evitare che si formino veleni e spazzatura. Chi avesse ancora dei dubbi dovrebbe vedere le ricostruzioni dei villaggi antichi nei musei, con le loro costruzioni di legno vecchie anche seicento anni, che hanno resistito senza alcun bisogno di sostanze chimiche.

Fare case seguendo la luna, dall'analisi del terreno alla costruzione dello steccato, è possibile e sensato. Speriamo che le nostre parole vi possano dare l'ispirazione, e anche la tabella 7 a pag. 311 (vedi anche Calcestruzzo, Drenare, Casa – scavo per le fondamenta, Vetri e finestre – montaggio, Legno e luna, Pavimenti di legno – posa e pulitura, Legno – realizzare e montare scale e orditure, Tinteggiatura, Sorgenti e pozzi, Intonacare e ristrutturare edifici, Steccati, selciati e sentieri naturali – costruzione).

CASA – PULIZIA

La stagione primaverile è il miglior terreno di coltura di un particolare virus: siamo assaliti da una strana inquietudine, e le giornate che si allungano lo portano alla luce... urgono le pulizie di primavera! Solai e sale da pranzo, cantine e garage aspettano di essere rovistati da cima a fondo, arieggiati e puliti. La natura ha fatto in modo che i giorni migliori per questi lavori cadessero in questa stagione (con alternative altrettanto valide nel resto dell'anno).

Le regole per pulire la casa

Il momento migliore:	con la luna calante in gemelli, bilancia e acquario per pulire e mettere in ordine in genere. Con la luna calante in cancro, scorpione e pesci, invece, per pulizie di fino o difficili da ottenere.
Si può fare:	con la luna calante.
Da evitare:	con la luna crescente.
Il momento peggiore:	con la luna piena.

Se aspetterete il momento giusto: tutto si svolgerà facilmente, e il lavoro fatto durerà a lungo. Anche se userete molta acqua si asciugherà in fretta.

Se sceglierete il momento sbagliato: avrete presto la sensazione di stare facendo una fatica di Sisifo. Dopo poco tempo finestre, porte e pavimenti sono di nuovo inguardabili. I vestiti messi via possono puzzare di muffa (quelli invernali, di carnevale o da piscina).

Consigli particolari: l'epoca della luna calante è indicata anche per la tinteggiatura, i colori e gli sfondi asciugano bene (da evitare però i giorni d'acqua di cancro, scorpione e pesci. Anche il leone non è consigliabile: in questi giorni tutto asciuga troppo in fretta ed è facile che i colori si screpolino).

CASA – RISCALDAMENTO

Alle nostre latitudini, ogni autunno si avvicina l'epoca che richiede il riscaldamento delle nostre mura domestiche, poiché l'energia del sole non è più sufficiente. Se dunque si vuole riscaldare l'intera casa presto e bene occorre fare attenzione a quanto segue.

Le regole per riscaldare la casa la prima volta

Il momento migliore: ariete e sagittario in luna calante.
Il momento peggiore: cancro e pesci e prima del plenilunio.

Se aspetterete il momento giusto: le stufe tirano bene, il calore si propaga velocemente e dolcemente nei locali.

Se sceglierete il momento sbagliato: le pareti delle stufe potrebbero creparsi, il deflusso è pessimo, la stufa manda fumo, si forma più fuliggine.

Consigli particolari: questa regola è particolarmente importante quando si usa per la prima volta una stufa di maiolica o un camino nuovi. Scegliere il momento giusto può essere determinante per la loro durata. Una nuova costruzione dovrebbe sempre essere riscaldata al momento opportuno! Questo eliminerà in modo dolce e definitivo i residui di umidità dalle pareti.

Quando le stufe non si potevano costruire se non con materiali naturali, era naturale fare attenzione al momento migliore per riscaldare: troppo grande era il rischio di far spaccare piastrelle, giunture e mattoni refrattari se il rodaggio della stufa avveniva al momento sbagliato, per esempio poco prima della luna piena.

CASA – SCAVO PER LE FONDAMENTA

La scelta del momento in cui eseguire lavori nel terreno – lo scavo per costruire fondamenta e cantine oppure fosse e canali – è decisivo nel determinare il comportamento presente e soprattutto futuro della falda acquifera intorno alla casa e nei suoi immediati dintorni. Nel caso di abitazioni, non appena si ottiene il permesso di costruire vengono prese in considerazione alcune circostanze particolari come la presenza di sorgenti o simili e vengono prescritti drenaggi o altre misure di sicurezza.

Molti architetti e costruttori hanno potuto sperimentare in prima persona che scavando nella stessa zona di insediamento le condizioni della falda variano sensibilmente. A volte lo scavo di fondazione rimane secco, poca terra frana e non vi sono problemi, mentre altre volte esso si riempie subito di acqua e in seguito l'opera muraria delle cantine si può mantenere secca solo con molta fatica, ricorrendo a un isolamento perfetto e al drenaggio: questo malgrado i due terreni siano vicini l'uno all'altro. In questi casi la colpa è sempre del momento in cui è avvenuto lo scavo rispetto ai ritmi lunari.

Ognuno deve decidere da solo quando iniziare le operazioni di scavo: spesso la data d'inizio dei lavori dipende dalle scadenze dell'impresa edile o dal tempo. Una sola cosa è importante: se il lavoro, per qualsiasi motivo, dovesse avvenire con la luna crescente, allora insistete perché il drenaggio e l'eventuale congiungimento con un canale di scolo vengano fatti subito.

Se si prevede di non poter eseguire un buon drenaggio subito dopo lo scavo (come dovrebbe essere di norma), allora i lavori dovrebbero assolutamente cominciare con la luna calante.

Le regole per effettuare uno scavo

Il momento migliore:	con la luna calante, ma non in cancro, scorpione e pesci.
Si può fare:	con la luna calante.
Da evitare:	in generale con la luna crescente.
Il momento peggiore:	con la luna crescente in cancro, scorpione e pesci.

Se aspetterete il momento migliore: lo scavo di fondazione resta asciutto, e di solito non sono necessarie misure contro le inondazioni. Anche dopo forti piogge tutto si asciuga più in fretta.

Se sceglierete il momento sbagliato: è facile che la falda acquifera premendo fluisca nello scavo di fondazione e in seguito si costruisca una via attraverso le fondamenta e i muri della cantina. Lo scavo di fondazione deve essere spesso puntellato con grande dispendio economico. Piogge più forti del solito lasciano grandi pozzanghere.

Consigli particolari: per fare il giardino fate portare l'humus prima e mettetelo da parte. Lo strato sottostante, più morbido, vi servirà poi per rinterrare, mentre quello più profondo e grosso (spesso argilloso) può essere eliminato.

Se effettuate uno scavo con la luna crescente ci può essere anche un vantaggio: la situazione dell'acqua nel suolo è facilmente riconoscibile. Eventuali misure per incanalarla o deviarla riescono bene.

> *I pochi anni della tua vita sono solo un paio*
> *di secondi se paragonati alle ere passate*
> *prima che tu nascessi e al tempo senza fine che*
> *verrà quando tu avrai da molto lasciato questo*
> *mondo. Perché allora sei così attaccato a*
> *questo breve interludio materiale? Questo non*
> *è il «tuo» corpo, la «tua» famiglia, la*
> *«tua» terra. Tu qui sei solo un visitatore.*
> *La tua patria è l'infinito. La tua vera vita è l'eterno.*

> (Paramahansa Yogananda)

CEREALI – COLTIVAZIONE

Che sia possibile una coltivazione che non faccia ricorso a veleni e alla follia delle manipolazioni genetiche, ottenendo raccolti maggiori, uguali o solo di poco inferiori con prodotti di qualità molto maggiore lo sanno in molti, anche coloro che ne sono coinvolti da vicino. Vi sono molte prove al riguardo: frutti che hanno in sé solo la forza del sole che dona loro il colore, cereali che hanno il gusto dell'armonia tra cielo e terra, verdure che trasferiscono questo equilibrio nel nostro organismo, terreni che da secoli ci donano spontaneamente questi regali senza bisogno di concimi e veleni e con poche tecniche sicure e rispettose della natura.

Proprio nel caso dei cereali negli anni scorsi si è potuto notare che le coltivazioni biologiche di frumento, spelta, segale etc. davano raccolti perfino maggiori delle altre. Per molti agricoltori la scoperta del «momento giusto» è stata una vera rivelazione, anche se è ovvio che nessuno di loro si avventurerebbe con il trattore sui campi quando piove a catinelle, neppure se fosse il giorno migliore per coltivare i cereali. Grazie a Dio la natura è fatta in modo tale che non tutto avviene nello stesso momento, e quindi vi è sempre un'alternativa.

Le regole per coltivare cereali

Il momento migliore:	i giorni dell'ariete e del sagittario, ma anche quelli del leone con la luna crescente.
Si può fare:	in generale con la luna crescente.
Da evitare:	con la luna calante.
Il momento peggiore:	con la luna calante in pesci, cancro e capricorno.

Se aspetterete il momento giusto: i cereali sono resistenti al maltempo e agli insetti nocivi, e si conservano più facilmente.

Se sceglierete il momento sbagliato: i culmi saranno deboli e soggetti a parassiti. I cereali non si conservano così bene.

Consigli particolari: se i terreni sono molto asciutti, in leone c'è rischio che i cereali si secchino. I giorni del leone sono adatti per la semina quando i campi sono molto umidi dal principio. Il giorno dei frutti in ariete è il migliore per immagazzinare i cereali.

CIBI E LORO QUALITÀ

Il percorso della luna nello zodiaco può essere paragonato a quello delle lancette di un orologio, che ogni due-tre giorni indica i vari impulsi che agiscono sulla nostra alimentazione e sulla capacità del corpo di sfruttare i diversi alimenti. Il grasso contenuto in un pasto ha effetti diversi nei giorni dell'olio rispetto agli altri giorni, e allo stesso modo cambia la capacità del nostro organismo di assorbirlo. Lo stesso vale per i carboidrati, per il sale, per i frutti e per le proteine. In altre parole: lo scambio armonioso tra cibo e corpo dipende anche dal momento in cui vengono consumati i pasti (vedi anche: Giorni dei grassi e dell'olio, Giorni del sale, Giorni delle proteine, Giorni dei carboidrati).

&. Ci sono persone che proprio nei giorni dell'olio in gemelli, acquario e bilancia amano e sopportano particolarmente bene i cibi ricchi di grasso, mentre altre non ne tollerano neppure l'odore. Fate attenzione a quel che vi piace o meno in questo periodo e all'effetto che tutto ciò ha sul vostro organismo.

&. Alcuni digeriscono meglio il pane nei giorni dei carboidrati in cancro, scorpione e pesci, mentre ad altri sono sufficienti due fette per chiudere le stomaco. Se in questo periodo amate particolarmente i farinacei ma allo stesso tempo avete problemi di peso, vuol dire che per qualche motivo il vostro appetito si indirizza nella direzione sbagliata.

&. Può essere che qualcuno abbia più voglia di cibi ricchi di sale nei giorni del sale in toro, vergine e capricorno, mentre altri rifiutano perfino pietanze appena salate.

&. Nei giorni delle proteine in ariete, leone e sagittario la frutta o i cibi ricchi di proteine vengono tollerati meglio oppure peggio del solito. Osservate se la vostra dieta contiene più o meno proteine o frutta del solito e rilevatene l'effetto sul vostro organismo.

Se in più avete scoperto qual è la vostra tipologia alimentare avrete il quadro completo e definitivo del vostro ritmo alimentare naturale.

COMBINAZIONI DI COLTURE

Da molto tempo questo sistema è usato per proteggere le piante e rinnovare il terreno in agricoltura. Per i giardinieri è una cosa ovvia, ma ci sono comunque molti libri in proposito: piante che si proteggono a vicenda dai parassiti, combinazioni di colture sfavorevoli e molto altro. Così per esempio occorre fare in modo che piante dalle radici superficiali siano piantate accanto ad altre le cui radici crescono più in profondità. Alcuni fiori, se piantati intorno ad aiuole di erbe, tengono lontani molti parassiti. Poiché le epoche di raccolta sono diverse, alla fine la verdura con i tempi di maturazione più lunghi si trova ad avere uno spazio maggiore, perché le altre nel frattempo sono state raccolte. La tabella 9 qui sotto mostra alcune possibilità di combinazione.

Combinazioni favorevoli in giardino e a volte anche a tavola sono:

> fagioli e cipolle
> prezzemolo e lattuga cappuccina
> cavoli e cipolle
> rape rosse e pomodori
> patate e cipolle
> pomodori e piselli
> cavolo rosso e pomodori
> piselli e fagioli

Verdure	vanno bene accanto a
patate	varietà di cavoli, spinaci, fagiolini, cavolo rapa, aneto, pomodori, finocchio, fagioli verdi, cavolo rosso, lenticchie, paprika, asparagi, broccoli, tarassaco, crescione, insalata verde.
carote	cipolle, spinaci, insalata cappuccina, melanzane, finocchio, cavolo rapa.
cetrioli	cipolle, sedano, rape rosse, prezzemolo, insalata cappuccina, cavolo rapa, varietà di cavoli, fagioli nani.
piselli	sedano, insalata cappuccina.
sedano	fagioli nani, spinaci, cipolle, pomodori, liliacee, cavoli rapa, cavolfiori, cetrioli.
spinaci	pomodori, cavoli rapa, carote, patate, varietà di cavoli.
pomodori	sedano, spinaci, cipolle, prezzemolo, varietà di cavoli, cavoli rapa, insalata cappuccina, liliacee, fagioli nani, carote.
insalata cappuccina	cipolle, pomodori, fagioli nani, rapanelli, rafano, aneto, piselli, cetrioli, fragole, carote, varietà di cavoli, liliacee.
cipolle	pomodori, fragole, cetrioli, prezzemolo, insalata cappuccina, cavoli rapa.

(continua)

Verdure	vanno bene accanto a
melanzane	pomodori, fragole, cetrioli, prezzemolo, insalata cappuccina, cavoli rapa.
finocchio	patate, carote, zucche, sedano, zucchine, pomodori.
cavoli rapa	patate, carote, liliacee.
liliacee	patate, lenticchie, mais, sedano, pomodori.

Tabella 9: combinazioni di colture favorevoli nell'orto e in tavola.

CONCIMARE

Che cosa diventereste se mangiaste il doppio del necessario? Conoscete bene la risposta, ed essa vale anche per il mondo vegetale: l'eccessiva concimazione – oggi la regola più che l'eccezione – impedisce il normale sviluppo delle radici e produce piante a cui manca qualsiasi forza vitale. Con grande spesa è necessario allora proteggere queste «piccoline» dagli attacchi di parassiti di ogni genere. Bisogna sempre dosare la quantità di concime secondo il fabbisogno della pianta, che di solito è minore di quello indicato sulla confezione, più che mai se si aspetta il momento giusto per concimare.

Naturalmente ci sono molti buoni motivi per accogliere in questa sede la voce «concimare», facendo così conoscere ai nostri lettori le regole per nutrire le piante. Qualsiasi agricoltore o giardiniere sa bene per averlo provato più volte che in alcuni giorni il concime ha effetti distruttivi: lo strato erboso brucia, le radici regrediscono o muoiono. Altri giorni invece si ottengono i risultati desiderati e non compaiono effetti collaterali dannosi.

Quindi la prossima volta che concimerete fate attenzione allo stato della luna e osserverete come la terra assorba bene le giusta quantità di concime quando la luna è calante; questo vale anche per tutte le piante da balcone e da interno. Quando la luna è in fase calante, infatti, iniziando dal novilunio, la terra è in grado di assorbire molto più liquidi che non con la luna crescente. Osservate voi stessi come le zolle si mescolino senza fatica al terreno in un caso, mentre nell'altro restano lì e marciscono.

Che la terra abbia una diversa capacità di assorbimento dei

liquidi a seconda dei periodi si può vedere anche indirettamente: vi è mai venuto in mente che le inondazioni si verificano molto più spesso con la luna crescente? A quest'epoca la terra non può assorbire molta acqua. Al contrario, con la luna calante si possono facilmente verificare smottamenti sui pendii, perché la terra è pesante e impregnata, soprattutto quando mancano alberi sani che con le loro radici facciano da ancora o quando i boschi sono malati. Questa connessione è di grande importanza per l'agricoltura e la scienza forestale moderna e dovrebbe assolutamente essere riscoperta e riconsiderata.

Il momento giusto: se possibile, bisognerebbe concimare con la luna piena o calante.
Sarete sorpresi dall'effetto che avrà la scelta del momento giusto. Ignorate con fiducia le istruzioni per l'uso dei prodotti e disabituate lentamente le vostre piante dall'eccesso di concime. Vedrete: il successo vi darà ragione.

Le regole per concimare le foglie

Il momento migliore:	con la luna piena e con la luna calante in cancro, scorpione e pesci e in toro, vergine e capricorno.
Si può fare:	con la luna piena e con la luna calante.
Da evitare:	con la luna crescente.
Il momento peggiore:	con il leone in luna crescente e sempre durante il novilunio.

Le regole per concimare i frutti

Il momento migliore:	con la luna piena e calante in ariete, leone e sagittario e in toro, vergine e capricorno.
Va bene anche:	con la luna piena e calante.
Da evitare:	con la luna crescente.
Il momento peggiore:	con il leone in luna crescente e sempre durante il novilunio.

Consigli particolari: i giorni del leone non sono in genere molto adatti a concimare, perché il terreno e le piante si seccano di più. Non dovreste mai usare concime artificiale in leone: la terra e le sementi bruciano facilmente, soprattutto su terreni comunque secchi.

Le regole per concimare magnifici fiori

Il momento migliore:	con la luna piena e calante; raramente in gemelli, bilancia e acquario.
Da evitare:	con la luna crescente.
Il momento peggiore:	con il leone in luna crescente e sempre durante il novilunio.

Consigli particolari: in seguito mai innaffiare in gemelli, bilancia e acquario. In questo modo attirate i pidocchi!

Le regole per concimare le radici

Il momento migliore:	con la luna piena e calante in toro, vergine e capricorno.
Si può fare:	con la luna piena e calante.
Da evitare:	con la luna crescente.
Il momento peggiore:	con il leone in luna crescente e sempre durante il novilunio.

Le regole per concimare in agricoltura

- Il concime o il letame dovrebbe, se possibile, essere sparso con la luna calante. Nel caso di cereali, verdura e frutta meglio nei giorni dei frutti (ariete, leone, sagittario), altrimenti in vergine o in un altro giorno della terra (toro, capricorno).
- Il liquame colaticcio dovrebbe, se possibile, essere sparso con la luna piena, o almeno in luna calante: in questo modo l'acqua freatica è protetta.
- Non spargere mai concimi artificiali in leone! Le piante bruciano perché il leone ha un forte effetto disseccante. Se il ter-

reno è ben curato i concimi artificiali sono fondamentalmente superflui.

🔖 Preparare una concimaia con la luna calante può essere di grande aiuto.

Si potrebbe obiettare che se ogni contadino concimasse contemporaneamente ci sarebbe qualche problema... È comunque meglio sopportare questo fastidio per un giorno che avvelenare la falda acquifera: la terra assorbe il liquame colaticcio. Quando la luna è crescente il liquame sparso puzza tremendamente: ve lo può confermare chiunque viaggi in campagna.

Concimare con la luna crescente è tendenzialmente senza senso e rovina solo la falda acquifera, che insieme all'aria pulita rappresenta il nostro bene più prezioso. In certe zone nemmeno l'acqua potabile si può più dare ai bambini, a causa dell'alto contenuto di nitrato: e di questo non è responsabile solo l'agricoltura, ma tutti quelli che concimano troppo e al momento sbagliato.

Naturalmente il momento giusto è spesso difficile da conciliare con le molteplici scadenze di giardinieri e agricoltori. Per molti «proprietari di orticelli» però questo non dovrebbe essere un problema: la luna calante dura abbastanza per essere sfruttata anche in attività più grandi.

Come abbiamo già detto, nel concimare dovete usare sensibilità e buon senso. Anche i produttori di concime non sono alieni da interessi personali e spesso esagerano nel prescrivere le quantità necessarie. Del buon compost e dello stallatico sono ancora concimi insuperati, soprattutto per gli alberi da frutto.

CONCIME ORGANICO – PREPARAZIONE

Questa operazione è una delle più antiche forme di riciclaggio. Un buon concime organico maturo è tra le cose migliori che il giardino produca, e non solo per concimare. Così facendo infatti l'uomo rende alla natura tutto ciò che essa gli ha regalato o che egli è riuscito a ricavarne con il suo lavoro, senza alterarne l'energia interna e l'unità.

In molti libri di giardinaggio troverete dettagliate istruzioni su come ridurre in compost, perciò ci limiteremo ad alcuni impor-

tanti consigli sul momento giusto per farlo e sulle cose che spesso sbagliamo. Il buon compost ha per esempio un odore gradevole, ma è meglio evitare di metterlo direttamente accanto al pergolato del vicino. Per ripararlo sarà sufficiente una siepe o dei tutori, e molto carino è anche piantarci del nasturzio.

Se rispetterete le regole che seguono avrete un meraviglioso compost maturo, che vi darà il miglior terreno e il miglior concime.

Le regole per ottenere del concime organico

🪱 Il posto migliore per un letamaio è in penombra, in un punto riparato dal vento per evitare che si secchi. Per la decomposizione è necessario avere abbastanza calore, un luogo troppo ombroso potrebbe rallentare il processo di trasformazione.

🪱 Una volta che avete scelto un posto, il terreno dovrebbe essere scavato per una profondità di circa 10 cm. Come base, spessa circa 10 cm, è adatto un materiale asciutto e assorbente, per esempio dell'erba secca, dei rametti sottili, pacciame o paglia. Il suolo non va mai ricoperto con lamine di plastica o alluminio né impermeabilizzato in altro modo: ciò provocherebbe solo putrefazione e farebbe ristagnare l'umidità, impedendo ai lombrichi la strada verso il letamaio. Verrebbe a mancare la forza della terra.

&. La costruzione delle casse di legno e la preparazione del letamaio dovrebbero avvenire con la *luna calante*, mentre la compressione del materiale – se necessaria – con la *luna crescente*, meglio se alcuni giorni prima del plenilunio. Se questi tempi saranno rispettati la putrefazione avverrà molto più velocemente. Almeno uno di questi consigli andrebbe quindi seguito.

&. Ora accatastate a strati uno sugli altri il materiale organico e gli scarti, senza schiacciarli. Sono adatte per il compost tutte quelle sostanze putrefatte provenienti dagli scarti delle piante, purché non contengano niente di tossico. I rami andrebbero tritati in precedenza, mentre parti malate della pianta ed erbacce nelle radici non vanno inserite nel compost. Altrettanto inadatti sono tutti i rifiuti di cucina: il letamaio non deve essere scambiato per la pattumiera.
Molto importante: i resti di pietanze cotte non vanno nel letamaio! Questi non sono rifiuti di cucina e prima o poi attireranno insetti nocivi o perfino topi. Non gettate resti di carne nel letamaio!

&. Nei *giorni di terra*, in particolare in vergine (ma anche in toro e capricorno), dovreste fare attenzione se aggiungete sostanze che aiutino la putrefazione.

&. Per sostenere la putrefazione potete anche unire del compost semi-maturo o della terra da giardino ai vari strati. Aggiungete i materiali ingombranti uno alla volta e calpestateli più volte *con la luna crescente*. L'erba non andrebbe mai aggiunta troppo alta, altrimenti può causare marciume (5-10 cm sono sufficienti). Ogni tanto è bene falciare l'erba con la luna calante e lasciarla giacere per farla assimilare al terreno (vedi <u>Prati – semina e falciatura</u>).

&. Il materiale secco può essere un po' inumidito prima di essere aggiunto al resto. Una semplice regola per accatastare i vari materiali: *il secco sopra l'umido, il grosso sopra il sottile*.

&. Dopo circa sei mesi sarà necessario portare sotto la parte superiore del mucchio di letame e viceversa, mescolare tutto, insomma, affinché la terra matura venga alla luce. Altrimenti, se avete abbastanza spazio in giardino, costruite un nuovo letamaio e lasciate l'altro ancora per un anno, finché tutto sarà diventato terra.

In passato vivevamo in un rapporto alla pari con la natura: dare e ricevere erano quasi sempre in equilibrio tra loro. Oggi questo equilibrio si è spostato: vogliamo strappare troppo alla natura, lavorando, cambiando e trasformando i suoi doni per poi restituirli avvelenati e difficilmente digeribili. Il ramo su cui siamo seduti è già tagliato. Forse abbiamo inventato la parola «riciclo» perché la nostra cattiva coscienza ci spinge a dimenticare che «rimettere nel circolo della natura» e «riutilizzare» non sono cose nuove ma espressioni di una necessità vitale e di un elemento della dignità umana. Obbedire a questa necessità crea lavoro, abbassa profitti e guadagni ed è scomodo. Per fortuna nel frattempo molte persone stanno riscoprendo che può anche essere bello. Per di più riciclando si vive benissimo.

In ogni caso va detto: evitare di produrre troppi rifiuti è e sarà in futuro la soluzione migliore, che dovrebbe essere preferita a quella di produrli per poi riutilizzarli. Se ci fosse la trasparenza dei prezzi la cosa avrebbe un aspetto un po' diverso: produrre rifiuti infatti costa denaro, e riutilizzarli costa denaro. E ora chiedetevi: per quanto tempo si possono riciclare carta, vetro, plastica? Quali veleni si nascondono nella carta igienica riciclata tre volte?

CONGELARE

Molte persone ci hanno chiesto se la luna possa influire positivamente anche sul congelamento, un ottimo modo di conservazione dei cibi, forse oggi addirittura il migliore.

Non abbiamo grande esperienza in proposito; in linea generale però potrebbe essere ragionevole congelare i frutti nei giorni dei frutti (ariete, leone e sagittario) e la verdura in foglie nei giorni delle foglie (cancro, scorpione e pesci). In questo modo una volta scongelate avranno un sapore migliore, non diventeranno troppo acquose e non si rovineranno subito. Questo è quanto possiamo dire finora.

CONSERVE

Marmellate, confetture e gelatine fatte in casa possono essere una meraviglia, niente a che vedere con i prodotti industriali cui hanno tolto anche quel poco di sapore di frutta. Anche le verdure cotte e messe sott'aceto o sott'olio sono ottime, dalle barbabietole rosse all'aglio fino ai peperoni.

Per chi soffre di allergie si tratta di una scelta obbligata. I conservanti presenti in abbondanza nei prodotti acquistati non sarebbero necessari, perché questi ultimi sono soggetti a un rapido deterioramento solo per pochi giorni al mese (vedi <u>Tre giorni al mese</u>). Per il resto del tempo gli alimenti si mantengono normalmente, e da uno a due giorni al mese sono anzi particolarmente buoni e si conservano più a lungo, senza bisogno di sostanze aggiuntive.

Fate una prova: una volta seguendo il vostro metodo abituale, poi senza additivi e al momento giusto. Poiché spesso non abbiamo alcun controllo sul momento della raccolta della frutta, deve intervenire la competenza specifica: occorre badare alla qualità dei prodotti al momento dell'acquisto. Non è più vietato toccare la merce, ed è permesso e anzi incentivato pesarla da soli.

Le regole per fare conserve

Il momento migliore:	in ariete e leone, oppure sagittario se la luna è calante.
Si può fare:	con la luna calante, ma non in cancro, vergine e pesci.
Periodo neutro:	con ariete, leone e sagittario in luna crescente.
Da evitare:	con la luna crescente, ma non se in ariete, leone e sagittario.
Il momento peggiore:	con vergine e pesci in luna crescente fino al plenilunio compreso.

Se aspetterete il momento giusto: la frutta è molto più succosa e anche l'aroma è decisamente migliore. Il tempo di conservazione aumenta enormemente, potete continuare a fare a meno delle sostanze gelatinizzanti (questo vale anche per altri alimenti).

Se sceglierete il momento sbagliato: la conservabilità è scarsa, c'è rischio precoce di muffa, il gusto è più insipido.

Consigli particolari: è meglio raccogliere la frutta e metterla in conserva nei giorni dei frutti, mentre per le verdure il momento migliore è in capricorno e toro; per quelle a foglia, da consumare subito, in scorpione o cancro. Le mele sono un ge-

latinizzante naturale e non si sentono se aggiunte a quasi tutti i tipi di frutta.

Ecco un consiglio per le marmellate fatte in casa: normalmente si prende un'eguale quantità di frutta e zucchero. Se insieme alla frutta cuocete alcune mele sbucciate e tagliate a dadini, la marmellata riuscirà bene anche usando molto meno zucchero. Scegliete la quantità a vostro piacimento, cuocete lo zucchero gelatinizzante, la frutta e le mele per circa 5 minuti continuando a mescolare per evitare che bruci. Fare la marmellata in casa è divertente, veloce e il risultato è ottimo. Messa in un bel vasetto è un piccolo omaggio che viene dal cuore.

(IL) CORPO E I SUOI RITMI QUOTIDIANI

Un po' alla volta perfino i medici e gli ospedali cominciano a capire che tutti gli organi del nostro corpo seguono, nell'arco delle ventiquattro ore, un ritmo particolare che ha questo andamento: dapprima vi è una fase alta, in cui ogni organo funziona per due ore in modo particolarmente efficiente, per poi entrare subito dopo in una « creativa » della stessa lunghezza (vedi tabella 11).

Alcuni avvenimenti misteriosi trovano una spiegazione illuminante proprio in questo ritmo quotidiano del nostro corpo. Se per esempio sapete che la stanchezza che avvertiamo tra le 13 e le 15 è un segnale che l'organismo ci manda, eviterete di sentirvi in colpa solo per un attacco di fiacchezza. In particolare i genitori possono trarre grande giovamento da queste informazioni, e risulterà loro più facile capire meglio alcuni comportamenti dei loro piccoli.

Organo	Fase alta	Fase bassa
stomaco	h. 7-9	h. 9-11
milza e pancreas	h. 9-11	h. 11-13
cuore	h. 11-13	h. 13-15
intestino tenue	h. 13-15	h. 15-17
vescica	h. 15-17	h. 17-19
reni	h. 17-19	h. 19-21
circolazione	h. 19-21	h. 21-23
accumulo energetico	h. 21-23	h. 23-1
cistifellea	h. 23-1	h. 1-3
fegato	h. 1-3	h. 3-5
polmoni	h. 3-5	h. 5-7
intestino crasso	h. 5-7	h. 7-9

Tabella 11: Il corpo e i suoi ritmi quotidiani.

Dalle 7 alle 9: stomaco
In questa fase lo stomaco lavora a pieni giri ed è pronto per fare scorta di energia. Ma quale energia? Come fare in modo di iniziare la giornata con slancio e ottimismo? A questo proposito non è importante come facciate colazione o se la facciate o meno, quello che conta sono i pensieri e le emozioni con cui vi alzate dal letto e uscite di casa. Siete voi a scegliere con quale nutrimento materiale e spirituale appesantire o invece prendervi cura del vostro stomaco (e della vostra mente). Alzatevi per tempo per poter fare le cose con calma, fate una doccia, mangiate e bevete comodamente ciò che vi piace e vi soddisfa. Rinunciate al giornale se i suoi contenuti vi deprimono o vi fanno arrabbiare. Nessuno nasce dormiglione, qualcosa fa in modo che lo diventiamo: l'insonnia, una cattiva notizia, dei cattivi pensieri o altro ancora. Come

vorreste che fosse la vostra mattina? Cosa vorreste mangiare? Cosa vi impedisce di alzarvi dal letto con gioia? Trovate la risposta e passate all'azione.

Dalle 9 alle 11: milza/pancreas

Milza e pancreas lavorano ora « a tutto vapore », mentre lo stomaco si riposa: una colazione pesante quindi risulta dannosa dopo le 9 del mattino. Se tra le 9 e le 11 del mattino si assumono zuccheri aumenta il tasso di colesterolo e il pancreas deve fare un superlavoro per abbassarlo. Questo provoca in breve tempo un calo di rendimento che spesso cerchiamo di superare ricorrendo al caffè: un circolo davvero vizioso. Rinunciate a tutti i dolci e ai prodotti molto zuccherati, anche se è difficile, almeno per queste due ore.

Dalle 11 alle 13: cuore

Cercate di non affaticare l'attività del cuore nella sua fase alta mangiando troppo: smettete quando la fame si sarà placata. Il corpo ci mette circa 5 minuti a segnalare che il limite in questo senso è stato superato. Se siete già sazi durante i pasti significa che avete mangiato troppo! Forse vi chiederete: come faccio a sapere di essere sazio in 5 minuti? È come quando guidiamo la macchina: vi ricordate le vostre prime lezioni di guida, quando pian piano sentivate di dover incominciare a frenare in modo da fermarvi esattamente al semaforo? Sono cose che si impara a sentire col tempo. La sensazione di essere sazi in 5 minuti si sviluppa allo stesso modo. Dovete solo *voler* conoscere il vostro corpo...

Dalle 13 alle 15: intestino tenue
Verso le 13 può subentrare una stanchezza improvvisa e un calo di rendimento. L'attività del cuore e la circolazione rallentano di colpo; l'intestino tenue, che porta il carico principale di tanti processi legati alla digestione, reclama i suoi diritti lavorando sodo e chiede una pausa al resto del corpo. La placida siesta dei paesi del sud del mondo è quindi un'usanza assolutamente da rispettare. Al giorno d'oggi si va perdendo a causa della folle e miope morale del mondo del lavoro, che scambia necessità vitali e soste per pigrizia: abbiamo dimenticato che il lavoro con rigidi orari di inizio e fine è stato introdotto solo nel nostro secolo. Perlomeno delle pause pranzo più lunghe farebbero diminuire drasticamente malattie e costi sanitari delle nostre aziende e dei nostri enti.

Dalle 15 alle 17: vescica
La vescica, questo importante organo addetto alla depurazione, lavora in modo particolarmente efficiente dalle 15 alle 17. Tutti i tè miranti a depurare il sangue, bevuti con la luna calante tra le 15 e le 19, agiscono al meglio. In generale è comunque una buona cosa bere molto in queste ore.

Dalle 17 alle 19: reni
In queste due ore i reni lavorano al meglio. Se per esempio avete la possibilità di avere un appuntamento per un massaggio di riflessologia plantare dopo le 17, sfruttate quest'occasione: il trattamento può essere molto benefico proprio per i reni affaticati e quindi per tutto il corpo. Se durante il massaggio dovete andare in bagno, siatene contenti. Fate una pausa, di solito passa rilassandosi. Dopo le 19 non dovreste bere più molto, soprattutto prima di andare a letto. In particolare il latte e la cioccolata danneggiano i reni, perché il latte non viene ben assimilato.

Dalle 19 alle 21: circolazione
Molti genitori lo vedono quotidianamente: quando riescono a mettere a letto i figli prima delle 19 questi dormono senza problemi. Dopo quest'ora addormentarli diventa una specie di lotta,

e non senza motivo: dalle 19 alle 21 la circolazione lavora al meglio, e il corpo e la mente hanno bisogno di tutto tranne che di dormire.

Dalle 21 alle 23: accumulo di energia in genere
Anche in queste due ore succede a molte persone che l'energia si metta in moto: questo è particolarmente evidente nei giovani, che in vista di un nuovo giorno non hanno affatto voglia di riposare. È possibile che capiti anche alle persone più anziane alle quali negli anni non sia stato inculcato il concetto: «Subito a letto, altrimenti domani non sei riposato». Vi siete mai pentiti di non aver passato una bella serata o una bella nottata? Non deve diventare la regola, ma non esagerate neppure o vi farete passare la voglia di vivere.

Dalle 23 all'1 di notte: la cistifellea
Quest'organo, che con le sue secrezioni contribuisce a trasformare il cibo nell'intestino tenue, e il fegato, addetto alla depurazione dell'organismo, hanno il loro «momento di gloria» tra le 23 e le 3 di notte. Chi si sveglia sempre a quest'ora farebbe bene a fare attenzione al funzionamento di questi due organi. Alla sera è meglio rinunciare a pietanze grasse: una cena pesante può danneggiarli ulteriormente, impedendone un funzionamento regolare.

Dall'1 alle 3 di notte: il fegato
Il fatto che il riposo sia fondamentale per il fegato, tanto che come ricostituente viene spesso prescritta una cura del sonno, dipende di certo dal fatto che esso si rigenera solo nel sonno e solo nel sonno può svolgere le sue funzioni vitali. Se quindi viene danneggiato gravemente tra le 2 e le 3 di notte (per esempio con l'alcol o dormendo poco) ciò è particolarmente svantaggioso. È anche importante che il corpo sia ben caldo, cosa che di solito a letto succede.

Dalle 3 alle 5 del mattino: polmoni
Gli alpinisti e gli escursionisti hanno spesso sperimentato che in genere partire alle 3 del mattino è molto meglio, dal punto di vista dello slancio, che non alle 5: dalle 3 alle 5 del mattino infatti c'è la fase alta dei polmoni. La partenza alle 3 fa sì che si possa superare più facilmente il calo energetico successivo alle 5 del mattino: ci si è per così dire riscaldati. Lo stimolo a tossire che a volte i fuma-

tori avvertono al mattino dipende da questo: i polmoni hanno fatto un gran lavoro per eliminare le sostanze tossiche.

Dalle 5 alle 7 del mattino: intestino crasso
Il cibo sosta per circa due ore nell'intestino tenue, e circa venti in quello crasso. Tra le 5 e le 7 del mattino si può efficacemente sostenere l'attività depurativa del crasso bevendo un bicchiere d'acqua tiepida. Alcuni sorsi sono già sufficienti per aiutare enormemente l'evacuazione.

Una volta che il ritmo quotidiano del corpo vi è diventato familiare, anche durante il giorno e a prescindere dalla posizione della luna potete mettere in atto al momento giusto molte misure per il vostro benessere e la vostra salute che saranno ancora più efficaci: per esempio l'assunzione di rimedi o l'eliminazione di sostanze tossiche.

> *Non possiamo prevedere in anticipo*
> *ciò che succederà.*
> *La gioia più grande si ha sempre*
> *quando le aspettative sono minori.*
>
> (Antoine de Saint-Exupéry)

COSCE – INTERVENTI ALLE COSCE E ALLE VENE

Avete già letto la voce Interventi chirurgici? Sarebbe meglio darci un'occhiata prima di fissare l'appuntamento per un'operazione.

Vorremmo ricordarvi una cosa: molti elementi sono decisivi per la riuscita di un intervento chirurgico, dalla competenza del medico allo stato generale di salute del paziente fino alla disponibilità degli strumenti necessari. E non da ultimo sono in gioco anche circostanze determinate dal destino: l'esito di operazioni d'emergenza per esempio soggiace di sicuro a leggi superiori.

Nel caso di interventi chirurgici molti fattori sono modificabili, altri no. Ma una cosa è certa: anche lo stato della luna e le sue fasi possono in un dato momento influenzare la riuscita o meno di un'operazione.

La regola di base è molto semplice: tutti gli interventi andrebbero se possibile programmati con la *luna calante*, e ciò è tanto più importante quanto più l'operazione è difficile ed estesa.

Le regole per gli interventi alle cosce e alle vene

Si può fare:	con la luna calante purché non in scorpione, sagittario e capricorno.
Da evitare:	con la luna crescente.
Il momento peggiore:	con la luna crescente in scorpione, sagittario e capricorno così come tre giorni prima del plenilunio e nel plenilunio, non importa in quale segno.

Se aspetterete il momento giusto: diminuisce il rischio di emorragie e che si formino cicatrici permanenti. Il decorso postoperatorio è più veloce, vi è un minor pericolo di complicazioni.

Se sceglierete il momento sbagliato: complicazioni e infezioni postoperatorie sono più frequenti con la luna crescente, e la fase di guarigione e convalescenza dura di norma più a lungo. Intorno al plenilunio si possono verificare emorragie forti e difficili da arrestare. Anche la cicatrizzazione presenta qualche problema, e il rischio di cicatrici brutte o permanenti è molto più alto. Possono anche essere necessari più interventi per raggiungere risultati apprezzabili. Grande rischio di dolori ai nervi.

E non dimenticate: è fondamentale chiedersi se l'intervento è davvero necessario! Riflettete sul fatto che certe operazioni non vitali (cistifellea, intestino cieco, tonsille) vengono eseguite su pazienti che siano medici e avvocati l'80 per cento in meno rispetto al resto della popolazione, e non certo perché queste categorie vivano in maniera più sana. Prima di un'operazione importante sentite sempre un secondo parere: non può farvi che bene.

La vita è dolce.
Perché renderla salata
trascurando la salute?

(Ramond Hull)

CRAUTI

Un tempo i crauti erano largamente diffusi come rimedio contro il raffreddore e la carenza di vitamina C. Se ne mangiava almeno un cucchiaio pieno al giorno come misura preventiva: non possiamo fare altro che consigliare caldamente questa antica usanza (vedi anche Dieta a base di frutta e succhi). Per i bambini si possono rendere più appetibili, per esempio abbinandoli a frutti dolci, nocciole o panna. Conviene prelevare dal recipiente una razione per tutta la settimana, in modo che il coperchio rimanga chiuso il più possibile: aprirlo di frequente potrebbe seccare i crauti o farli fermentare troppo velocemente. Anche in questo caso c'è una regola dettata dalla luna: non prelevarli in cancro, leone o vergine; in cancro vi è rischio che si formino batteri, in leone si seccano troppo velocemente.

Dovreste anche fare attenzione che il coperchio interno sia posto orizzontalmente e che sia mezzo coperto dal sugo dei crauti. Meglio tenerlo fermo con una pietra.

CUOCERE

Può darsi che anche a voi succeda quello che capita in tante famiglie, ovvero che il risultato di una bella giornata passata a cuocere cibi finisca per non essere neppure assaggiato. E più vi piace farlo, più spesso succederà. Ma anche la luna può darvi una mano a ottenere buoni risultati.

Fate un semplice tentativo: cuocete una volta con la luna calante in pesci e la successiva con la luna crescente in leone (nelle stesse condizioni) e poi osservate la differenza: l'esperienza personale insegna più di mille libri.

Le regole per cuocere i cibi

• La cottura del pane riesce al meglio nei giorni dei fiori (gemelli, bilancia e acquario) e dei frutti (ariete, leone e sagittario). Quando la luna è crescente la pasta del pane lievita più facilmente, mentre con la luna calante è consigliabile utilizzare un po' più di lievito o lievito di pasta acida.

I giorni meno indicati sono quelli d'acqua, ovvero di cancro, scorpione e pesci, perché la pasta si sgonfia più facilmente (diventa «gommosa»).

🙢 Nel caso di dolci e biscotti, la luna crescente nei giorni della luce o dei frutti porta buoni risultati. La pasta è facilmente lavorabile, il dolce viene morbido e resta fresco più a lungo.

🙢 Attenzione: il forno dev'essere scaldato in anticipo ad alta temperatura, poi questa dovrebbe diminuire piano piano.

«Sì, mia mamma sapeva fare la pasta con il lievito, ma io non mi fido»: sono più o meno queste le scuse per non fare in casa un alimento così importante per una sana alimentazione. Vi assicuriamo che non esiste cosa più semplice: la pasta di lievito si fa velocemente e senza fatica, e il tempo necessario, compreso il riassetto della cucina, è di massimo 30 minuti. Come sempre nella vita l'importante è avere l'atteggiamento giusto.

La pasta di lievito ha bisogno di *tempo* per lievitare. Molti di noi diranno: «Non ne abbiamo!». Calma, non siete voi ad aver bisogno di tempo, bensì la pasta, che forse non sopporta quando voi le state sempre appiccicati a controllare «finché non lievita». Prima di cominciare, assicuratevi che il lievito sia ancora buono e utilizzabile mettendolo in acqua calda: se viene a galla è ancora buono.

Orsù allora: mettete in una grande scodella tanta farina (meglio fresca) quanta ne richiede la ricetta o a vostro piacimento, e fate un piccolo cratere nel mezzo. Spezzettate o spargete il lievito di birra nella conca, aggiungete una presa di zucchero di canna scuro, un po' di latte tiepido o di acqua (secondo la ricetta) e mescolatevi un po' di farina a partire dal bordo del cratere fino a formare una purea molto morbida ma non liquida. È molto importante non aggiungere adesso il sale eventualmente contenuto nella ricetta! Esso infatti impedisce sempre alla pasta di lievitare.

Il trucco è questo: in tutte le ricette sta scritto «lasciare lievitare dopo aver coperto con un telo», ma nessuno dice che questo è il punto *fondamentale*. La pasta di lievito infatti non deve prendere aria! La sua riuscita dipende da questo. Quando la massa è più o meno raddoppiata (ciò avverrà tanto più velocemente quanto più il lievito è fresco, dai 5 ai 20 minuti), allora il primo impasto è pronto.

Un'altra cosa: la pasta deve essere mantenuta al caldo, solo così può lievitare. Quando poi solleverete il telo, tutte le finestre e le porte devono essere chiuse: ciò non significa che tutta la stanza debba essere calda, ma neppure fredda e, come già detto, niente correnti!

La pasta lievitata viene ora unita agli altri ingredienti, sbattuta con un cucchiaio di legno o passata nell'impastatrice e di nuovo messa in un posto caldo per lievitare ulteriormente altri 30 minuti circa. Se dopo questa seconda fase non doveste avere più tempo, spezzettate semplicemente la pasta: sarà ancora migliore e più morbida.

Questo dura circa 5 minuti, mentre per sistemare la pasta ne occorrono 10; la parte finale dell'operazione ne richiede circa 10, in totale dunque circa mezz'ora. Potete trascorrere come volete i tempi morti. Il risultato sarà del pane o un dolce unico e assolutamente sano.

E per finire un consiglio: per pulire gli apparecchi sporchi di farina usate sempre e solo acqua *fredda*, perché la calda rende tutto appiccicoso. Se lavorate con scodelle e spianatoie di legno pulitele semplicemente con una spatola: il più delle volte questo è sufficiente, altrimenti pulite gli utensili con acqua fredda lavando entrambe le parti! Metteteli poi su una grata ben arieggiata finché non sono asciutti; è importante che l'aria arrivi anche da sotto.

Non mettete mai al sole gli oggetti di legno! Il buon legno si rigenera da solo ed è molto più igienico della plastica su cui si può versare l'acqua bollente o che viene lavata in lavapiatti. Il legno non deve comunque essere laccato, altrimenti quanto detto non vale più. Al contrario: è stato trasformato in rifiuto tossico che solo molto difficilmente può venire integrato nel ciclo naturale.

CUORE – INTERVENTI AL CUORE

Avete già letto la voce <u>Interventi chirurgici</u>? Sarebbe meglio darci un'occhiata prima di fissare l'appuntamento per un'operazione.

Vorremmo ricordarvi una cosa: molti elementi sono decisivi per la riuscita di un intervento chirurgico, dalla competenza del medico allo stato generale di salute del paziente fino alla disponibilità degli strumenti necessari. E non da ultimo vi sono in gioco anche circostanze determinate dal destino: l'esito di operazioni d'emergenza per esempio soggiace di sicuro a leggi superiori.

Nel caso di interventi chirurgici molti fattori sono modificabili, altri no. Ma una cosa è certa: anche lo stato della luna e le sue fasi possono in un dato momento influenzare la riuscita o meno di un'operazione.

La regola di base è molto semplice: tutti gli interventi andrebbero se possibile programmati con la *luna calante*, e ciò è tanto più importante quanto più l'operazione è difficile ed estesa.

Le regole per gli interventi al cuore

Si può fare:	con la luna calante, ma non in cancro, leone, vergine.
Da evitare:	con la luna crescente.
Il momento peggiore:	con la luna crescente in cancro, leone, vergine e tre giorni prima del plenilunio (compreso), non importa in quale segno.

Se aspetterete il momento giusto: diminuisce il rischio di emorragie e che si formino cicatrici permanenti. Il decorso postoperatorio è più veloce, minore il pericolo di complicazioni.

Se sceglierete il momento sbagliato: complicazioni e infezioni postoperatorie sono più frequenti con la luna crescente, e la fase di guarigione e convalescenza dura di norma più a lungo. Intorno al plenilunio si possono verificare emorragie forti e difficili da arrestare. Anche la cicatrizzazione presenta qualche problema, e il rischio di cicatrici brutte o permanenti è molto più alto. Possono anche essere necessari più interventi per raggiungere risultati apprezzabili. Grande rischio di dolori ai nervi.

E non dimenticate: è fondamentale chiedersi se l'intervento è davvero necessario! Riflettete sul fatto che certe operazioni non vitali (cistifellea, intestino cieco, tonsille) vengono eseguite su pazienti che siano medici e avvocati l'80 per cento in meno rispetto al resto della popolazione, e non certo perché queste categorie vivano in maniera più sana. Prima di un'operazione importante sentite sempre un secondo parere: non può farvi che bene.

*Non giudicate nessuno e pensate
che nulla è impossibile, perché
non vi è nessuno che non abbia
il suo futuro e non vi è nulla che
non abbia la sua ora.*

(Rabindranath Tagore)

CURA DELLA LUNA

Nel corso degli ultimi dieci anni, in occasione di conferenze e nel nostro calendario tascabile *Das Mondjahr* (L'anno lunare), abbiamo spiegato come sia possibile cambiare in maniera molto semplice la propria alimentazione seguendo le regole del « momento giusto »; a poco a poco questa cura della luna ha preso forma e si è diffusa sempre più. Numerosissimi lettori e ascoltatori sono nel frattempo venuti da noi per ringraziarci del consiglio, l'unico in grado di aiutarli in maniera naturale.

Nutrirsi in armonia con i ritmi della luna e della natura è una cosa facile da spiegare e da fare. Secondo la nostra esperienza è l'unica dieta che abbia un successo durevole, che depuri l'organismo risvegliando i sensi e senza essere dannosa per la nostra salute. Non fa violenza sul corpo, perché non lo aggredisce in maniera radicale ma rispetta i suoi meccanismi interiori. Chiunque sia aumentato di peso poco dopo aver finito una dieta o abbia avuto danni fisici dovuti a qualche effetto collaterale sa bene che il corpo è in grado di vendicarsi quando viene attaccato. Se una persona si sente grassa deve fare qualcosa, e non seguire un qualche schema artificioso e lontano dalla natura che vada sotto il nome di una qualsiasi dieta xyz, il cui unico effetto alla fine sarà quello di farlo ingrassare ancora di più.

Mentre seguite la cura della luna nutritevi solo di prodotti freschi biologici, uniti ad altri che si possano conservare in maniera naturale in modo da non perdere la loro forza vitale, e bevete solo acqua naturale. Purtroppo vi sono zone in cui è necessario bere quella minerale, meglio se non gasata o povera di anidride carbonica.

I prodotti precucinati non possono fare a meno di conservanti, così come tutti gli alimenti che devono fare una lunga strada prima di giungere sulla nostra tavola. Grazie ai conservanti le industrie possono evitare di utilizzare costose materie prime. Possono fare quello che vogliono, perché i conservanti fermano qualsiasi sviluppo... e con esso anche la vita.

Quindi, se appena potete, portate in tavola cibi freschi – senza conservanti – e soprattutto biologici.

Un altro consiglio, per quanto riguarda i cereali, è quello di utilizzare solo quelli integrali! Ci si può nutrire per anni solo di spelta senza manifestare alcuna carenza alimentare. La spelta è la regina dei cereali ed è un vero dono del cielo. L'organismo digerisce molto lentamente i cereali cotti, cosa che elimina automaticamente quei terribili spuntini fuori pasto.

Seguite queste poche regole nel fare la cura della luna e, con l'aiuto del calendario lunare, potrete facilmente inserirvi nell'onda della natura, depurarvi, disintossicarvi e arrivare a un peso che vi faccia sentire bene. *E non dimenticate: con la cura della luna non si muore di fame!*

La luna cala in circa 14 giorni e cresce in altrettanti. Curarsi con la luna vuol dire sfruttare al meglio questo ciclo e muoversi con esso (a pag. 319 abbiamo riassunto tutto ciò nella tabella 10).

Le regole per curarsi con la luna

Plenilunio
Iniziate la cura della luna due o tre giorni prima del plenilunio, quando l'organismo assorbe molto facilmente quello che gli si propone e quindi si tende a ingrassare più del solito (in particolare nel giorno del plenilunio vero e proprio). Siate cauti e mangiate solo *un po'* meno del solito, evitando di consumare altri pasti dopo le 18.

I più coraggiosi dovrebbero fare uno o due giorni di sola frutta, di liquidi o addirittura di digiuno, dove con questo termine si intende mangiare un po' meno o un po' più sano rispetto ai vostri soliti parametri (vedi Salute e benessere in armonia con le fasi della luna).

Luna calante

Nelle due settimane che seguono, in cui la luna è calante, potete mangiare normalmente. L'organismo non assimila così bene i cibi, dunque il peso resta perlopiù lo stesso oppure diminuisce leggermente. Comunque lo scopo di fare una cura della luna per due mesi è anche quello di risvegliare il nostro intuito, per cui in queste due settimane dovreste bere un tè per depurare il sangue. La luna calante favorisce la disintossicazione e pulisce il sangue, e allo stesso tempo fa sì che non avvertiamo in maniera eccessiva lo stimolo a mangiare. Nell'organismo tutto si rigenera più velocemente: è questo il motivo per cui in questa fase lunare le ferite si rimarginano prima e senza lasciare cicatrici.

Il pasto serale deve essere consumato il prima possibile (tra le 16 e le 17): questa sarà senza dubbio la tendenza del futuro. Fate una prova... per almeno una settimana!

Novilunio

Anche in questo periodo sarebbe molto utile introdurre uno o due giorni in cui consumare solo frutta o liquidi o addirittura digiunare, poiché il corpo si depura molto e quindi potete favorire questo processo con poche ore di astinenza. Il corpo infatti si nutre delle sostanze in eccesso.

Potete anche in questa fase assumere un tè che stimoli la diuresi e che in caso di lunghi viaggi va bevuto solo alla fine (per non fermarsi ogni due minuti all'autogrill).

Luna crescente

Queste due settimane richiedono forse un po' di autodisciplina, ma ciò non significa che dobbiate morire di fame (a meno che il vostro appetito non nasconda un bisogno di nutrimento affettivo). In generale potete ridurre un po' l'assunzione di cibi perché il corpo digerisce e accumula tutto meglio. Se dovete svolgere molto lavoro, magari anche faticoso, potete aiutarvi con una miscela di tè ricostituenti: la luna crescente favorisce tutte quelle misure che mirano a rafforzare e ricostituire. Oltre a mangiare meno provate a smettere cinque minuti prima di sentirvi sazi e tra le 15 e le 17 bevete molto. Fate l'ultimo pasto della giornata una o due ore prima del solito, al più tardi alle 18.

Può darsi che vi sembri un controsenso il consiglio di fare l'ultimo pasto al più tardi alle 17 con la luna calante, mentre con quella crescente, quando si tende a ingrassare più facilmente, esso viene ritardato. Il motivo di questo apparente controsenso è il seguente: con la luna crescente si fa più fatica a non mangiare nulla dopo l'ultimo pasto, e sarebbe un peccato fiondarsi al frigorifero alle 22 e fare cose proibite. È più facile mantenere la disciplina quando si è mangiato alle 18. Con la luna calante si è più resistenti al richiamo notturno della dispensa, e si riesce quindi a fare l'ultimo pasto alle 17.

Per favore, non date la colpa a noi se il vostro lavoro non vi consente di rispettare questi orari. Sappiamo benissimo che il mondo del lavoro è organizzato in maniera assolutamente innaturale e contraria ai ritmi del nostro corpo. Comunque queste regole non perderanno certo il loro valore se riuscite ad adattarle alle vostre esigenze.

Un grande sostegno alla cura della luna è l'utilizzo in contemporanea di preziosi oli (ad azione rinforzante per i tessuti o depurativa) e delle speciali misture di tè che produciamo in armonia con le fasi lunari. Con la luna calante l'olio depurativo fa miracoli, perché sostiene efficacemente l'azione disintossicante. Con la luna crescente invece quello rinforzante aiuta la pelle e i tessuti connettivi a ritrovare la loro elasticità. La più grande paura delle persone sovrappeso è quella di avere una pelle meno bella una volta dimagriti: il vantaggio di quest'olio è che il vostro corpo supera il calo ponderale con una pelle più tesa ed elastica.

Le nostre quattro miscele di tè sono fatte apposta per agire secondo le fasi della luna, e le erbe che le compongono sono state scelte accuratamente, raccolte e imbottigliate naturalmente al momento giusto. Per noi è scontato usare una coltivazione controllata di tipo biologico, immune da sostanze tossiche e da radiazioni (vedi anche pag. 301).

Ognuna di queste quattro tisane va bevuta lontana dai pasti (prima o dopo). Berne almeno due litri nel corso della giornata (è buona anche fredda, ma non a tutti piace).

> *Anche se qualcuno si copre con un velo*
> *voi potete vedere che è sempre là.*
> *Così anche la natura è come un enorme*
> *velo, dietro al quale si cela la presenza di Dio.*
>
> (Paramahansa Yogananda)

CURA DEPURATIVA VEDI: <u>CURA DELLA LUNA</u>

DAL DENTISTA

Molte persone delle più diverse categorie lavorative potrebbero rendersi conto quasi immediatamente degli effetti dei ritmi lunari sulla vita di tutti i giorni: basterebbe che scrivessero le esperienze del passato in un diario o in uno schedario, per poi riesaminarle cercando di capire perché le cose sono andate proprio in quella maniera così sorprendente. Così per esempio un dentista potrebbe spulciare nella cartella di un paziente alla ricerca di quei casi in cui corone dentali o ponti sono durati molto meno del dovuto, cadendo dopo pochi mesi. Oppure potrebbe rilevare quando l'estrazione di un dente del giudizio si è rivelata problematica o invece si è svolta senza complicazioni. Un confronto tra le date e il calendario lunare confermerebbe probabilmente tutte le regole che seguono.

Le regole per applicare piombature, corone dentali e ponti

Si può fare:	con la luna calante, il più vicino possibile al novilunio, ma non in ariete e toro.
Da evitare:	con la luna crescente, soprattutto in ariete e toro.
Il momento peggiore:	nel plenilunio.

Le regole per la rimozione del tartaro

Il momento migliore:	con la luna calante in capricorno.
Si può fare:	con la luna calante, il più vicino possibile al novilunio.
Da evitare:	con la luna crescente.

Le regole per l'estrazione di un dente e per le operazioni alla mandibola

Il momento migliore:	nella settimana prima del novilunio, quando però la luna non è in ariete, toro e cancro o in un segno d'aria (gemelli, bilancia e acquario).
Si può fare:	con la luna calante ma non in ariete, toro e cancro.
Da evitare:	con la luna crescente in genere e in un segno d'aria (gemelli, bilancia e acquario).
Il momento peggiore:	sempre in ariete, toro e cancro e sempre tre giorni prima del plenilunio e nel plenilunio compreso, non importa in quale segno.

Se aspetterete il momento giusto: diminuisce il rischio di emorragie e che si formino cicatrici permanenti. Il decorso postoperatorio è più veloce, e minore il pericolo di complicazioni.

Soprattutto i denti del giudizio creano meno problemi se vengono estratti al momento giusto. Gli impianti vanno a posto prima e durano più a lungo.

Se sceglierete il momento sbagliato: complicazioni e infezioni postoperatorie sono più frequenti con la luna crescente, e la fase di guarigione e convalescenza dura di norma più a lungo. Intorno al plenilunio si possono verificare emorragie forti e difficili da arrestare. Anche la cicatrizzazione presenta qualche problema, e il rischio di cicatrici brutte o permanenti è molto più alto. Possono anche essere necessari più interventi per raggiungere risultati apprezzabili. Grande rischio di dolori ai nervi.

E non dimenticate: è fondamentale chiedersi se l'intervento è davvero necessario! Prima di interventi importanti sentite sempre un secondo parere: non può farvi che bene!

Ciò che non adopero e non curo si deteriora.
Il legno, se non lo curo, anche con le migliori
intenzioni, marcisce.
I miei cinque sensi, se non li curo usandoli e
affinandoli, mi rendono cieco, sordo e muto.

L'amore, se non lo curo mostrandolo e donando
senza condizioni, mi rende solo e mi lascia morire.

DEPILAZIONE

Se dovete liberarvi con regolarità dei fastidiosi peli superflui la luna può esservi di grande aiuto. Per favore, però, non aspettatevi che non ricrescano più del tutto. In realtà è una benedizione che la natura non realizzi appieno i nostri canoni estetici: essa è assolutamente perfetta, ma non secondo i nostri ristretti parametri. La vera bellezza significa sottolineare la perfezione della natura, ricordarsene e assecondarla. Ecco – in ogni caso – alcuni consigli per depilarsi.

Le regole d'oro per depilarsi

Il momento migliore:	con la luna calante in capricorno.
Si può fare:	con la luna calante non in leone e vergine.
Periodo neutro:	con la luna calante in ariete e toro.
Da evitare:	con la luna crescente e in generale con la luna calante in leone e vergine.
Il momento peggiore:	con la luna crescente in leone e vergine.

Se aspetterete il momento giusto: i peli ricrescono meno velocemente per un tempo maggiore.

Se sceglierete il momento sbagliato: i peli ricrescono velocemente e possono perfino diventare più forti e grossi. Questo è particolarmente spiacevole con in peli del naso, che possono anche diventare pungenti.

Consigli particolari: fate a meno di tutte le sostanze depilatorie non naturali, che alla lunga danneggiano la pelle e il corpo. I peli del naso vanno tagliati se possibile in pesci, così diventeranno sottili e non disturberanno.

Vi ricordate della regola del 18 giugno, di cui abbiamo parlato nei nostri libri precedenti? In questo giorno le erbe indesiderate estirpate al mattino non ricrescono. Alcuni lettori hanno però capito male: non era un consiglio per evitare che i peli si riformino, né tanto meno una garanzia. Al contrario è una buona cosa che il 18 giugno con la sua «regola delle erbacce» funzioni solo raramente anche per i peli del corpo. Le mode cambiano, e qualcuno potrebbe un giorno essere contento che la cosa non abbia funzionato così bene...

DIETA A BASE DI FRUTTA E SUCCHI

Fare qualche giorno di dieta a base di frutta e succhi come mini-cura disintossicante e depurativa per il sangue è un'ottima cosa. Fatevi aiutare dall'energia della luna!

Le regole per fare una dieta a base di frutta e succhi

Il momento migliore:	nei giorni dei frutti di ariete, leone e sagittario.
Si può fare:	in generale poco prima del novilunio e del plenilunio.

Consigli particolari: comprate solo frutta che profumi! Una caratteristica di quella trattata proveniente dall'industria agraria è che non ha più profumo, mentre le mele biologiche, per esempio, conservano intatto il loro. I supermarket offrono a volte anche dieci tipi di mele diversi, ma nessuno di questi profuma! Ciò spingerà prima o poi l'industria a spruzzare, oltre ai pesticidi, anche profumi sintetici. Purtroppo non c'è nulla da fare, almeno finché il vostro <u>intuito</u> (vedi) non si sarà risvegliato e voi non vi farete più ingannare.

Alla voce <u>Cura della luna</u> troverete la spiegazione del perché queste regole sono così utili. Vorremmo però spendere ancora due parole sulla dieta a base di frutta e succhi, poiché spesso vi sono fraintendimenti in proposito.

Per prima cosa i succhi di frutta, così come il latte, sono cibi e non bevande! Per fare questa dieta sarebbe quindi buona regola usare frutta e verdure intere e non in succo. Il frutto nella sua interezza è molto più prezioso del solo succo, anche se quest'ultimo è sicuramente più comodo e va tenuto come ultima carta se proprio state per rinunciare alla dieta.

Cercate di osservare quale tipo di frutta e di succo sopportate meglio e regolatevi di conseguenza, soprattutto per quanto riguarda il diverso effetto della frutta con semi e di quella con nocciolo (vedi anche la tabella 2 a pag. 306).
    Cercate di capire anche se tollerate meglio la frutta cruda o quella cotta: molte persone reagiscono a quella cruda con gonfiori di pancia, impurità della pelle, arrossamenti, pruriti alla testa, bruciori ai piedi etc. Sarebbe un grosso errore rinunciare alla frutta per queste reazioni: quella cotta è comunque meglio di niente.
    Se non sopportate la frutta fresca evitate di ricorrere a vitamine in pillole o a conserve di frutta, che non possiedono più la benché minima energia vitale. Invece le conserve fatte in casa senza conservanti sono meravigliose: l'ideale sarebbe farle sempre nei giorni dei frutti (ariete, leone, sagittario). Tutte queste osservazioni sono molto importanti al fine di costruirvi una sana alimentazione su misura.

Per scegliere la frutta: tutto quello che cresce nelle vicinanze è sano. Una mela che proviene dalla vostra zona contiene molta più vitamina C di qualsiasi limone, poiché si perdono quasi tutte poco dopo la raccolta. Se per esempio mangiate regolarmente crauti o bevete succo di crauti i virus dell'influenza avranno i loro problemi perché i crauti sono molto meglio dei limoni in questo senso. Inoltre il loro succo è indicato per rimettere in moto gradualmente un intestino addormentato.
    I crauti erano un tempo tra i rimedi più diffusi e naturali contro i raffreddori invernali e le carenze da vitamina C. Erano a portata di mano e sempre disponibili. In inverno, come misura preventiva, si mangiava almeno un cucchiaio di crauti crudi al giorno. Per i bambini si possono rendere più gradevoli per esempio con frutti dolci, nocciole e panna. Bisognerebbe sempre prelevarne dalla botte una razione settimanale in modo da non dover alzare ogni giorno il coperchio. Se avete a casa una di queste botti o anche solo un piccolo vaso di terraglia non sollevate mai il coperchio in cancro, leone o vergine. I crauti dovrebbero poi essere sempre da agricoltura biologica. Oggi purtroppo si pensa di

poter rinunciare a questo alimento così prezioso: il danno che ne deriva è enorme.

Le carote e il succo di carote andrebbero sempre presi con un pochino d'olio, altrimenti la vitamina F in esse contenuta è inutile poiché l'organismo può sfruttarla solo in combinazione con i grassi.

È meglio fare un uso mirato di prodotti esotici: l'ananas per esempio è utile per il drenaggio dei liquidi, ma è ricco di fruttosio e non va bene per tutti. Spesso si finisce per sviluppare un'avversione per altri tipi di drenaggio più utili. È bene anche rinunciare a prodotti provenienti da paesi in cui è praticato il lavoro minorile.

DIFFERENZE NEL CALCOLO DEL CALENDARIO LUNARE
VEDI ANCHE: IL CALENDARIO LUNARE: UNO STRUMENTO INDISPENSABILE

«Perché vi sono piccole differenze tra i vari calendari lunari?», questa domanda ci è stata rivolta da molti dei nostri lettori. Dopo poco tempo ne abbiamo scoperto i motivi e ora sappiamo che essi sono fondamentalmente tre.

❧ Quasi tutti i calendari lunari sono stati calcolati con lo stesso metodo, ovvero secondo la *posizione della luna nello zodiaco*. In ogni epoca era quindi possibile calcolare esattamente al minuto il passaggio da un segno zodiacale al successivo. Poiché da sempre lo stato della luna viene indicato per giorni interi, bisogna decidere quale momento puntuale scegliere. Vi sono essenzialmente due possibilità: scegliere il segno zodiacale in cui la luna si trova a mezzanotte o quello in cui si trova alle 12. Il calendario che è allegato ai nostri libri è calcolato sulla mezzanotte, e questo metodo è quello usato per tutti i calendari lunari del secolo appena passato, come abbiamo potuto verificare.

È qui allora che si nasconde il motivo di alcune differenze nel calcolo del calendario, cioè la scelta del momento puntuale e l'indicazione – superflua – dei minuti del passaggio da un segno all'altro. Questo, come abbiamo constatato, spaventa la maggior parte degli utenti, ma la scienza della luna è troppo preziosa per renderla più complicata di quanto sia in realtà. Per prima cosa il passaggio dell'energia avviene gradualmente, e mai da un secondo all'altro! Gli influssi che le fasi lunari esercitano sullo zodiaco si sovrappongono e si mescolano, soprattutto quando il calendario riporta un segno per tre giorni di seguito: in questo caso, soprattutto nel primo e nell'ultimo giorno l'energia del segno vicino si può già sentire o sentire in maniera più forte. Dio non ha l'animo di un bottegaio che ci costringe a piantare pomodori solo fino alle 10.47 del mattino, mentre quelli piantati alle 10.49 sono svantaggiati.

☙ Il secondo motivo delle piccole differenze di calendario è anche uno dei motivi per cui la scienza della luna è stata sempre dimenticata nel corso della storia. Tra un segno zodiacale e l'omonima costellazione su nel cielo notturno esiste una differenza. Le costellazioni hanno estensioni di varia grandezza, mentre lo zodiaco è pensato come diviso in 12 fette uguali di 30 gradi, che hanno in comune con la costellazione solo il nome. Così per esempio la costellazione della bilancia è grande solo la metà di quella della vergine.

Da questo deriva il fatto che il calcolo dei segni zodiacali è sempre uguale, mentre la luna a causa della cosiddetta precessione «va un po' avanti», come un orologio difettoso. Questo però si sapeva in tutte le epoche: da secoli i creatori dei calendari sapevano e potevano includere questo scarto nei calendari lunari. I nostri antenati erano dei veri maestri nel calcolare le posizioni degli astri e delle orbite, ma a ragione non avevano motivo di modificare le basi di calcolo dei calendari lunari. Infatti non conta la posizione della luna in cielo, ma la risposta alla domanda: quando sulla terra si manifesta l'energia del leone, per poter seminare i cereali in un terreno umido? Quando l'energia del capricorno può essere utile a piantare delle siepi?

A queste domande risponde il calendario lunare che accompagna i nostri libri. Gli esperti della scienza lunare hanno sempre usato questo tipo di calendario.

☙ Il terzo motivo delle differenze di calendario sta nel fatto che oggi quasi tutte le case editrici pubblicano un calendario: molte cose vengono copiate e molte aggiunte, spesso inutili, riguardo alla magia della luna, al cucinare secondo la luna e via dicendo, e quindi cambia anche il calendario. Queste false informazioni possono dare cattiva fama alla vera scienza della luna e farle un gran danno.

Per riassumere: i nostri libri sono pensati soprattutto come stimolo per i lettori, non come rigide «bibbie» cui ispirarsi. Chi si chiede quale tra due calendari diversi sia quello valido, dovrebbe provarli entrambi!

Anche noi lo abbiamo sempre fatto negli ultimi anni e fino a oggi non abbiamo avuto motivo di cambiare il nostro (vedi pag. 302).

Per finire, ecco la testimonianza di una lettrice che ha formulato per noi la domanda sulle differenze di calendario: «Per caso ho scoperto che alcuni dei molti calendari lunari esistenti sono calcolati diversamente dal vostro, e a volte risultano un po' confusi. Naturalmente lo capisco, ma io uso il vostro calendario ormai da sette anni con un successo sorprendente, anche nel caso di due difficili interventi subiti da miei parenti. Vorrei dire questo: con i vostri libri avete costruito un'officina bella e grande, in cui si può lavorare e vivere meravigliosamente. Quando vi entro sono in grado di svolgere facilmente tutti i compiti che mi sono prefissa e portarli a termine con successo. È questa la mia esperienza. Quindi non mi verrebbe mai in mente che lo strumento con cui è stata costruita questa officina possa non essere della migliore qualità possibile».

Un giorno una formica si smarrì su di un pezzo di carta; qui notò come una piuma tracciava ordinate linee nere. «Oh, meraviglia!» disse la formica. «Questo oggetto notevole e pieno di vita esegue svolazzi e ghirigori su questa bella superficie piatta con tale costanza e forza da superare tutti gli sforzi di tutte le formiche del mondo. Che lavoro splendido! I ghirigori assomigliano alle formiche: sono come milioni di formiche che corrono tutte insieme».

La formica raccontò ai suoi fratelli e sorelle di questa scoperta, e molti di loro mostrarono grande interesse. Alcuni lodarono anche la sua capacità di osservazione e il suo spirito analitico. Ma dopo breve tempo arrivò una seconda formica e disse: «Sulla base dei vostri sforzi – ammetto – ho svolto altre osservazioni. Ho studiato l'oggetto che produce i ghirigori e ho notato che non è il vero maestro dell'opera. Vi è sfuggito il fatto che questa cosa – chiamiamola piuma – appartiene ad altre che la tengono e la guidano. È solo l'organo esecutivo. Sono queste altre cose che devono essere considerate la vera forza trainante, a loro spetta il riconoscimento». E così le formiche scoprirono le dita. Passarono gli anni in quella terra. Un giorno una delle formiche si arrampicò su per le dita e fece un'altra scoperta. Si mise a gironzolare per la mano, proprio come fanno le formiche, e la studiò a fondo. Poi tornò a casa con una notizia strepitosa: «Formiche! Le dita sono solo una parte di un oggetto più grande che si muove!». Ma le formiche si lasciarono alle spalle anche questa pietra miliare della storia: nel corso dei secoli scoprirono prima il braccio che guida la mano, poi il corpo che guida la mano, poi i piedi e le altre parti del corpo che apparentemente – allo stato attuale delle ricerche – non servono a nulla. A tutt'oggi le ricerche sono in corso. Intanto vi sono dati certi per quel che riguarda la meccanica della produzione dei ghirigori, ovvero lo «scrivere», come lo chiamano i dizionari delle formiche. Comunque, con il loro attuale metodo di indagine non scopriranno mai il senso e il significato dei ghirigori. È consolante essere uomini e non formiche.

DIGIUNO COME MISURA PREVENTIVA PER LA SALUTE

Contro il digiuno – ovvero un periodo di tempo più o meno lungo senza assumere cibi solidi –, soprattutto se inteso come cura per dare al corpo la possibilità di depurarsi e rigenerarsi, non può esservi nulla da obiettare; come misura dimagrante invece alla lunga non funziona quasi mai. Le abitudini alimentari dannose molto raramente si eliminano con la forza, e un organismo debilitato da anni e decenni di alimentazione errata non può tornare al suo stato originario con poche settimane di digiuno.

È necessario che la rigenerazione avvenga lentamente, come un lento percorso a ritroso nel nostro rapporto con il cibo, e dev'essere fatta senza l'aiuto di alcun medicinale. Il segreto sta non nell'aggiungere chissà cosa, ma nel tralasciare pian piano quel che ci fa male, e per questo sarebbe meglio cercare una persona esperta che segua da vicino e in modo naturale questo risanamento. Infatti è importante che la cosa avvenga in quest'ordine: rigenerare l'intestino tenue, subito dopo i reni, il fegato e infine la pelle. Solo così il digiuno a scopi curativi è utile.

Tuttavia anche il digiuno occasionale mirato a una visibile riduzione della quantità di cibo consumata può avere un effetto preventivo molto positivo. Non senza motivo dopo il carnevale viene la quaresima, che tra l'altro dipende dalla luna. In questo periodo è molto importante mantenere la misura nel mangiare, perché l'organismo si depura e si rigenera particolarmente bene. Vi ricompenserà con un aumento delle difese e un grande benessere. Questo vale comunque anche per il digiuno preventivo in generale.

Le regole per il digiuno preventivo

> **Si può fare:** tre giorni prima del plenilunio fino al plenilunio compreso.
> Tre giorni prima del novilunio e nel novilunio così come nei giorni della vergine.

Se aspetterete il momento giusto: subito prima e durante il novilunio il corpo si depura in modo più efficace; il digiuno aiuta questo processo. Subito prima e durante il plenilunio l'organismo assimila più velocemente i cibi; digiunare evita quindi un eccessivo aumento di peso.

Consigli particolari: perché per una volta non digiunate con la mente invece che con il corpo? Le tre scimmiette che non vedono, non sentono e non parlano sono un antico simbolo buddhista che rappresenta la forza di volontà della mente di ignorare nel senso migliore della parola il negativo attorno a sé: non pronunciare nulla di cattivo, non vedere nulla di cattivo, non sentire nulla di cattivo. Questo non vuol dire essere ciechi di fronte al male, al contrario: quest'ultimo non si può combattere, altrimenti diventa solo più forte. Il negativo è vanitoso: si ritira se lo si ignora, per esempio ocupandosi delle cose positive.

Meno conosciuta è la quaresima dell'Avvento (dall'1 di Avvento fino al 24 dicembre), anch'essa un'ottima occasione per vivere in modo un po' più morigerato. Oggigiorno non è così facile, ma questa informazione può comunque esservi utile. Una cosa è comunque certa: i dolci mangiati prima di Natale ingrassano molto più dei biscotti spiluzzicati in quel periodo.

DRENARE

Se progettata con il giusto atteggiamento, una casa può inserirsi armonicamente nel paesaggio come un nido in una siepe di rose. In un certo modo il drenaggio di un edificio si può paragonare al tentativo di armonizzare il «corpo estraneo casa» con le condizioni precedenti.

Drenare significa liberare un edificio dall'umidità del suolo e dall'acqua freatica con l'aiuto di tecniche particolari. Di norma questo avviene posando dei tubi di plastica di circa 50 cm. di diametro sotto le fondamenta e intorno alla casa. Essi presentano un dislivello e sono posti in modo tale che l'acqua viene rimossa dal punto più profondo fino a disperdersi nel terreno nel migliore dei casi, oppure anche negli scoli per l'acqua piovana. Questi tubi vengono perlopiù avvolti con pirite grezza, in modo che l'acqua possa farsi strada senza difficoltà: altrimenti la terra intaserebbe i tubi rendendoli inservibili.

Il drenaggio vero e proprio dura di norma solo poche ore, ma la qualità del lavoro può avere effetti che durano decenni. Si tratta di uno dei lavori più importanti in campo edilizio, e andrebbe eseguito e controllato attentamente.

Un drenaggio ben eseguito può riequilibrare anche le situazioni abitative più complesse, le cantine e le pareti restano asciutte finché durerà la casa. Al contrario un lavoro malfatto, che per nostra esperienza è purtroppo più una regola che non un'eccezione, può anche far sì che la casa nel corso dei decenni debba cambiare più volte proprietario. Noi stessi abbiamo provato come dopo il drenaggio una macchina abbia compresso la pirite sul tubo di drenaggio, appiattendolo completamente.

Ci verrebbe quasi da consigliarvi: siate presenti alle operazioni di installazione dei tubi: le conseguenze di una buona o cattiva esecuzione di questo lavoro sono troppo importanti. In pochi minuti i tubi si possono riempire di terra e in seguito possono essere controllati e ripuliti solo con grande spesa.

Se avete la possibilità di osservare gli uccelli costruire il nido scoprirete che si regolano esattamente sullo stato della luna per far asciugare il nido dopo la pioggia. Anche le operazioni di drenaggio possono dunque guadagnare possibilità di riuscita se eseguite al momento giusto.

Le regole per drenare

Il momento migliore:	con la luna crescente nei segni di cancro, scorpione e pesci.
Da evitare:	con la luna crescente, quando non si trova in uno dei segni d'acqua (cancro, scorpione e pesci).
Il momento peggiore:	in generale con la luna calante.

Se aspetterete il momento migliore: l'acqua scorre facilmente nei tubi e accetta di essere deviata dalla casa... un'offerta di amicizia all'acqua.

Se sceglierete il momento sbagliato: eseguire il drenaggio con la luna calante equivale a dare un impulso frenante e bloccante. L'acqua quindi, secondo il principio della minor resistenza, cerca una nuova via, come può succedere a uno sfortunato colpo di tennis: la palla finisce sugli spettatori o sul proprio naso. O l'acqua si allontana dalla casa oppure la pressione aumenta. I tubi possono intasarsi o insabbiarsi.

Consigli particolari: quando iniziate a costruire una casa sarebbe meglio non farlo in mezzo all'acqua. Dunque è importante fare attenzione alla luna durante le operazioni di scavo. Se cominciate con la luna crescente, fate fare subito il drenaggio. Se invece inizierete nella fase calante, attendete che la costruzione grezza sia finita.

EFFETTO DEI COLORI A SECONDA DEI RITMI LUNARI VEDI ANCHE: I SEGNI ZODIACALI E I LORO COLORI DA MEDITAZIONE

L'effetto dei colori dei cibi e dei vestiti che portiamo ogni giorno si può armonizzare con il percorso della luna all'interno dello zodiaco. La regola fondamentale è questa: vi sono colori che hanno un'azione diversa o più forte quando li si utilizza nel periodo del segno zodiacale cui sono associati. Potete vedere gli abbinamenti nelle tabelle 4 e 5 alle pagine che seguono.

Se per esempio volete usare i colori come terapia complementare per determinate malattie o disturbi, scegliete uno o più vestiti del colore giusto o del suo opposto da indossare in questa occasione, meglio se sulla parte del corpo colpita. Potete indossarlo direttamente sul corpo, per esempio come canottiera, o su capi di vestiario di altro colore. A contatto con la pelle l'effetto è un po' maggiore, ma l'energia che emana dal colore, recepita dall'occhio, è efficace ugualmente sul disturbo corrispondente.

Per farvi conoscere in concreto la teoria dei colori e dei loro opposti descriveremo l'effetto di ognuno di essi, compiendo un breve viaggio in un mese lunare.

Rosso
Il rosso stimola le energie creative, vitali e primitive e favorisce la passione e un comportamento spontaneo e coraggioso; rallegra e dona slancio e coraggio per mettere in pratica idee nuove. Il rosso nei vestiti così come nei cibi attiva il fegato e sostiene la produzione di globuli rossi. In quanto colore dell'energia depurante ed escretiva, libera da costipazioni e ostruzioni mucose ed è indicata in caso di carenza di ferro. Troppo rosso può provocare irrequietezza, frenesia e nervosismo.

Segno zodiacale	Parte del corpo	Colore base	Colore opposto
ariete	testa, cervello, occhi, naso	rosso	giallo/blu
toro	laringe, organi del linguaggio, denti, mandibola, gola, tonsille, orecchie	blu	rosso (giallo)
gemelli	spalle, braccia, mani, polmoni	giallo	rosso/blu
cancro	petto, polmoni, stomaco, fegato, cistifellea	verde	violetto o arancione
leone	cuore, schiena, diaframma, circolazione, arterie	rosso	giallo/blu
vergine	apparato digerente, nervi, milza, pancreas	blu	rosso (giallo)
bilancia	fianchi, reni, vescica	giallo	rosso/blu
scorpione	organi genitali, uretere	verde	violetto o arancione
sagittario	cosce, vene	rosso	giallo/blu
capricorno	ginocchia, ossa, articolazioni, pelle	blu	rosso (giallo)
acquario	gambe, vene	giallo	rosso/blu
pesci	piedi, dita dei piedi	verde	violetto o arancione

Tabella 4: I segni zodiacali e i loro colori.

Per un uso corretto: il violetto dovrebbe essere un rosso bluastro; in altre parole, nella mescolanza di rosso e blu il primo colore dev'essere dominante. L'arancione dovrebbe essere un rosso giallastro. Anche qui il rosso deve prevalere sul giallo nell'unione dei due colori.

Colore	Proprietà	Cibi
rosso	vascolarizzante, ematopoietico, energizzante, rinfrancante	pomodori, ribes rossi e neri, lamponi, fragole, ciliegie rosse e nere, barbabietole rosse, paprika rossa, mirtilli rossi, rapanelli, mele rosse
blu/ violetto	antinfiammatorio, antidolorifico, calmante, sonnifero, riequilibrante	mirtilli, mirtilli neri, bacche di sambuco, ribes neri, ciliegie nere, uva nera, prugne, susine, cavolo rosso, melanzane
giallo/ arancione	ricostituente per i nervi, ispirante, attivante per le mucose	paprika gialla, albicocche, carote, mele, pere, mais, cavolo rapa, banane, piselli gialli, cipolle, sedano, aglio, uva bianca, limoni, aranci, mandarini, pompelmi, ananas, cantarelli
verde	calmante, riequilibrante, stimolante per la crescita	spinaci, ortica, fagioli, piselli verdi, liliacea, asparagi, zucchine, salvia, aneto, erba cipollina, prezzemolo, etc.

Tabella 5: l'effetto dei cibi a seconda del colore.

Arancione
L'arancione, unione del rosso e del giallo, ha un effetto armonizzante. È particolarmente indicato per combattere nervosismo, ansia, depressione ed è utile per le ghiandole e il fegato. È raro che si manifestino sintomi negativi dovuti a un eccesso di questo colore, a meno che non se ne faccia un uso esclusivo. Troppo arancione può portare alla dipendenza da altre persone. In particolare nei giorni della vergine questo colore agisce positivamente in caso di problemi digestivi e di pelle o di stitichezza. Inoltre stimola l'appetito e può essere d'aiuto contro l'anoressia. La sua azione riscaldante scioglie la tensione e rilassa.

Giallo
Il giallo è il colore dell'ispirazione spirituale, rende vivaci, stimola la funzione delle ghiandole, rinforza i nervi, attiva le mucose, crea, stimola i processi mentali. Stimola i succhi gastrici ed è utile nei disturbi della digestione e contro la stitichezza, ha un effetto

calmante sul sistema nervoso e contro gli stati di esaurimento mentale. Il giallo è un tranquillante per la milza, attiva il sistema linfatico ed è utile nei disturbi del fegato.

Verde
Il verde ha un effetto riequilibrante e neutralizzante, è il colore della speranza, dell'armonia, della cura e della maturazione naturale. Influenza l'ipofisi e ha quindi un'azione regolatrice del metabolismo, porta un equilibrio tra fegato e milza e rigenera muscoli e tessuti connettivi. Per gli occhi è benefico e tranquillizzante. Agisce sul sistema neurovegetativo e stimola lo sviluppo. Il troppo verde non ha effetti negativi, se non che a volte si reagisce in modo troppo lento e paziente.

Blu
Il blu svolge un'azione calmante, riequilibrante, aiuta a non sentire il dolore, è antinfiammatorio e concilia il sonno. Generalmente un eccesso di blu, come per il verde, non ha effetti negativi. Solo in casi eccezionali può stancare e portare noia, svogliatezza e pressione bassa. In ogni caso non è bene avere troppo blu nell'alimentazione, perché ha una forte azione calmante: è lo stesso motivo per cui il vino rosso provoca sonnolenza mentre quello bianco è noto come eccitante. Il blu ha un effetto rinfrescante, e può quindi essere indicato in caso di febbre e ustioni. Chi ha a che fare con molte persone può usare questo colore per proteggersi psicologicamente. Il blu tranquillizza e prepara la mente a pensieri creativi non influenzati dall'esterno.

Indaco/Violetto
Questo colore ha un'azione calmante, stimola l'attività della milza, rilassa e calma il dolore, sostiene il sistema linfatico, aiuta la capacità di percezione. È raro che si presentino influssi negativi dovuti all'eccesso di questo colore nei cibi: anzi, nell'alimentazione ha un'azione depurativa del sangue e tiene a freno la gola.

Ecco alcuni consigli per sfruttare a modo vostro l'energia dei colori nell'ambito del mese lunare – dall'ariete ai pesci – migliorando la vostra vita quotidiana.

Nei giorni dell'ariete governano il rosso e il suo contrario (giallo/blu)

Quando la luna attraversa il segno zodiacale dell'ariete il rosso nei vestiti o nei cibi, siano essi bevande (succo di ribes rossi etc.) o verdure (pomodori etc.), svolge un'azione particolarmente efficace soprattutto quando la luna è in ariete, leone e sagittario.

Dall'altro lato generalmente insorgono anche una cattiva vascolarizzazione e circolazione sanguigna, in particolare nella zona del capo. In questo periodo sono frequenti emicranie e dolori alla testa. Con un uso mirato di cibi rossi potrete migliorare molto le cose e ridare slancio alla vostra circolazione.

Quando invece vi è il problema contrario e pressione e vascolarizzazione sanguigna sono troppo alte, è il momento di introdurre il colore opposto come antidoto: in questo caso il giallo o il blu. Tutti i cibi di questi due colori avranno un buon effetto, calmante e tranquillante; inoltre restringono i vasi sanguigni, mentre il rosso ha un'azione dilatante. Quindi: troppo sangue alla testa richiede giallo o blu, il caso contrario vuole il rosso.

Nei giorni del toro governano il blu e il suo contrario (rosso/giallo)

Tutti i cibi di colore blu sviluppano una forte energia nei giorni del segno zodiacale del toro. Il blu negli alimenti ha sempre un'azione rinforzante, ma in particolare nei giorni della vergine e del capricorno.

Del resto in questo periodo vi sono le condizioni ideali per chi dovrebbe limitare il consumo di cibi rossi, per esempio per le persone che soffrono di pressione alta. In toro il rosso non ha un influsso così forte e dunque è meno dannoso: l'importante è assumere tutti i colori ma non nella stessa quantità tutti i giorni.

Per la zona della gola – retta dal segno del toro – il verde è sempre positivo. Il blu si addice oggi soprattutto come rimedio in caso di tonsille infiammate o problemi alla bocca, alla tiroide e alla lingua. In questo periodo, se assumerete cibi rossi per un ipofunzionamento della tiroide e cibi blu o verdi per un iperfunzionamento, l'effetto sarà particolarmente efficace.

Nei giorni dei gemelli governano il giallo e il suo contrario rosso/blu

I cibi di colore giallo esprimono tutta la loro energia positiva nei giorni dei gemelli, della bilancia e dell'acquario, influenzando in modo positivo soprattutto il fegato e la cistifellea ma anche lo stomaco e la milza.

I gemelli non sono direttamente collegati al fegato e alla cisti-fellea, ma a causa dell'influsso del giallo sostengono questa parte del corpo. Proprio in questi giorni il rosso e il blu come colori «opposti» al giallo dei gemelli mitigano il loro effetto: andrebbero sfruttati anche per irrobustire il sistema nervoso e sostenere le funzioni ghiandolari.

Nei giorni del cancro governano il verde e il suo opposto (violetto/ arancione)
Il verde regge in particolare la zona del torace, quindi i giorni in cui la luna è nel segno del cancro andrebbero sfruttati per raffor-zare il sistema neurovegetativo con questo colore. In campo ali-mentare la scelta è in questo caso molto ampia, ma anche capi di vestiario verdi e passeggiate nei parchi liberano una particolare energia in questo periodo (così come nei giorni dello scorpione e dei pesci). Proteggete quindi la zona toracica e via nel verde!

Farete un favore al vostro corpo se, specialmente nei giorni d'acqua (cancro, scorpione e pesci), nutrirete i vostri nervi con più vitamine del gruppo B, idrosolubili e contenute tra l'altro nella buccia dei chicchi dei cereali, nella membrana del riso, nel lievito e nelle patate.

Nei giorni del leone governano il rosso e il suo contrario (giallo/ blu)
Se avete la tendenza a disturbi cardiaci e pressione alta dovreste evitare il rosso, nei vestiti come nell'alimentazione, in particolare in questo periodo. Il giallo o il blu sono invece indicati come «antidoto», e il verde è sempre positivo perché ha un'azione ar-monizzante.

Nei giorni della vergine governano il blu e il suo contrario (rosso/ giallo)
In questo periodo potete sostenere positivamente tutti gli organi della digestione. Se fanno un po' i matti tranquillizzateli con il blu, che nei giorni della vergine ha anche un effetto ricostituente. Se invece stomaco, intestino e così via non funzionano tanto be-ne, stimolateli con il colore opposto, il rosso, nei vestiti e nell'a-limentazione.

In caso di dolori al fegato e alla cistifellea e problemi di stomaco e milza usate il giallo, sotto forma di tessuti, cibi etc. Inoltre gli alimenti acidi hanno un effetto compensativo su fegato e cistifellea, sono rinfrescanti e spesso diminuiscono le sensazioni di calore, fame eccessiva e insonnia. Nessun altro segno zodiacale rivela in maniera altrettanto evidente se vi nutrite o meno nel modo giusto.

Nei giorni della bilancia governano il giallo e il suo contrario (rosso/blu)
Quel che farete in questi giorni per il vostro sistema linfatico sarà più efficace che in qualsiasi altro periodo. Il giallo nei vestiti e nell'alimentazione non solo stimola l'ispirazione, ma sostiene anche la cistifellea e il fegato. Potete quindi cominciare già nei giorni della vergine. Anche la tanto diffusa carenza di vitamina C si può compensare al meglio in questi giorni: la cosa migliore è coprirne il fabbisogno con i crauti, che a parità di quantità contengono fino a dieci volte la vitamina C delle verdure verdi.

Nei giorni dello scorpione governano il verde e il suo contrario (violetto/arancione)
Gli organi genitali hanno bisogno di vitamina E per funzionare bene, e sono proprio i giorni dello scorpione che andrebbero sfruttati per mangiare molto verde. Questa vitamina si può trovare anche nei germogli di grano, nel latte, nel burro e nell'insalata. Il colore verde stimola la crescita, e una carenza di verde o di vitamina E può provocare nascite premature o aborti. La vitamina E sostiene la riproduzione: se è carente si può arrivare alla sterilità.

Un consiglio a margine: le donne che hanno la tendenza ad abortire farebbero meglio a evitare il timo, anche se è verde. Proprio nei giorni dello scorpione potrebbero influenzare negativamente il nascituro. Nel passato quest'erba era usata per prevenire gravidanze indesiderate!

Nei giorni del sagittario governano il rosso e il suo contrario (giallo/blu)
L'energia del sagittario acuisce gli organi di senso e con la forza del rosso favorisce la vascolarizzazione in tutto il corpo. Bisognerebbe assolutamente sfruttare l'influsso particolare sulle vene: in questo periodo non è raro avvertire che qualcosa non va. Tanto più importante è riuscire a liberare le energie del corpo, scio-

gliendo gli intoppi: un massaggio fa spesso miracoli, ma non solo in questi giorni.

Anche le qualità delle proteine e dei frutti meritano di essere utilizzate: nei giorni dei frutti (ariete, leone, sagittario) tuti i frutti e le verdure rosse hanno un'energia particolare rispetto agli altri giorni. Per le persone nervose troppo rosso è però dannoso.

Nei giorni del capricorno governano il blu e il suo contrario (rosso/giallo)
Questo periodo, con l'energia proveniente dal colore blu, è il più indicato per qualsiasi forma di cura della pelle. Potete rafforzare e curare anche dall'esterno una pelle difficile, che presenta delle impurità: la vitamina H è molto importante per una pelle sana; la si trova nel lievito, nelle banane, nelle patate e nelle interiora come fegato, rognone e cervella. L'organismo assimila particolarmente bene questa vitamina quando il capricorno è in luna crescente, e lo stesso vale per tutte le sostanze nutritive provenienti da cibi blu.

Nei giorni dell'acquario governano il giallo e il suo contrario (rosso /blu)
Il giallo in acquario fa apparire molte cose più allegre, attive e leggere. A volte questo colore frena però la vascolarizzazione, e ciò si può manifestare sotto forma di pressione alle gambe e vene varicose. Il colore contrario, il rosso, potrebbe in questo caso avere effetti preventivi e lenitivi, perché allarga i vasi sanguigni. Se avete già le vene varicose e volete rimuoverle, evitate i giorni dell'acquario e fissate una data con la luna calante (vedi anche gambe). Comunque la vera causa delle vene varicose e di altri problemi simili è il sangue « cattivo », che si risolve solo depurando l'organismo e nutrendosi in modo sano. In questi giorni tutti i cibi di colore giallo sono di sostegno per il vostro corpo, lo stesso vale per vestiti e rivestimenti.

Nei giorni dei pesci governano il verde e il suo contrario (violetto/arancione)
Il verde è il colore del segno dei pesci, ma nei piedi confluiscono talmente tanti influssi e linee energetiche che questo colore finisce per non avere più un ruolo così importante. Può darsi che ciò sia dovuto al fatto che i piedi contengono le estremità finali dei meridiani del corpo, cosicché praticamente ogni organo può es-

sere stimolato in maniera preventiva, lenitiva e curativa solamente toccando determinati punti del piede. La riflessologia plantare con i suoi massaggi può essere di grande utilità per depurare a fondo l'organismo: l'energia dei pesci ne facilita la riuscita. Tuttavia occorre essere particolarmente attenti nei massaggi perché si è anche più sensibili.

Chi dorme con i cani si sveglia con le pulci.
Chi regala rose illumina un viso.
Saper vivere vuol dire anche non essere
sorpresi quando raccogliamo ciò che
abbiamo seminato.

ENERGIA ATOMICA

Un reattore atomico «pacifico» sarebbe come dire una bomba atomica «pacifica»: questa forma di energia non è mai controllabile. Tutti gli scienziati seri lo sanno, ma per motivi diversi non lo rivelano.

Ma c'è qualcosa di ancora più importante: ogni pezzetto della nostra terra custodisce in sé dell'energia, che si può utilizzare con l'aiuto in questo caso davvero positivo della tecnica e della scienza. Dove c'è poco vento c'è molto sole; dove c'è poca energia solare c'è molta acqua; dove manca la forza dell'acqua c'è il calore della terra; dove manca quest'ultimo, c'è l'energia delle maree; dove mancano flussi e riflussi c'è molta legna che si può bruciare. Quando manca una forma di energia, ecco che ce n'è un'altra in eccesso. Dappertutto esiste energia rinnovabile in gran quantità, e dovunque esiste la tecnica per sfruttarla a scopi economici! «Non ne vale ancora la pena», dicono alcuni? Tutto quello che non danneggia noi e l'ambiente vale la pena (vedi Trasparenza dei prezzi).

Quel che ci manca è solamente l'informazione, poi potremo percorrere coscientemente la via giusta invece di quella vecchia.

ENERGIA DELLE PIRAMIDI

Se vi capita di guardare le piramidi in Egitto, ricordate che vi state confrontando con uno dei più antichi sistemi di conservazione esistenti. La particolare energia delle piramidi equilatere è stata sfruttata dall'uomo non solo per imbalsamare i grandi re, ma anche per conservare cibi. Noi la utilizziamo anche per produrre la nostra linea di cosmetici (vedi appendice). Anche voi potete portarvi a casa un po' di questa energia mettendo una piccola piramide (di legno, di rame, di vetro etc.) per esempio sopra il piatto della frutta, che in questo modo si manterrà fresca molto più a lungo. Fate una prova: mettete un frutto accanto al piatto, fuori dalla portata della piramide, e vedete la differenza con gli altri che avete comprato.

EPOCA DEL RACCOLTO, VEDI: LUNA ASCENDENTE

EPOCA DELLA SEMINA, VEDI: LUNA DISCENDENTE

ERBACCE – REGOLAZIONE

Probabilmente saprete che quasi tutte le cosiddette erbacce in realtà non sono tali. Non esiste una sola pianta né un singolo essere vivente che non abbia senso e valore, se solo si vivesse e si pensasse in termini più ampi. Molte di esse, per esempio, sono dei potenti medicinali, dalla benefica ortica, dal tarassaco e dalla margheritina fino alla temuta castalda. Contemporaneamente con la loro putrefazione contribuiscono in gran parte a ristabilire l'equilibrio biologico di un terreno esaurito. Proprio per questo motivo spuntano così di frequente, come reazione di legittima difesa della natura. Gli agricoltori più responsabili hanno dunque coniato una nuova espressione, che sostituisce quella negativa di «distruggere le erbacce»: è «regolare le erbe indesiderate», una definizione il cui significato è immediatamente comprensibile.

Ancora oggi capita di frequente che chi ha il pollice verde venga colto dal panico alla vista del tarassaco, e che si prepari a dargli il colpo di grazia con un diserbante. Questo atteggiamento ha contribuito al fatto che giardini e orti privati siano molto più infestati che non i terreni a uso agricolo, anche in presenza di monocolture. Delle 30.000 tonnellate di pesticidi contenute in 1724 prodotti diversi con 295 sostanze velenose finite sul suolo tedesco nel 1990 (e alla fine *nella* terra, nella falda acquifera, nei nostri muscoli, nella nostra pelle e nel nostro organismo), ben 2000 tonnellate sono state vendute a piccoli proprietari di un orticello o ad amanti del giardinaggio. E tutto per mantenere i prati «ben curati». Oggi per fortuna le cose sono un po' migliorate.

Tutto sarebbe molto semplice: chiunque voglia vivere in armonia con la natura e non distruggerla, ogni volta che si imbatte in un'erba indesiderata dovrebbe chiedersi: è davvero un'erbaccia o magari è proprio il rimedio che mi serviva?

E una volta che, con l'aiuto del buon senso e con un po' di misura, avete risposto a questa domanda e volete comunque fare qualcosa contro di essa, ecco che si presenta la seconda domanda: qual è la causa dell'infestazione?

Nella risposta si nasconde spesso la contromisura adatta, almeno per far sì che l'anno successivo la pianta non ricompaia. La *rotazione delle colture* per esempio è già una buona misura preventiva. Le verdure epigee dovrebbero seguire quelle ipogee e viceversa. Tutti i contadini e i giardinieri lo sanno: una corretta combinazione delle colture (vedi) è fondamentale per tenere lontano i parassiti. Oggi questo sistema viene chiamato coltura mista. Quando le piante si possono aiutare a vicenda si hanno vantaggi enormi. Qualsiasi terreno soffre se vi si pratica la monocoltura, ossia se vi cresce sempre lo stesso tipo di pianta. La vita dei batteri ne risente, i terreni si affaticano e impoveriscono, la vita animale e vegetale del suolo peggiora finché, senza fertilizzanti e fitofarmaci, non sarà più possibile raccogliere alcun frutto. L'affaticamento dei terreni non è solo una conseguenza della mancanza di sostanze naturali, ma è provocata anche dal ritirarsi delle radici delle piante coltivate.

Riguardo alle piante di accompagnamento delle monocolture si è fatta un'osservazione sorprendente, condivisa anche da alcuni biologi e studiosi di agraria: spesso i frutti della terra e le erbe indesiderate stringono una sorta di simbiosi al fine di mantenere la qualità del suolo. L'avena, per esempio, lo rende acido; il ramolaccio, che si accompagna all'avena, disacida il terreno e fa da contrappeso alla sua azione.

Per la ricerca è certamente un campo interessante: vi sono prove che danni alla salute, dovuti a un'alimentazione basata solo su cereali in monocoltura o altre piante coltivate, possono essere curati proprio con quelle «erbacce» che a essi si accompagnano. Pensateci mentre vi accingete a dare battaglia a queste erbe. Forse, se raccoglierete un po' di ortica per farla seccare e sfruttare il suo grande potere curativo, questo si trasformerà perfino in un'attività proficua.

Come abbiamo detto, però, vi sono spesso buoni motivi per desiderare che un'erba appena estirpata o strappata non ricresca subito. Ecco allora un piccolo aiuto.

Le regole per tenere sotto controllo le erbe indesiderate

Il momento migliore:	in capricorno con la luna calante.
Si può fare:	con la luna calante.
Da evitare:	con la luna crescente.
Il momento peggiore:	in leone con la luna crescente.

Se aspetterete il momento giusto: le erbe non ricompaiono per lungo tempo o addirittura mai più. Le radici si lasciano estrarre molto più facilmente dal terreno. Dovete però fare attenzione a non danneggiare le piante utili, che altrimenti potrebbero morire.

Se sceglierete il momento sbagliato: può succedere che tutti i semi nel terreno vengano stimolati e spuntino. Parte delle radici può restare nel terreno e germogliare di nuovo.

Consigli particolari: vogliamo svelare ai futuri giardinieri amici della luna il vecchio trucco per sfruttare a proprio vantaggio i giorni sfavorevoli per combattere le erbe indesiderate, ovvero quelli del leone in luna crescente. Nei giorni del leone qualsiasi erba venga toccata cresce rapidamente e germoglia. Estirpate le erbacce in una nuova aiuola nei giorni del leone con la luna crescente: tutti i germogli ancora deboli delle erbe indesiderate spunteranno e voi potrete ripetere l'operazione, questa volta al momento giusto, ovvero nei giorni del capricorno con la luna calante. La vostra aiuola sarà a lungo libera dalle erbe indesiderate.

In autunno bisognerebbe far sarchiare tutte le aiuole con la luna calante: è una buona preparazione per l'anno che viene.

Perché vi ricordiate: un giorno particolare è il 18 giugno, al mattino fino alle 12 (le 13 con l'ora legale). Tutti gli arbusti e le erbacce che riuscirete a raccogliere in queste poche ore non cresceranno più, perfino le radici marciscono. Questa regola è difficilmente spiegabile e l'unica dimostrazione è la prova.

> *Non esiste alcuna benedizione divina*
> *che ti risparmi il divenire.*
> *Tu vorresti essere: ma questo sarà possibile*
> *solo in Dio.*
> *Lui ti porterà nei suoi granai,*
> *dopo che tu lentamente sarai stato*
> *trasformato e modellato dalle tue azioni;*
> *all'uomo infatti occorre molto tempo per nascere.*

(Antoine de Saint-Exupery)

ERBACCE – RIMOZIONE VEDI: ERBACCE – REGOLAZIONE

ERBE – ESSICCAZIONE E CONSERVAZIONE

Nel seccare e conservare le erbe occorre innanzitutto fare molta attenzione: sarebbe un gran peccato se per errore grandi quantità di questi preziosi doni della natura andassero perse.

Per essere seccate le piante devono stare in un luogo ombroso; vanno inoltre rivoltate spesso. Come supporto l'ideale è un materiale naturale che faccia passare l'aria, come una grata di legno, ma anche della carta va bene allo scopo. Mai seccare le erbe su superfici di plastica o di metallo!

Non bisognerebbe mai conservare nulla per più di un anno, cosa che comunque non costituisce un problema dato che ogni anno si possono avere le erbe fresche. Ricordatevi di non raccoglierne mai troppe: senso della misura, ragione e sensibilità daranno la giusta quantità.

Le regole per seccare e conservare le erbe

Il momento migliore:	con la luna calante, indipendentemente dalla data della raccolta, e nei giorni della luce (gemelli, bilancia, acquario).
Si può fare:	con la luna calante.
Da evitare:	in generale con la luna crescente.
Il momento peggiore:	con la luna crescente nei giorni d'acqua (cancro, scorpione e pesci) o nel plenilunio.

Se aspetterete il momento giusto: le erbe restano ben secche e non ammuffiscono. L'effetto resta a lungo intatto.

Se sceglierete il momento sbagliato: vi è il rischio che le erbe marciscano. La loro energia terapeutica diminuisce rapidamente.

Consigli particolari: i contenitori migliori sono bicchieri e sacchetti di carta di colore scuro. L'aroma si mantiene a lungo e così le sostanze contenute. Troppa luce diminuirebbe gli effetti benefici delle erbe.

Tenete presente anche il fatto che le piante seccano in tempi diversi le une dalle altre. Le erbe raccolte con la luna crescente andrebbero esposte anche a quella calante durante il processo di asciugatura.

Non per tutte le erbe è obbligatorio separare e seccare solo una parte della pianta. Nel caso di molte erbe mediche e aromatiche (come la maggiorana, il timo, il prezzemolo etc.) è sufficiente appendere tutta la pianta capovolta come un mazzo di fiori finché non si è seccata. Successivamente potete o imbottigliarle nella solita maniera, oppure sbriciolare la quantità che vi serve fra le dita. Questo sistema vi consente di risparmiare spazio, è bello a vedersi e il profumo delle piante secche sarà gradevole per l'ambiente. Le erbe che seccano in fretta sono le migliori perché legandole insieme si evita che marciscano.

Naturalmente non tutti hanno la possibilità di raccogliere le erbe all'aperto, in mezzo alla natura, e non tutti possiedono un giardino o un orto. Anche le piante che si acquistano in farmacia o in erboristeria conservano tutte le loro caratteristiche e spesso fanno molto bene: per un banale raffreddore, per esempio, può essere sufficiente masticare alcuni gambi di aglio o qualche foglia di salvia. Il momento della raccolta è invece di grande importanza nel caso di malattie croniche, e deve essere quello giusto.

ERBE – RACCOLTA

Le erbe mediche sono come delle centrali elettriche in miniatura. Non esistono praticamente acciacchi e malattie che non si possano lenire o curare con le foglie, i fiori, i frutti o le radici di una delle erbe presenti in natura, sempre che il malato tratti il rimedio e la malattia con il giusto atteggiamento.

Chi in cucina fa un saggio uso delle erbe non migliora solo il gusto delle pietanze, ma svolge anche un'azione preventiva nei confronti di molte malattie. Nutriamo sempre più ammirazione verso i nostri antenati, che con il loro istinto sicuro usavano le erbe più efficaci per le diverse malattie.

Molte delle piante classificate come «erbacce», dall'ortica al tarassaco, hanno effetti curativi: per esempio, niente è così efficace come una cura depurativa del sangue eseguita in primavera con ortiche raccolte al momento giusto. Chiunque lo abbia provato sa poi quali virtù lenitive e curative abbiano le giovani foglie o il fiore sbocciato del tarassaco.

Il primo principio nella raccolta delle erbe in campagna o in giardino dovrebbe essere questo: raccoglietene solo la quantità necessaria o al massimo qualcosa in più come scorta per l'inverno! Lo richiedono il rispetto per la natura e per il nostro prossimo. Le poche erbe protette sono invece assolutamente tabù.

Limitatevi a raccogliere le erbe che conoscete bene e che potete identificare con certezza. La pianta va lasciata stare e va invece raccolta solo quella parte che serve come rimedio. Occorre fare particolare attenzione nel dissotterrare le radici, altrimenti la pianta rischia di morire.

Il potere curativo delle erbe non è distribuito in maniera eguale su tutta la pianta: vi sono alcuni periodi assai sfavorevoli alla raccolta, magari perché la sostanza necessaria si trova nell'erba fiorita, mentre a voi servono le radici. Può anche succedere che raccogliate i fiori o le foglie mentre gli umori terapeutici delle radici accumulano nuova energia. Per scegliere il momento giusto della raccolta dovete sempre guardare al vostro personale intuito e al tempo atmosferico.

Le regole per la raccolta delle erbe

La stagione migliore
In linea generale è la primavera, quando la pianta è ancora giovane e possiede un maggior potere curativo. Nella pianta giovane le sostanze contenute si sciolgono facilmente, mentre in quelle più vecchie no (per esempio l'acido salicico); esse sono quindi inefficaci.

L'ora migliore
Per le radici la mattina e la sera.
Per le foglie la tarda mattinata, quando la rugiada si è asciugata.

Per i fiori quando splende il sole. Devono essere completamente aperti e lontani dalla sfioritura.

Per i semi e i frutti va bene qualsiasi ora del giorno perché non sono così sensibili come le altre parti della pianta; andrebbero però evitate le parti più calde della giornata.

Le fasi della luna e lo zodiaco

La posizione della luna nello zodiaco ha un ruolo molto importante nella raccolta e nell'utilizzo delle varie erbe. La regola è questa:

> Qualsiasi erba, se raccolta per curare o rinforzare la parte del corpo retta dal segno zodiacale di quel giorno, ha un effetto particolarmente positivo.

Nei giorni della vergine, per esempio, le erbe che si raccolgono agiscono positivamente sui disturbi digestivi; da quelle raccolte nei giorni dei pesci si può ricavare una fantastica pomata per i piedi. La tabella 6 qui di seguito vi aiuterà a stabilire subito questo tipo di collegamenti.

Segno zodiacale	erbe per
ariete	emicranie, dolori agli occhi
toro	maldigola, otiti
gemelli	tensioni alla cintura scapolare e per inalazioni in caso di malattie polmonari
cancro	bronchiti, disturbi allo stomaco, al fegato, alla cistifellea, al cuore, alla circolazione e malattie polmonari.
leone	disturbi cardiocircolatori.
vergine	disfunzioni dell'apparato digerente e della tiroide, malattie nervose.
bilancia	disturbi alle anche, malattie dei reni e della vescica.

(continua)

Segno zodiacale	erbe per
scorpione	malattie degli organi genitali e dell'uretere; è un buon giorno per raccogliere qualsiasi erba.
sagittario	dolori alle vene
capricorno	disturbi alle ossa e alle articolazioni, malattie della pelle.
acquario	dolori alle vene.
pesci	disturbi ai piedi.

Tabella 6: impieghi delle erbe mediche a seconda del momento della raccolta.

Quando raccogliere le diverse parti della pianta

- *Radici:* il momento giusto per dissotterrare le radici è la primavera appena iniziata, quando le piante non hanno ancora raggiunto il completo sviluppo, oppure l'autunno, quando si sono già ritirate e gli umori sono di nuovo scesi verso il basso. Le radici vanno sempre dissotterrate *con la luna piena o calante nei giorni delle radici* (toro, vergine, capricorno), perché hanno più forza. Non vanno esposte alla luce del sole, quindi le ore notturne sono le migliori (prima del tramonto o a tarda sera).

- *Foglie:* possono essere raccolte praticamente tutto l'anno, purché si tratti di piante giovani. Se sono già piene di umori, già fiorite oppure non sono state tagliate nel frattempo sono inadatte a scopi terapeutici. Non è necessario che al momento della raccolta ci sia il sole, ma la rugiada mattutina dovrebbe già essere evaporata: quindi il momento migliore è la tarda mattinata. Le foglie vanno raccolte con la *luna crescente*, tra il novilunio e il plenilunio, o in alternativa con la luna *ascendente* (dal sagittario ai gemelli) o nei *giorni delle foglie* (cancro, scorpione, pesci). Le erbe raccolte in *scorpione* possiedono sempre una particolare efficacia terapeutica; inoltre si adattano perfettamente a essere seccate, conservate e immagazzinate. Le foglie raccolte in cancro e pesci andrebbero invece utilizzate subito.

L'*eccezione* è costituita dall'*ortica*, che svolge un'ottima azione depurativa del sangue. Andrebbe raccolta solo con la *luna calante*, e il tè a base di ortica bevuto solo con la luna calante, meglio se tra le 15 e le 19.

🙠 *Fiori:* i periodi più favorevoli alla raccolta sono perlopiù la primavera e l'estate, quando la pianta è in piena fioritura, in particolare verso l'ora di pranzo. È meglio che vi sia il sole, o almeno che faccia molto caldo, in modo che i fiori siano aperti e le sostanze terapeutiche vi siano confluite.

Le piante appassite non sono molto adatte a scopi curativi. La raccolta dei fiori dovrebbe avvenire *con la luna crescente nei giorni dei fiori* (gemelli, bilancia e acquario) o in scorpione, o in alternativa *con la luna ascendente* (dal sagittario ai gemelli) se il tempo non ha consentito di farlo con la luna crescente.

Se volete fare scorta per l'inverno, va bene anche la *luna calante e ascendente*, perché i fiori seccano meglio.

🙠 *Frutti e semi:* al momento della raccolta devono essere maturi, né verdi né troppo molli. Quasi sempre ciò avviene in estate o in autunno. Il tempo asciutto è più importante che non l'ora del giorno, purché si evitino le ore più calde. Frutti e semi raccolti con la luna crescente vanno però consumati subito: per conservare e immagazzinare va meglio la luna ascendente (sagittario, gemelli) o quella calante in un giorno dei frutti (ariete, leone, sagittario). I segni meno favorevoli per la raccolta di frutti sono il capricorno, i pesci, il cancro e la vergine.

Per finire ancora un consiglio: in molti paesi il 15 agosto si svolge la tradizionale consacrazione delle erbe. Il periodo dall'8 al 15 agosto è il migliore per raccogliere le erbe mediche, a prescindere dallo stato della luna.

Recentemente uno studioso ha sostenuto che l'industria farmaceutica è ovviamente dipendente dai prodotti chimici e dalla manipolazione genetica per fronteggiare malattie quali cancro, aids etc. Queste le sue parole: «Dopo tutto Dio non ha creato un'erba per ogni malattia».

E ora per divertirvi prendete il più grande dizionario di erbe mediche in circolazione. Vi saranno circa mille erbe selvatiche di tutto il mondo: non ne esiste una che non abbia molteplici effetti terapeutici e che non venga utilizzata da secoli. Mille erbe rappresentano solo una minuscola percentuale di tutte le erbe mediche, poiché solo un decimo circa di tutte quelle del mondo sono conosciute in questo senso. Che dire dunque delle parole di quello studioso? A voi la risposta.

ERBE – REALIZZAZIONE DI CUSCINI

Fare cuscini con le erbe più diverse a seconda dello scopo è uno dei più antichi ed efficaci metodi di cura. Per favore, evitate però di usare specie protette.

Le regole per realizzare cuscini di erbe
Le erbe vanno raccolte con la luna crescente, poi messe in cuscini di materiale spesso e naturale (tipo lino) e saldamente cucite insieme quando la luna è calante. Se le avete raccolte in un giorno dei fiori (gemelli, bilancia e acquario) il profumo vi delizierà a lungo.

Consigli particolari: non dovete arieggiare i cuscini quando il tempo è umido o con la luna crescente. Arieggiate e sprimacciate i cuscini fatti con erbe aromatiche quando il clima è asciutto e con la luna calante.

La scelta delle erbe da usare dipende dallo scopo per cui fate i cuscini: di solito dovrebbero avere un effetto rilassante e diffondere un aroma gradevole. Un altro campo di applicazione molto frequente è quello dei reumatismi e delle allergie, e in questi casi i cuscini di erbe possono recare grande giovamento. Nel passato, quando c'erano ancora abbastanza felci, se ne poteva ricavare un intero letto. Le felci venivano cucite tra due lenzuola e usate contro alcune malattie reumatiche. Allo stesso modo si realizzavano cuscini con il licopodio, se per esempio il paziente soffriva di spasmi notturni. Oggi la felce è giustamente protetta, ma la si può comunque acquistare.

*L'uomo è sufficientemente libero di
soddisfare i suoi veri bisogni se si
fida dei suoi sensi e li sviluppa in modo
che essi restino degni della sua fiducia.*

(Johann Wolfgang von Goethe)

ERBE MEDICHE VEDI: ERBE – CUSCINI, ERBE – RACCOLTA, ERBE – ESSICCAZIONE E CONSERVAZIONE

FARE PROVVISTE VEDI: RACCOGLIERE, FARE SCORTA E IMMAGAZZINARE

FASI LUNARI

Sono i quattro possibili stati della luna: calante, crescente, nuova o piena. Esistono altre sottodefinizioni (per esempio la divisione in quarti), che però non sono significative ai nostri fini.

FIENO – SISTEMAZIONE DELLE SCORTE

Questa operazione riesce al meglio con la luna calante. Il fieno resta arioso e asciutto, non marcisce, il rischio di incendio è molto minore. Con la luna crescente il fieno può diventare grigio e ammuffito.

FIORI – PRESSARE

Molti bambini amano raccogliere fiori e foglie per poi pressarli in un album. A volte notiamo che essi diventano presto fragili e si rompono, altre volte invece conserviamo gli album e dopo dieci anni possiamo ancora mostrarli ai nostri figli. L'arcano si scioglie come sempre rifacendosi allo stato della luna quando si raccolgono e si pressano i fiori.

Le regole per pressare i fiori

Il momento migliore:	con la luna crescente, meglio se poco prima o durante il plenilunio. Nei giorni dei fiori (gemelli, bilancia, acquario) i fiori mantengono i colori più a lungo.
Da evitare:	con la luna calante.

Se aspetterete il momento migliore: i fiori mantengono a lungo la loro forma, non si rompono, i colori restano luminosi.

Se sceglierete il momento sbagliato: con la luna calante è possibile che le piante pressate si rompano al tatto già dopo poco tempo. Se sono state raccolte nei giorni delle foglie e delle radici, generalmente non mantengono bene il colore.

Consigli particolari: naturalmente non dovete assolutamente permettere che i vostri figli raccolgano piante protette. In commercio esistono piccole presse apposta per i fiori.

Sarà felice, veramente felice, solo colui che
può dire: sia benvenuta la vita, qualunque
cosa essa porti in dono!

(Henry Bolingbroke)

FOGLIE – RASTRELLARLE E FARNE PACCIAME

Purtroppo in molti posti, soprattutto città, è in uso il malcostume per cui le foglie ammucchiate vengono messe da parte per essere ridotte in compost. In questo modo si interrompe il ciclo della natura, perché gli alberi hanno bisogno delle sostanze nutritive derivanti dal disfacimento delle proprie foglie nel terreno. È come se l'acqua non fosse restituita al suo ciclo naturale, e si dovesse invece acquistare a caro prezzo dall'industria chimica che l'ha prodotta ricavandola dall'idrogeno e dall'ossigeno (qualcosa di simile succede nei canali di scolo dell'acqua piovana). La cosa migliore sarebbe quella di raccogliere le foglie in circolo sotto la chioma dell'albero, naturalmente al momento giusto.

Lo stesso vale per il pacciame (foglie, pezzi di corteccia etc.), che dovrebbe unirsi al terreno per non far crescere troppo le erbacce e mantenere la terra umida. Proprio nei luoghi più alti occorre fare attenzione al momento giusto, altrimenti le prime piogge spazzeranno via tutto.

Le regole per rastrellare le foglie

Il momento migliore:	con la luna calante nei giorni di terra (toro, vergine, capricorno).
Si può fare:	con la luna calante.
Da evitare:	con la luna crescente.
Il momento peggiore:	con la luna crescente nei giorni d'acqua (cancro, scorpione e pesci).

Se aspetterete il momento giusto: i mucchi di foglie restano intatti, e queste possono decomporsi e formare nuova terra.

Se sceglierete il momento sbagliato: con la luna crescente le foglie e il materiale per il pacciame volano via. Allo stesso tempo nella raccolta delle foglie si possono danneggiare altre piccole piante, il fogliame marcisce e vi è il rischio di funghi.

Consigli particolari: le fragole, mescolate alla paglia come materiale per pacciame con la luna calante, ricevono sufficiente ossigeno e quando piove restano protette dagli schizzi di terra. Mettete sopra o sotto un piccolo cerchio di paglia.

«Hai una possibilità»: queste parole
dette da un amico sono molto più preziose
della frase «Sei il migliore!» dette da
cento buffoni.

GAMBE – INTERVENTI ALLE GAMBE E ALLE VENE

Avete già letto la voce <u>Interventi chirurgici</u>? Sarebbe meglio darci un'occhiata prima di fissare l'appuntamento per un'operazione.

Vorremmo ricordarvi una cosa: molti elementi sono decisivi per la riuscita di un intervento chirurgico, dalla competenza del medico allo stato generale di salute del paziente fino alla disponibilità degli strumenti necessari. E non da ultimo sono in gioco anche circostanze determinate dal destino: l'esito di operazioni d'emergenza per esempio soggiace di sicuro a leggi superiori.

Nel caso di interventi chirurgici molti fattori sono modificabili, altri no. Ma una cosa è certa: anche lo stato della luna e le sue fasi possono in un dato momento influenzare la riuscita o meno di un'operazione.

La regola di base è molto semplice: tutti gli interventi andrebbero se possibile programmati con la *luna calante*, e ciò è tanto più importante quanto più l'operazione è difficile ed estesa.

Le regole per gli interventi alle gambe e alle vene

Si può fare:	con la luna calante, ma non in capricorno, acquario e pesci.
Da evitare:	con la luna crescente.
Il momento peggiore:	con la luna crescente in capricorno, acquario, pesci così come tre giorni prima del plenilunio fino al plenilunio compreso, non importa in quale segno.

Se aspetterete il momento giusto: diminuisce il rischio di emorragie e di cicatrici permanenti. Il decorso postoperatorio è più veloce, minore il pericolo di complicazioni.

Se sceglierete il momento sbagliato: complicazioni e infezioni postoperatorie sono più frequenti con la luna crescente, e la fase di guarigione e convalescenza dura di norma più a lungo. Intorno al plenilunio si possono verificare emorragie forti e difficili da arrestare. Anche la cicatrizzazione presenta qualche problema, e il rischio di cicatrici brutte o permanenti è molto più alto. Possono anche essere necessari più interventi per raggiungere risultati apprezzabili. Grande rischio di dolori ai nervi.

E non dimenticate: è fondamentale chiedersi se l'intervento è davvero necessario! Riflettete sul fatto che certe operazioni non vitali (cistifellea, intestino cieco, tonsille) vengono eseguite su pazienti che siano medici e avvocati l'80 per cento in meno rispetto al resto della popolazione, e non certo perché queste categorie vivano in maniera più sana. Prima di un'operazione importante sentite sempre un secondo parere: non può farvi che bene.

L'operazione alle vene varicose è soggetta in particolar modo all'influsso dell'acquario. Non sottoponetevi mai a tale intervento in acquario, perché il problema si ripresenterebbe.

*Tutto il bene di questo mondo viene
direttamente dalla nostra anima.
Tutto il male di questo mondo viene
dalla nebbia che si è formata intorno
a essa.
Camminate nella nebbia finché non
troverete la luce.
Non smettete di camminare, arriverete
alla meta.
Se esiste una scorciatoia? Sì, certo:
capire che siamo noi a creare
la nebbia.*

GINOCCHIA – INTERVENTI ALLE GINOCCHIA

Avete già letto la voce <u>Interventi chirurgici</u>? Sarebbe meglio darci un'occhiata prima di fissare l'appuntamento per un'operazione.

Vorremmo ricordarvi una cosa: molti elementi sono decisivi per la riuscita di un intervento chirurgico, dalla competenza del medico allo stato generale di salute del paziente fino alla disponibilità degli strumenti necessari. E non da ultimo sono in gioco anche circostanze determinate dal destino: l'esito di operazioni d'emergenza per esempio soggiace di sicuro a leggi superiori.

Nel caso di interventi chirurgici molti fattori sono modificabili, altri no. Ma una cosa è certa: anche lo stato della luna e le sue fasi possono in un dato momento influenzare la riuscita o meno di un'operazione.

La regola di base è molto semplice: tutti gli interventi andrebbero se possibile programmati con la *luna calante*, e ciò è tanto più importante quanto più l'operazione è difficile ed estesa.

Le regole per gli interventi alle ginocchia e per le operazioni alle ossa e alla pelle

Si può fare:	con la luna calante, ma non in sagittario, capricorno e acquario.
Da evitare:	con la luna crescente.
Il momento peggiore:	con la luna crescente in sagittario, capricorno e acquario così come tre giorni prima del plenilunio – compreso questo –, non importa in quale segno.

Se aspetterete il momento giusto: diminuisce il rischio di emorragie e di cicatrici permanenti. Il decorso postoperatorio è più veloce, minore il pericolo di complicazioni.

Se sceglierete il momento sbagliato: complicazioni e infezioni postoperatorie sono più frequenti con la luna crescente, e la fase di guarigione e convalescenza dura di norma più a lungo. Intorno al plenilunio si possono verificare emorragie forti e difficili da arrestare. Anche la cicatrizzazione presenta qualche problema, e il rischio di cicatrici brutte o permanenti è molto più alto. Possono anche essere necessari più interventi per raggiungere risultati apprezzabili. Grande rischio di dolori ai nervi.

E non dimenticate: è fondamentale chiedersi se l'intervento è davvero necessario! Riflettete sul fatto che certe operazioni non vitali (cistifellea, intestino cieco, tonsille) vengono eseguite su pazienti che siano medici e avvocati l'80 per cento in meno rispetto al resto della popolazione, e non certo perché queste categorie vivano in maniera più sana. Prima di un'operazione importante sentite sempre un secondo parere: non può farvi che bene.

GIORNI «CALDI»

Sono quei giorni in cui la luna attraversa i segni zodiacali dell'ariete, del leone o del sagittario; vedi <u>I giorni e le loro caratteristiche a seconda del calendario lunare</u>.

GIORNI D'ACQUA

Sono i giorni dei segni zodiacali di cancro, scorpione e pesci. Il nome deriva dal fatto che questi segni sono associati all'elemento acqua. Vedi: I giorni e le loro caratteristiche a seconda del calendario lunare.

GIORNI D'ARIA

Sono formati dai segni zodiacali dei gemelli, della bilancia e dell'acquario. Il nome deriva dal fatto che essi sono assimilati all'elemento aria; vedi: I giorni e le loro caratteristiche a seconda del calendario lunare.

GIORNI DEI CARBOIDRATI

I giorni in cui la luna si trova nei segni zodiacali del cancro, dello scorpione e dei pesci sono anche detti giorni dei carboidrati perché in questo periodo i cibi molto energetici vengono tollerati particolarmente bene o particolarmente male. Cercate di notare se nella vostra dieta sono presenti molti o pochi carboidrati e che effetto ha questo sul vostro organismo. Se per esempio consumate particolarmente volentieri pane o altri farinacei e avete problemi di peso, in questi giorni provate con del pane facilmente digeribile ed evitate cibi con alto contenuto di carboidrati (vedi anche I cibi e le loro qualità).

Se saprete prestare attenzione capirete che cosa fare: in cancro, scorpione e pesci evitate o preferite i « vostri » carboidrati (tipo alfa o tipo omega? frumento o segale?).

Se in questi giorni avete particolarmente voglia di farinacei ma allo stesso tempo siete alle prese con problemi di peso, allora la vostra fame si indirizza sui cibi sbagliati, per qualunque motivo. In questo caso fate un tentativo: quando la luna è in cancro, scorpione e pesci evitate per alcune settimane tutte le pietanze con alto contenuto di carboidrati (cereali, patate etc.). Può darsi che questo piccolo cambiamento sia sufficiente.

Per riassumere: nei giorni dei carboidrati tollerate e avete bisogno di più carboidrati del solito, oppure esattamente il contrario. Osservate e traete le vostre conclusioni.

GIORNI DEI FIORI

Sono i giorni in cui la luna attraversa i segni zodiacali dei gemelli, della bilancia o dell'acquario. Il nome si deve al fatto che in questo periodo la luna stimola delle energie che agiscono in particolar modo sull'infiorescenza delle piante. Chi concimerà in questi giorni favorirà soprattutto lo sviluppo di questa parte (in ogni caso è meglio non concimare troppo spesso, altrimenti si possono attirare i pidocchi).

L'energia della luna tende a calare mentre essa attraversa i segni dei gemelli e della bilancia, e a salire quando attraversa quello dell'acquario (vedi anche <u>Luna discendente</u> e <u>Luna ascendente</u>).

GIORNI DEI FRUTTI

Sono quei giorni in cui la luna attraversa i segni zodiacali di ariete, leone e sagittario. Il nome deriva dal fatto che la luna in questo periodo sprigiona delle energie che si riflettono soprattutto su questa parte delle piante.

I giorni dei frutti in luna crescente, per esempio, sono ideali per seminare, piantare e innestare alberi che portano frutti epigei.

Al contrario, i giorni della frutta in luna calante si adattano magnificamente a seminare, piantare e innestare piante con frutti ipogei. Se volete inserire aluni giorni di dieta a base di sola frutta o succhi, scegliete la luna in ariete, leone o sagittario.

I giorni in cui la luna si trova nel segno del leone l'energia è discendente, mentre quando essa si trova in ariete l'energia è ascendente. I giorni del sagittario invece sono punti di svolta tra le due fasi.

GIORNI DEI GEMELLI

Sono quei due o tre giorni al mese in cui il calendario lunare riporta il segno dei gemelli. Sulla terra si manifestano allora delle energie particolari, che si possono sfruttare in quasi tutti i campi della vita. Ecco alcuni esempi e regole che vi possono servire da indicazione.

Cosa c'è nell'aria

I giorni dei gemelli hanno un'energia particolare, che per alcune persone può diventare davvero sgradevole, in particolare per coloro che sono amanti dell'ordine. La mente diventa vivace ed eclettica, si muove a balzi. Basta un soffio di vento per distrarla dal suo corso. Al mattino non si sa bene come sarà la giornata, poiché quello che è stato programmato potrebbe andare poi in altro modo. Il tempo atmosferico è diverso da come era stato previsto. Si ha la tendenza a cominciare molte cose, ma non si è soddisfatti perché non si porta a termine nulla. Le casalinghe cucinano con dedizione, e intanto la famiglia brontola perché ha fame di qualcosa di diverso. In altre parole, uomo avvisato mezzo salvato: se sapete in anticipo cosa può succedere in gemelli munitevi di una buona dose di tranquillità e prendete le cose come vengono. Sono giorni di carattere arioso-luminoso, e anche quando il cielo è nuvolo si può avvertire la luce come penetrante. Il colore da meditazione (vedi Segni zodiacali e i loro colori da meditazione) è il blu chiaro.

Salute e influssi sul corpo

L'impulso dato dai gemelli tocca la spalle, le braccia, le mani e in parte anche l'attività dei polmoni.

ᔕ Quello che farete in questi giorni per le spalle, le braccia e le mani avrà un effetto doppiamente benefico, preventivo e terapeutico, eccetto gli interventi chirurgici.

🙠 Tutto ciò che in questi giorni danneggerà in modo particolare le spalle, le braccia e le mani avrà un effetto più nocivo del solito.

🙠 Se potete stabilire voi la data di un intervento chirurgico alle spalle, alle braccia e alle mani evitate i giorni dei gemelli e il periodo che va dal 21 maggio al 21 giugno, scegliendo invece un giorno in cui la luna è calante.

I giorni dei gemelli sono sempre indicati per fare qualcosa per la zona delle spalle; una ginnastica mirata e dei massaggi possono fare miracoli. Se dopo avrete i muscoli indolenziti sarà un buon segno, perché in questo modo il corpo segnala che si sta disintossicando. Disturbi reumatici alle spalle rispondono in questa fase particolarmente bene ad applicazioni di pomate adatte, eventualmente fatte con erbe raccolte in gemelli o in toro con la luna crescente. Un effetto dannoso può essere invece dato da un abbigliamento troppo leggero con il tempo freddo o dall'aria condizionata al massimo.

Chi soffre di dolori reumatici in questi giorni può avvertire dei disturbi, ma spesso il motivo è un rapido mutamento del clima tipico dei gemelli. Poiché anche i polmoni risultano esposti, potrebbero essere molto utili degli esercizi respiratori eseguiti regolarmente.

La luna in gemelli: giardinaggio e agricoltura
I giorni dei gemelli sono giorni dei fiori e punto di svolta dell'energia da ascendente a discendente e viceversa.

Attività molto favorite
🙠 Seminare e piantare soprattutto rampicanti (con la luna crescente).

Attività favorite
🙠 Seminare e piantare fiori.
🙠 Combattere i parassiti.

> *Possa la strada essere esposta ai caldi raggi del sole,*
> *l'albero un tetto verdeggiante che dona la sua ombra*
> *a chi riposa, possa il vento essere dolce e dare forza*
> *alla schiena, e luminoso l'orizzonte che invita a pro-*
> *seguire. E una casa sul cammino sia porto e rifugio*

*dal lungo viaggio, ti protegga come la mano del Si-
gnore che ci sostiene.*

(Antica benedizione irlandese)

GIORNI DEI GRASSI E DELL'OLIO VEDI AN-CHE: I CIBI E LE LORO QUALITÀ

I giorni dei segni zodiacali dei gemelli, della bilancia e dell'acquario sono detti anche giorni dell'olio, per l'effetto particolare che
esercitano sui cibi contenenti grasso e olio. Magari sarà capitato
anche a voi: proprio in questo periodo può succedere che qualcuno tolleri e richieda in maniera particolare alimenti ricchi di
grassi, mentre ad altri dà fastidio solo l'odore del fritto. Fate caso
a quel che vi piace in questi giorni e notate che effetto ha sul vostro organismo. Ponete poi tutto in relazione con la vostra tipologia alimentare: se siete un tipo alfa tollerate bene tutti i grassi
animali, se siete un tipo omega tutti quelli vegetali e gli oli. Alla
lunga comunque è meglio non mangiare contemporaneamente
entrambi i tipi di grasso.

Fare un'eccezione non è una tragedia, come sempre quando ci
si nutre in modo davvero sano: non fatevi quindi rovinare una
bella cena con gli amici solo perché in tavola non c'è il «vostro»
tipo di grasso. Queste occasioni rendono anzi il corpo più sveglio
e stabile, perché impara a rapportarsi e convivere anche con le
cose meno sane. Voi stessi svilupperete un ineludibile sesto senso
per quel che vi fa bene o male.

Se sapete già che il vostro corpo nei giorni dell'olio digerisce
bene i grassi oppure il contrario, siete già a buon punto. Da ora
in avanti in questi giorni potete evitarli del tutto, oppure man-
giarne dei «vostri». Entrambe le cose sono possibili, ma quando
l'avrete scoperto non cambierete più: anche da principianti si impara in fretta.

Riassumendo: nei giorni dell'olio il vostro organismo tollera e
richiede o più grassi (animali o vegetali, a seconda della vostra
tipologia alimentare) del solito, oppure meno. Osservate e traete
le vostre conclusioni.

GIORNI DEI PESCI

 Con questo nome indichiamo quei due o tre giorni al mese in cui il calendario lunare riporta il segno zodiacale dei pesci. Sulla terra si manifestano allora energie particolari, che si possono sfruttare in quasi tutti i campi della vita. Ecco alcuni esempi e regole base che possono servire da indicazione.

Cosa c'è nell'aria
Le vibrazioni di questi giorni possono far sì che i profili delle cose siano più sfumati, ed è più facile guardare al di là della dura verità: può succedere allora che qualche punto fermo cominci a vacillare. D'altro canto ciò rende difficile ai pesci mostrare forza di volontà.

La qualità dei giorni dei pesci è umida-fresca, il colore da meditazione (vedi Segni zodiacali e i loro colori da meditazione) è un bianco azzurrognolo. Chi progetta una gita in questo periodo non dovrebbe dimenticare l'impermeabile, evitando anche di sedersi per terra: questa infatti non si asciuga mai completamente.

Salute e influssi sul corpo
I giorni dei pesci influiscono su una parte del corpo relativamente limitata, ovvero i piedi e i denti; ciò significa che:

- quello che farete in questi due-tre giorni per i piedi sarà doppiamente benefico, preventivo e terapeutico per l'intero organismo (per esempio un massaggio di riflessologia plantare); fanno eccezione gli interventi e le operazioni in questa parte del corpo;
- tutto ciò che danneggia particolarmente i piedi in questo periodo ha un effetto più nocivo che negli altri giorni;
- se potete fissare voi la data di un intervento ai piedi, evitate i giorni dei pesci e il periodo dal 18 al 20 marzo, e scegliete una fase di luna calante.

Tutto ciò che introdurrete nell'organismo in questi giorni, come alcol, nicotina, cibo, medicine, avrà un effetto molto più forte del solito. Un'allegra festa con abbondanti bevute, se tutti gli ospiti ne consumeranno la giusta quantità, può trasformarsi in un'esperienza memorabile con un finale insolito. Il motivo non è chiaro: forse risiede nel fatto che nei piedi si trova la parte terminale di tutti i meridiani del corpo, e che dunque stimolando determinati punti del piede si può agire preventivamente o in modo terapeutico su quasi tutti gli organi del corpo. La tecnica corrispondente si chiama riflessologia plantare, e trovare un esperto di questa pratica è un vero toccasana. I giorni dei pesci sono in ogni caso particolarmente indicati.

Chi soffre di reumatismi farebbe bene a non arieggiare i piumini sul davanzale o sul balcone in questo periodo, poiché l'umidità resterebbe attaccata alle piume.

La luna in pesci: giardinaggio e agricoltura

Questi giorni sono <u>giorni delle foglie</u> con l'energia della <u>luna ascendente</u>. Tutto quel che raccogliete in questo periodo andrebbe destinato al consumo immediato.

Attività favorite
- Piantare e seminare verdure a foglia.
- Annaffiare piante da appartamento e da balcone.
- Tosare i prati.
- Concimare fiori.
- Piantare patate con la luna calante.

Da evitare
- Potare alberi e cespugli da frutta (con la luna crescente, soprattutto in primavera).
- Fare conserve, mettere in cantina e immagazzinare (quanto raccolto è da consumare immediatamente).

Tutta la saggezza del mondo
si può riassumere in due righe:
se qualcuno fa qualcosa per te,
lascialo fare; il resto fallo tu.

GIORNI DEL CANCRO

 Con questa espressione indichiamo quei due o tre giorni al mese nei quali il calendario lunare riporta il segno zodiacale del cancro. Sulla terra si manifestano allora delle energie particolari che si possono sfruttare in quasi tutti i campi della vita. Ecco alcuni esempi e regole che possono fungere da indicazione.

Cosa c'è nell'aria
L'energia del cancro provoca spesso una leggera inquietudine nel nostro stato generale, perché il mondo delle emozioni – come per tutti i segni d'acqua – guadagna in profondità e consistenza. A volte si vede in maniera chiarissima quello che di solito è nascosto, e dunque ci si muove su un terreno sconosciuto. La caratteristica dei giorni del cancro è il freddo-umido, il colore da meditazione (vedi <u>Segni zodiacali e i loro colori da meditazione</u>) è il verde.

Salute e influssi sul corpo
L'energia che governa in questi giorni agisce sul torace, sui polmoni, sullo stomaco, sul fegato e sulla cistifellea.

- Tutto quello che fate nei giorni del cancro per il torace, i polmoni, il fegato e la cistifellea ha un effetto doppiamente benefico, preventivo e terapeutico, eccetto gli interventi chirurgici.
- Tutto ciò che in questi giorni danneggia particolarmente il torace, i polmoni, il fegato e la cistifellea ha un effetto più nocivo che negli altri giorni.
- Se potete fissare la data di un'operazione al torace, ai polmoni, al fegato e alla cistifellea evitate i giorni del cancro e il periodo che va dal 21 giugno al 22 luglio, e scegliete un momento in cui la luna è calante.

In questo periodo basta una notte insonne per svegliarsi al mattino con occhiaie profonde e sentirsi completamente a terra. Il fegato ha dovuto svolgere un superlavoro e non ha avuto modo di rigenerarsi. Chi è particolarmente debole per quanto riguarda fegato e cistifellea, polmoni e torace può sfruttare questi giorni per fare qualcosa a beneficio di questi organi. Anche lo stomaco in questo periodo può dare dei problemi (rigurgiti, bruciori), quindi è consigliabile un'alimentazione leggera.

Chi soffre di reumatismi in questo periodo (ma anche in scorpione e pesci) dovrebbe evitare di arieggiare le lenzuola sul davanzale della finestra o sul balcone. L'umidità vi resterebbe attaccata e l'effetto sarebbe nocivo per questo tipo di disturbo.

La luna in cancro: giardinaggio e agricoltura
I giorni del cancro sono giorni delle foglie con un'energia discendente.

Attività molto favorite
- Piantare e seminare verdure a foglia (l'insalata piantata con la luna calante fa un buon cespo!).
- Combattere parassiti del terreno con la luna calante.
- Potare piante e siepi che crescono in larghezza.

Attività favorite
- Falciare i prati (meglio se con la luna crescente).
- Innaffiare piante da interno e da balcone.

Da evitare
- Piantare e seminare piante che dovrebbero crescere in altezza.
- Potare alberi e cespugli da frutta (con la luna crescente, soprattutto in primavera; molto dannoso con la luna piena in cancro!).
- Mettere in cantina, immagazzinare e conservare.

GIORNI DEL CAPRICORNO

 Con questa espressione indichiamo quei due o tre giorni al mese in cui il calendario lunare riporta il segno del capricorno. Sulla terra si manifestano allora delle energie particolari che si possono sfruttare in quasi tutti i campi della vita. Ecco alcuni esempi e regole che possono servire da indicazione.

Cosa c'è nell'aria

La caratteristica di questi giorni è il fresco-terroso: anche nelle giornate estive molto calde ciò può essere avvertito come sgradevole, e all'ombra ci si raffredda più velocemente. Il colore da meditazione (vedi Segni zodiacali e i loro colori da meditazione) è il verde; l'energia di questi giorni invita a lavorare con tenacia e serietà a mente lucida. Il successo nel lavoro è durevole e decisivo.

Salute e influssi sul corpo

L'energia dei giorni del capricorno influenza lo scheletro osseo, in particolare le ginocchia, così come la nostra porta sul mondo, la pelle.

- Quello che farete in questi due-tre giorni per le ginocchia, per la pelle e per lo scheletro avrà un effetto doppiamente benefico, preventivo e terapeutico, eccetto gli interventi chirurgici.

- Tutto ciò che in questi giorni danneggia in particolar modo lo scheletro, le ginocchia e la pelle avrà un effetto più nocivo che negli altri giorni.

- Se potete stabilire voi la data di un'operazione alle ossa (soprattutto alle ginocchia) e alla pelle, evitate i giorni del capricorno e il periodo che va dal 21 dicembre al 20 gennaio, scegliendo invece un giorno in cui la luna è calante.

Un caricamento eccessivo dello scheletro in genere e delle ginocchia in particolare può farsi sentire molto in questi giorni. A ogni movimento le ginocchia vengono messe fortemente alla prova: chi per esempio dovesse fare molte scale non vedrà l'ora di arrivare a sera. Così come in sagittario, è meglio non fare lunghe gite in montagna se non siete allenati o se siete principianti; in particolare gli sportivi con il menisco debole non dovrebbero assolutamente esagerare. Invece impacchi o frizioni alle ginocchia hanno un effetto molto positivo in questi giorni. È il momento giusto per fare qualcosa anche per tutte le altre ossa e articolazioni, per esempio dei dolci stiramenti che non dovrebbero mai mancare nella ginnastica quotidiana. Un salasso il ventitreesimo giorno dopo il novilunio sarà particolarmente utile per lo scheletro ed è anche indicato come terapia complementare in tutte le forme di malattie osteoarticolari come reumatismi, sclerosi multipla, artrosi etc. I giorni del capricorno sono inoltre positivi per tutto quel che riguarda la cura della pelle e le terapie a essa mirate. Molti disturbi e squilibri interiori si riflettono proprio sullo stato della pelle.

La luna in capricorno: giardinaggio e agricoltura
I giorni del capricorno sono giorni delle radici con energia ascendente.

Attività molto favorite
- 🌢 Sarchiare le erbe indesiderate (con la luna calante).
- 🌢 Creare sentieri in giardino e piantare steccati (con la luna calante).

Attività favorite
- 🌢 Piantare e seminare verdure invernali e ipogee se non avete avuto tempo di farlo in uno dei giorni dei frutti (ariete, leone e sagittario).
- 🌢 Dissodare, sfrondare alberi, margini dei boschi, siepi (con la luna calante).
- 🌢 Preparare un letamaio (con la luna calante).
- 🌢 Combattere parassiti che vivono nel terreno.
- 🌢 Concimare fiori con radici deboli.
- 🌢 Mettere in conserva e fare scorta per l'inverno di verdure ipogee (per esempio tagliare i crauti con la luna calante; con quella crescente il processo di fermentazione andrebbe troppo veloce).

GIORNI DEL LEONE

 Con questa espressione indichiamo quei due o tre giorni al mese nei quali il calendario lunare riporta il segno zodiacale del leone. Sulla terra si manifestano allora delle energie particolari che si possono sfruttare in quasi tutti i campi della vita. Ecco alcuni esempi e regole che possono servire da indicazione.

Cosa c'è nell'aria
Anche se notoriamente siete degli amanti delle code e vi mettete in viaggio per una gita o per le vacanze sempre al momento sba-

gliato, al giorno d'oggi solo pochi animi davvero rilassati possono gettarsi senza pensare nella valanga di piombo delle auto in circolazione. L'energia del leone agisce direttamente sulla circolazione corporea provocando accessi di collera per un nonnulla. Quindi: lasciate a casa l'auto e percorrete strade che non danneggiano né la vostra circolazione né il vostro umore.

I giorni del leone sono di qualità secca-focosa, il colore da meditazione (vedi <u>Segni zodiacali e i loro colori da meditazione</u>) è il verde. Nelle estati dell'emisfero nord, specialmente in agosto, si possono registrare temperature molto alte con temporali a volte violenti. È molto importante bere tanto, perché il leone ha un effetto fortemente asciugante.

Salute e influssi sul corpo
L'energia impetuosa e potente di questo periodo agisce sul cuore e sulla circolazione, ma anche sulla schiena e sul diaframma.

- Quello che farete per il cuore e per la circolazione nei due o tre giorni del leone avrà un effetto particolarmente benefico, preventivo e terapeutico, eccetto gli interventi chirurgici.
- Tutto ciò che in questi giorni danneggia particolarmente il cuore e la circolazione avrà effetti più nocivi che non negli altri giorni.
- Se potete fissare voi la data di un'operazione al cuore, evitate i giorni del leone e il periodo che va dal 22 luglio al 23 agosto e scegliete un momento in cui la luna è calante.

In generale si può dire che l'impulso leonino stimoli molto la circolazione: può succedere che la schiena faccia più male del solito e che il cuore faccia un po' il pazzerello. Questo, unito a qualche notte insonne, fa sì che sia un periodo un po' faticoso, ma con il segno successivo, quello della vergine, di solito tutto passa. Ricordatevene quando il leone farà «incespicare» un po' il vostro cuore: i cardiopatici a volte sentono già in cancro che il leone si sta avvicinando.

Molti ciclisti inesperti, magari con problemi cardiocircolatori, in questi giorni non rinunciano al loro sport preferito e arrivano al traguardo ansimando: invece è proprio il momento in cui non bisogna affaticarsi, anche se sono permesse le normali attività fisiche.

I giorni del leone sono ottimi per raccogliere erbe con effetti terapeutici sul cuore e sulla circolazione. E per cos'altro è famoso il leone? Scopritelo alla voce Capelli – lavaggio e taglio.

La luna in leone: giardinaggio e agricoltura
I giorni del leone sono giorni dei frutti con energia discendente. Il leone è il più focoso e «asciugante» dei segni zodiacali.

Attività molto favorite
- Raccogliere erbe che rinforzino il cuore.
- Tagliare alberi e cespugli da frutta (con la luna calante, cercate quali sono i giorni adatti al taglio invernale!).
- È il periodo migliore per seminare cereali (con la luna crescente) in terreni umidi.

Attività favorite
- Seminare prati (con la luna crescente).
- Piantare e seminare frutti, purché non richiedano molta acqua (pomodori, patate).
- Piantare verdure facilmente deperibili.
- Innestare alberi da frutta (con la luna crescente in primavera).

Da evitare
- Utilizzare concimi chimici, ma anche naturali su terreni secchi.
- Estirpare le erbacce.
- Tagliare i crauti (si seccano completamente).

> *Sei fatto solo di polvere e cenere.*
> *Il mondo è stato creato per te.*
> *È un controsenso?*
> *No.*

GIORNI DELL'OLIO VEDI: GIORNI DEI GRASSI E DELL'OLIO

GIORNI DEL SAGITTARIO

 Sono quei due o tre giorni al mese in cui il calendario lunare riporta il segno zodiacale del sagittario. Sulla terra si manifestano allora delle energie particolari che si possono sfruttare quasi in ogni campo della vita. Ecco alcuni esempi e regole che possono servire da indicazione.

Cosa c'è nell'aria

L'energia del sagittario rende generosi e invita a compiere passi troppo grandi, a volte senza riflettere. Il colore da meditazione (vedi <u>Segni zodiacali e i loro colori da meditazione</u>) è il rosso nella parte superiore delle cosce e il giallo in quella inferiore. La caratteristica di questi giorni è il caldo-secco; può essere l'occasione per compiere belle escursioni che fanno venire sete, ma bisogna stare attenti: proprio in questo periodo si possono far sentire il nervo sciatico, le vene e le cosce. Spesso duole anche la parte bassa della schiena, perché in sagittario, così come in gemelli, il tempo è particolarmente mutevole.

Salute e influssi sul corpo

I giorni del sagittario agiscono sulla colonna vertebrale nella sua lunghezza e sulla regione delle cosce.

- Quello che farete nei due-tre giorni del sagittario per la regione delle cosce avrà un effetto doppiamente benefico, preventivo e terapeutico, eccettuati gli interventi chirurgici.
- Tutto ciò che in questo periodo danneggerà in particolar modo la regione delle cosce avrà effetti più negativi che negli altri giorni.
- Se potete stabilire voi la data di un intervento alle cosce, evitate i giorni del sagittario e il periodo dal 22 novembre al 21 dicembre e scegliete invece un giorno in cui la luna è calante.

In sagittario quindi non bisogna esagerare con le lunghe passeggiate se non siete allenati. Chi volesse portare con sé i bambini in montagna anche se non ne sono entusiasti, sappia che in questo modo potrebbe far passare loro la voglia per molto tempo.

In questi giorni invece i massaggi fanno particolarmente bene e sciolgono i muscoli afflitti da crampi. Se volete eliminare la <u>pelle a buccia d'arancia</u> massaggiatevi le cosce quando la luna è in sagittario con un prezioso olio depurativo.

La luna in sagittario: giardinaggio e agricoltura
I giorni del sagittario sono giorni dei frutti oltre che punto di svolta dell'energia da ascendente a discendente.

Attività molto favorite
- Piantare e seminare tutto ciò che deve crescere in altezza (luppolo, etc.), così come singoli alberi che devono crescere velocemente.

Attività favorite
- Potare alberi e arbusti da frutta (con la luna calante in primavera).
- Coltivare cereali.
- Concimare cereali, verdure e frutta in primavera (sempre e solo con la luna calante o piena!).
- Combattere parassiti che vivono sopra il terreno.

Da evitare
- Zappare e sarchiare (le erbacce spuntano facilmente).
- Piantare insalata (cresce troppo in fretta).

GIORNI DEL SALE

I giorni del toro, della vergine e del capricorno sono anche detti giorni del sale perché in questo periodo i cibi ricchi di sale si tollerano particolarmente bene o particolarmente male. Pensate se nella vostra dieta il sale in questo periodo è presente più o meno del solito e notate l'effetto che ciò ha su di voi.

Se per qualche motivo mangiate poco salato fate particolare attenzione a questi giorni. Se ve lo ha ordinato il medico, potrebbero essere giornate un po' faticose perché toro, vergine e capricorno rafforzano l'effetto del sale, in questo caso provocando un danno. Più avanti, quando questi giorni saranno passati, il sale non sarà più così nocivo. In toro, vergine e capricorno – detti anche i giorni delle radici – non dovrebbero mancare tra i vostri cibi quelli di colore rosso, che agiranno particolarmente bene sulla formazione del sangue: allora occorre assumere più bacche, succhi rossi etc.

Riassumendo: nei giorni del sale il vostro organismo tollera e richiede più o meno sale del solito. Osservate e traete le vostre conclusioni (vedi anche I cibi e le loro qualità).

GIORNI DEL TORO

 Con questa espressione definiamo quei due-tre giorni al mese in cui il calendario lunare riporta il segno zodiacale del toro. Sulla terra si manifestano allora energie particolari, che si possono sfruttare quasi in tutti i campi della vita. Ecco alcuni esempi e regole che possono servire da indicazione.

Cosa c'è nell'aria
Il toro è un segno di terra, la qualità di questi giorni è il fresco, legato alla terra e realistico, il colore da meditazione (vedi Segni zodiacali e i loro colori da meditazione) è un blu intenso. Anche chi normalmente non è preoccupato del suo benessere materiale potrebbe in questo periodo essere spinto a costruire delle solide fondamenta per la sua vita. Pensieri e reazioni diventano lenti, e c'è la tendenza a essere ostinati.

Salute e influssi sul corpo
La luna nel segno del toro influenza la regione della mandibola e del collo. Ad essa appartengono denti e mascelle, le orecchie, la laringe, le corde vocali, la gola e la nuca, e non da ultima anche la tiroide.

- Quello che farete in questi due-tre giorni per la zona della mandibola, per i denti, per le tonsille e per le orecchie avrà un effetto doppiamente benefico, preventivo e terapeutico, eccetto gli interventi chirurgici.
- Tutto ciò che danneggia in particolar modo la regione della gola in questo periodo avrà un effetto più nocivo che negli altri giorni.
- Se potete stabilire voi la data di un intervento nell'area del

collo e della gola evitate i giorni del toro e il periodo che va dal 20 aprile al 21 maggio, scegliendo invece un giorno in cui la luna è calante.

In toro bisognerebbe sempre uscire di casa un po' più coperti rispetto alla temperatura indicata dal termometro: esporsi a correnti d'aria in questo periodo è il modo più veloce per buscarsi un bel torcicollo. In compenso dei massaggi nell'area collo-nuca-spalle potrebbero essere un vero toccasana.

Benché la gola infiammata e il raffreddore non siano malattie contagiose, verrebbe da pensarlo perché il toro fa sì che proprio in primavera e in autunno molte persone abbiano giù la voce e girino con un foulard al collo. Per questo tenere un discorso in toro potrebbe diventare una vera tortura per chi non ci è abituato.

Chiunque può verificare gli effetti benefici che in questi giorni ha un semplice tè contro la raucedine o le tonsille infiammate. Anche gli altri rimedi contro la gola infiammata sono particolarmente efficaci.

Nelle fredde giornate del toro le orecchie non andrebbero lasciate scoperte; sono anche più sensibili alle correnti d'aria e al rumore. In questo periodo alcune gocce d'olio di San Giovanni aiutano a prevenire alcuni tipi di otite.

La luna in toro: giardinaggio e agricoltura
I giorni del toro sono giorni delle radici con energia ascendente.

Attività molto favorite
- Seminare e piantare alberi, arbusti e siepi; verdure ipogee, se non avete avuto tempo di farlo nei giorni dei frutti (ariete, leone e sagittario); tutto cresce lentamente e in maniera duratura, i frutti del raccolto sono particolarmente adatti a farne scorta.

Attività favorite
- Preparare un letamaio (con la luna calante, da maggio a ottobre).
- Combattere insetti indesiderati che compaiono nel terreno.
- Concimare fiori con radici poco sviluppate.
- Fare conserve e scorte di verdure ipogee come patate, carote etc.

Attività da evitare
Nel campo del giardinaggio non ce ne sono: l'unica controindi-
cazione è che tutto cresce più lentamente del solito.

GIORNI DELL'ACQUARIO

 Sono quei due o tre giorni al mese in cui il calen-
dario lunare riporta il segno dell'acquario. Sulla
terra si manifestano allora delle energie particolari, che si possono sfruttare in quasi tutti i campi
della vita. Ecco alcuni esempi che possono servire da indicazione.

Cosa c'è nell'aria
La caratteristica di questi giorni è la luminosità-ariosità, la mente
si muove in maniera un po' discontinua. I pensieri intuitivi aumentano, e qualsiasi forma di dipendenza è tollerata meno bene
del solito. Il colore da meditazione (vedi <u>Segni zodiacali e i loro
colori da meditazione</u>) è il celeste (il blu scuro alle caviglie).

Salute e influssi sul corpo
L'energia dell'acquario agisce sulle gambe e sull'articolazione ti-
bio-tarsale, e può essere avvertita soprattutto da chi deve passare
molto tempo in piedi.

- Quello che farete in questi due o tre giorni per le gambe avrà
  un effetto doppiamente benefico, preventivo e terapeutico,
  eccetto gli interventi chirurgici.
- Tutto ciò che in questo periodo danneggerà particolarmente
  le gambe avrà un effetto più nocivo del solito.
- Se potete stabilire voi la data di un intervento alle gambe evitate i giorni del capricorno, dell'acquario e dei pesci e il periodo che va dal 20 gennaio al 18 febbraio, e scegliete invece
  un giorno in cui la luna è calante.

Non è raro che nei giorni dell'acquario si verifichino flebiti. Se
l'età ve lo consente, cercate di tenere i piedi sollevati, massag-
giandoli leggermente con una pomata (di consolida maggiore
o altro). Chi ha la tendenza alle vene varicose in questi giorni

dovrebbe evitare di stare troppo in piedi: in città una passeggiata un po' più lunga del solito potrebbe rovinarvi tutto il divertimento.

La luna in acquario: giardinaggio e agricoltura
I giorni dell'acquario sono giorni dei fiori con energia ascendente. Sono comunque piuttosto controindicati per quasi tutti i lavori in giardino, per cui bisognerebbe limitarsi al minimo indispensabile. In giardino, nei campi e nei boschi l'acquario è un segno zodiacale piuttosto sterile. Un'attività favorita è quella di estirpare le erbe indesiderate per la sarchiatura, che possono poi restare a marcire nel terreno. Evitate assolutamente di <u>trapiantare piante</u>, perché queste non metterebbero radici e morirebbero!

GIORNI DELL'ARIETE

Sono quei due o tre giorni al mese in cui il calendario lunare riporta il segno zodiacale dell'ariete. Sulla terra si manifestano allora delle energie particolari, che si possono sfruttare in quasi tutti i campi della vita. Ecco alcuni esempi che possono servire da indicazione.

Cosa c'è nell'aria
L'energia dell'ariete rende a volte impazienti, e in questi giorni la via più ragionevole può apparire quella di sfondare i muri con la testa. Le catene malferme vengono tollerate meno volentieri. Il fatto che spesso si verifichino mal di testa ed emicranie dipende dall'energia impetuosa e testona dell'ariete. Può succedere che nei giorni passati qualche dovere sia stato trascurato e ora si vorrebbe finire tutto subito. I giorni dell'ariete sono giorni « caldi » di qualità caldo-secca. Il loro colore da meditazione (vedi <u>Segni zodiacali e i loro colori da meditazione</u>) è il blu indaco fino al bianco azzurrino.

Salute e influssi sul corpo
Per quanto riguarda il corpo umano le energie dell'ariete influiscono sulla zona della testa fino a sotto il naso. Molte persone si

accorgono del passaggio dai pesci all'ariete tanto quanto sentono il cambio di forze in atto nel plenilunio. Le energie si spostano nel secco segno di fuoco dell'ariete, che con il suo influsso riparte dall'alto, dalla testa.

🍂 Quello che farete in questi due-tre giorni per la regione della testa, degli occhi e del naso avrà un effetto doppiamente benefico, preventivo e terapeutico, eccettuati gli interventi chirurgici.

🍂 Tutto ciò che in questi giorni danneggia in modo particolare la regione della testa, degli occhi e del naso avrà un effetto più nocivo del solito.

🍂 Se potete stabilire voi la data di un intervento chirurgico alla testa, agli occhi e al naso evitate i giorni dell'ariete e il periodo che va dal 20 marzo al 21 aprile, e scegliete invece un giorno in cui la luna è calante.

Le erbe mediche note per i loro effetti benefici in caso di emicranie, disturbi agli occhi e problemi al naso, alla zona della fronte e dei setti nasali sviluppano, se raccolte nei giorni dell'ariete, una grande energia. Per disturbi cronici è particolarmente importante fare attenzione al momento giusto per raccogliere le erbe. Per fare scorte andrebbero raccolte con la luna crescente poco prima del plenilunio e messe a seccare *dopo* quest'ultimo, non importa se in quel momento la luna si trovi in ariete o meno.

In questi giorni un massaggio preventivo alle dita delle mani e dei piedi può risultare molto benefico se avete la tendenza a emicranie e dolori di testa: per far ciò esercitate una pressione fino a provare un leggero dolore. Una delle migliori misure preventive è comunque quella di bere molta acqua del rubinetto (vedi anche Dal dentista).

La luna in ariete: giardinaggio e agricoltura
I giorni dell'ariete sono giorni dei frutti con energia ascendente.

Attività molto favorite
🍂 Seminare e piantare tutto ciò che deve crescere in fretta e che va consumato subito.
🍂 Innestare alberi da frutto (con la luna crescente).
🍂 Raccogliere e immagazzinare cereali.

Attività favorite
- ❧ Piantare e seminare frutti.
- ❧ Coltivare cereali (con la luna crescente).
- ❧ Concimare cereali, verdure e frutta (assolutamente con la luna calante o piena, da aprile a settembre).
- ❧ Potare alberi e arbusti da frutta (con la luna calante).

> *Pensi di poter prendere l'universo tra le*
> *mani e renderlo perfetto?*
> *Non credo che esso te lo permetterà.*
> *L'universo è sacro,*
> *non puoi renderlo più perfetto.*
> *Se vorrai cambiarlo, lo rovinerai;*
> *se vorrai trattenerlo, ti sfuggirà.*
> *Così le cose a volte vanno avanti*
> *e a volte indietro; a volte il respiro*
> *è pesante e altre volte leggero;*
> *a volte siamo forti e a volte deboli;*
> *siamo trascinati in alto oppure*
> *in basso.*
> *Il saggio evita gli eccessi, la smisuratezza e*
> *l'autocompiacimento.*

(Lao Tse)

GIORNI DELLA BILANCIA

 Sono quei due o tre giorni al mese in cui il calendario lunare riporta il segno della bilancia. Sulla terra si manifestano allora delle energie particolari, che si possono sfruttare in quasi tutti i campi della vita. Ecco alcuni esempi che possono servire da indicazione.

Cosa c'è nell'aria
Nei giorni della bilancia può succedere che anche le persone dotate di un buon intuito per quanto riguarda la luna e lo zodiaco si domandino: «Che segno è oggi?». L'energia della bilancia infatti

è così equilibrata e a volte impalpabile come una piuma da non dare segno della propria presenza. In questi giorni può diventare davvero un problema prendere qualsiasi decisione. Il colore da meditazione (vedi Segni zodiacali e i loro colori da meditazione) è l'arancione.

Salute e influssi sul corpo

L'energia tendenzialmente neutra dei giorni della bilancia tocca soprattutto il bacino oltre che la vescica e i reni.

- Quello che farete in questi giorni per il bacino, per la vescica e per i reni avrà un effetto doppiamente benefico, preventivo e terapeutico, eccetto gli interventi chirurgici.
- Tutto ciò che danneggia in particolar modo le anche, la vescica e i reni in questi giorni avrà un effetto più nocivo del solito.
- Se potete stabilire voi la data di un'operazione alle anche, alla vescica e ai reni evitate i giorni della bilancia e il periodo che va dal 23 settembre al 23 ottobre, scegliendo invece un giorno in cui la luna è calante.

La caratteristica di questi giorni è la luminosità-ariosità, ma possono verificarsi più facilmente del solito infiammazioni ai reni o alla vescica perché basta un costume da bagno umido a creare problemi alla zona del bacino. Fate quindi in modo che essa sia sempre ben calda. Una misura preventiva può essere quella di bere molto tra le 15 e le 19, per depurare a fondo vescica e reni. In queste ore raccogliete dell'ortica bianca, il cui succo si presta meravigliosamente a farne infusioni depurative. Anche una ginnastica mirata per la zona del bacino può avere un effetto molto benefico. Il sistema migliore per prevenire la cellulite è quello di massaggiare l'area del bacino e le cosce proprio in questi giorni con un buon olio rassodante.

La luna in bilancia: giardinaggio e agricoltura

I giorni della bilancia sono giorni dei fiori con energia discendente. È un segno neutro, per cui non vi è lavoro in giardino che sia particolarmente favorito o sfavorito in questo periodo, a parte forse la semina di fiori ed erbe fiorite.

GIORNI DELLA LUCE

Sono quei giorni in cui la luna attraversa i segni zodiacali dei gemelli, della bilancia e dell'acquario; vedi: I giorni e le loro caratteristiche a seconda del calendario lunare.

GIORNI DELLA VERGINE

Con questa espressione definiamo quei due o tre giorni al mese in cui il calendario lunare riporta il segno zodiacale della vergine. Sulla terra si manifestano allora energie particolari, che possiamo sfruttare in quasi tutti i campi della vita. Ecco alcuni esempi e regole di base che possono servire da indicazione.

Cosa c'è nell'aria

Le energie della vergine stimolano tutto ciò che riguarda la pianificazione, il calcolo, la fredda strategia. Qualsiasi fine che abbia un fondamento logico giustifica i mezzi. Pensare prima di agire, questo è il motto: non sono giorni adatti a romanticherie passionali.

Con la loro caratteristica freddo-secca i giorni della vergine sono giorni di terra per eccellenza. Il colore da meditazione (vedi Segni zodiacali e i loro colori da meditazione) è il giallo.

Salute e influssi sull'organismo

L'energia particolare di questo periodo agisce sull'attività dell'apparato digerente. Essa influenza l'intestino tenue e crasso, la milza e il pancreas.

ن Ciò che farete in questi giorni per la digestione, la milza e il pancreas avrà un effetto doppiamente benefico, preventivo e terapeutico, eccetto gli interventi chirurgici e le operazioni in questa zona del corpo.

ن Tutto ciò che danneggia in particolare l'apparato digerente nei giorni della vergine ha un effetto più nocivo che negli altri giorni.

ن Se potete fissare voi la data di un intervento allo stomaco, alla milza o al pancreas evitate i giorni della vergine e il periodo che va dal 23 agosto al 23 settembre, scegliendo invece un momento in cui la luna è calante.

Le persone che hanno lo stomaco e l'intestino delicati in questi giorni possono avvertire problemi di digestione: sarebbe molto utile rinunciare ai cibi grassi almeno in questo periodo.

Le erbe raccolte nei giorni della vergine non solo stimolano la digestione, ma agiscono positivamente anche sul sangue, sul sistema nervoso e sul pancreas. In particolare un tè che depuri il sangue – per esempio fatto con ortiche raccolte in vergine – non mancherà di fare il suo effetto. Le provviste per l'inverno andrebbero fatte già in settembre, quando la vergine cade di nuovo con la luna calante. In caso di pancreas ingrossato questo tè può ripristinare le sue normali funzioni.

Il colore arancione aiuta nei problemi digestivi e di stitichezza, soprattutto se lo indossate nei giorni della vergine. Il violetto invece stimola la milza e quindi le difese immunitarie (vedi anche Effetto dei colori a seconda dei ritmi lunari).

La luna in vergine: giardinaggio e agricoltura
I giorni della vergine sono giorni delle radici con un'energia discendente. Nel campo del giardinaggio e dell'agricoltura questo segno zodiacale ha un ruolo molto importante. Sono i giorni migliori per quasi tutti i lavori in giardino, nei campi e nei boschi come piantare, trapiantare e innestare.

Attività molto favorite
- Tutto ciò che è piantare e innestare: la terra fa crescere tutto facilmente.
- Piantare alberi singoli che devono diventare molto alti.
- Piantare arbusti e siepi che devono crescere in fretta.
- Trapiantare alberi alti (in primavera o autunno).
- Rinvasare e ripiantare piante da balcone o da interno.
- Seminare prati.
- Piantare talee.

Attività favorite
- Preparare letame e compost (con la luna calante).
- Concimare (in vergine con luna calante).
- Debellare parassiti del terreno.
- Concimare fiori che hanno radici deboli.

Da evitare
- 🐛 Piantare lattuga cappuccina: tende a crescere rapidamente.
- 🐛 Cuocere frutta e verdura per farne conserve e immagazzinare (tutto ammuffisce subito).

GIORNI DELLE DONNE

Le solenni festività di Maria in alcune regioni vengono dette anche giorni delle donne o della donna. Tra l'altro sono molto importanti per la raccolta del legno, poiché in questo periodo se ne può ottenere una qualità particolare (vedi anche Il legno e le sue regole). Un giorno delle donne è il 15 agosto, quando in molte regioni si svolge la consacrazione delle erbe. Il periodo che va dall'8 al 15 agosto è il migliore per raccogliere le erbe mediche, indipendentemente dalla posizione della luna nello zodiaco.

GIORNI DELLE FOGLIE

Sono i giorni in cui la luna attraversa i segni zodiacali del cancro, dello scorpione o dei pesci. Il nome si deve al fatto che la luna in questo periodo sprigiona delle energie che agiscono soprattutto nelle foglie delle piante: chi in questi giorni concimerà stimolerà la loro crescita.

Questa energia tende a calare quando la luna sta attraversando i segni del cancro e dello scorpione, mentre è più forte quando essa è nei pesci (vedi anche Luna ascendente e Luna discendente).

GIORNI DELLE PROTEINE VEDI ANCHE: I CIBI E LE LORO QUALITÀ

I giorni dell'ariete, del leone e del sagittario sono anche detti «giorni delle proteine», perché in questo periodo i cibi ricchi di proteine vengono tollerati particolarmente bene o particolarmente male. Questi giorni sono anche giorni dei frutti, perché è questa la parte della pianta più favorita sia come crescita che come effetto sulle persone. A seconda della vostra tipologia alimentare potete verificare l'effetto delle proteine animali o vegetali, della frutta con nocciolo o di quella drupacea. Osservate se la vostra spesa contiene poche o tante proteine, poca o tanta frutta e che effetto ha questo sul vostro organismo.

Se in questo periodo tollerate bene il vostro tipo di frutta approfittate dell'occasione e inserite in vergine, leone o sagittario due o tre giornate di dieta a base di frutta o succhi. Questi ultimi non hanno mai lo stesso effetto della frutta vera e propria, ma spesso sono più comodi da usare. Piuttosto che rinunciare a questa minicura, vanno bene anche quelli.

Per riassumere: nei giorni dei frutti/delle proteine tollerate particolarmente bene o male questi alimenti e potete avvertirne più o meno bisogno. Osservate e traete le vostre conclusioni.

GIORNI DELLE RADICI

Sono quei giorni in cui la luna attraversa i segni del toro, della vergine o del capricorno. Il nome deriva dal fatto che la luna in questi giorni sprigiona delle energie che, nell'ambito del regno vegetale, agiscono soprattutto sulle radici. Chi concima in questi giorni stimola lo sviluppo delle radici.

I giorni delle radici con energia discendente sono quelli in cui la luna attraversa il segno della vergine, mentre quando attraversa i segni del toro e del capricorno l'energia è ascendente (vedi anche Luna ascendente e Luna discendente).

GIORNI DELLO SCORPIONE

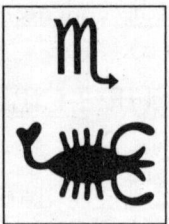

Con questa espressione definiamo quei due o tre giorni al mese in cui il calendario lunare riporta il segno dello scorpione. Sulla terra si manifestano allora delle energie particolari che si possono sfruttare quasi in ogni campo della vita. Ecco alcuni esempi e regole che possono servire da indicazione.

Cosa c'è nell'aria
La caratteristica di questi giorni è il fresco-umido, e soprattutto in scorpione può essere difficile da tollerare. Il colore da meditazione (vedi Segni zodiacali e i loro colori da meditazione) è il rosso. Le energie psichiche e mentali diventano più profonde, risvegliando idee originali e convogliando emozioni in direzioni finora

sconosciute. Alcune persone percepiscono l'energia dei giorni dello scorpione come qualcosa di minaccioso e incontrollabile.

Salute e influssi sul corpo
Nessun segno zodiacale agisce con tanta forza sugli organi genitali e sulle vie urinarie come lo scorpione.

- Ciò che farete in questi giorni per gli organi genitali avrà un effetto doppiamente benefico, preventivo e terapeutico, eccetto gli interventi chirurgici.
- Tutto quel che danneggia in particolar modo gli organi genitali e le vie urinarie in questo periodo ha un effetto più nocivo che negli altri giorni.
- Se potete fissare voi la data di un intervento agli organi genitali, evitate i giorni dello scorpione e il periodo che va dal 23 ottobre al 22 novembre, scegliendo invece un giorno in cui la luna è calante.

Le future mamme in questi giorni dovrebbero astenersi da qualsiasi fatica, perché è più facile che si verifichino aborti spontanei, soprattutto con la luna crescente. Anche l'uretere è più sensibile in scorpione. Piedi freddi e la zona del bacino e dei reni poco coperta possono provocare facilmente infiammazioni della vescica e dei reni. Chi soffre di reumatismi, in scorpione (segno d'acqua) dovrebbe evitare di esporre le lenzuola fuori dalla finestra o al balcone: l'umidità vi resterebbe attaccata.

Dei semicupi con achillea a scopo preventivo possono curare alcuni disturbi femminili. È interessante notare che tutte le erbe raccolte in scorpione agiscono con particolare efficacia, non importa a quale fine vengano impiegate. Dovreste raccoglierle con la luna crescente o piena e metterle via con quella calante (in sacchetti di plastica o in bottiglia) e conservarle al buio. In questo modo dureranno di più.

La luna in scorpione: giardinaggio e agricoltura
I giorni dello scorpione sono giorni delle foglie con energia discendente.

Attività molto favorite
- Seminare e piantare, ma anche raccogliere e seccare, ogni tipo di erbe mediche.
- Tenere lontane le lumache (con la luna crescente).

Attività favorite
- 🌢 Seminare e piantare verdure a foglia.
- 🌢 Falciare i prati.
- 🌢 Innaffiare piante da interno e da balcone.
- 🌢 Concimare fiori e prati (meno le verdure).

Da evitare
- 🌢 Potare alberi e arbusti da frutto (con la luna crescente soprattutto in primavera).
- 🌢 Tagliare alberi (rischio di bostrici).

GIORNI DI TERRA VEDI: SEGNI DI TERRA

(I) GIORNI E LE LORO CARATTERISTICHE A SECONDA DEL CALENDARIO LUNARE

Le energie particolari, che la posizione della luna nello zodiaco suscita giorno per giorno, si manifestano anche in particolari caratteristiche.

Ariete, leone e sagittario – I giorni « caldi »
Sono i giorni in cui la luna si trova nei segni dell'ariete, del leone e del sagittario (vedi Il calendario lunare). Spesso si tratta di belle giornate da passare all'aria aperta, che sono percepite come calde anche se il cielo è nuvoloso. Hanno un effetto « asciugante », soprattutto in leone: dovete perciò fare attenzione a bere una quantità sufficiente di liquidi. In leone a volte l'estate porta temporali improvvisi, che possono avere brutte conseguenze (violente grandinate!) soprattutto dopo lunghi periodi di caldo.

Gemelli, bilancia e acquario – I giorni della luce/dell'aria
Sono i giorni in cui la luna si trova nei segni zodiacali dei gemelli, della bilancia e dell'acquario. In quest'epoca la terra e le piante assorbono più luce del solito, e l'effetto per noi uomini è perlopiù molto piacevole. Può succedere che guidando sentiamo il bisogno di metterci gli occhiali da sole anche se il cielo è nuvolo. I raggi solari hanno un maggior potere schiarente rispetto al solito.

Toro, vergine e capricorno – I giorni «freddi»
Toro, vergine e capricorno portano con sé i giorni «freddi».
Anche quando il termometro segna temperature alte la terra è
fredda al tatto, e può succedere di avere la pelle d'oca alla prima
nuvola. Soprattutto quando il tempo è coperto il terreno è freddo, e il rischio di raffreddamenti e infiammazioni alla vescica è
maggiore.

Cancro, scorpione e pesci – I giorni dell'umidità/dell'acqua
I giorni umidi e bagnati del cancro, dello scorpione e dei pesci
fanno sì che la terra non si secchi quasi mai completamente e che
vi sia una maggiore tendenza alle precipitazioni. Se avete in mente di fare un picnic sull'erba non uscite di casa senza coperta e
non dimenticate di portare impermeabili e ombrelli. Notate come in questi giorni le finestre si appannino.

> *Chi sta sempre con le gambe ben piantate*
> *per terra non si libererà mai dei propri*
> *limiti.*
>
> (Guido Hildebrandt)

GIORNI «FREDDI»

Sono quei giorni in cui la luna attraversa i segni zodiacali del toro, della vergine o del capricorno; vedi (I) giorni e le loro caratteristiche a seconda del calendario lunare.

GIORNI «UMIDI»

Sono quei giorni in cui la luna attraversa i segni zodiacali di cancro, scorpione e pesci; vedi (I) giorni e le loro caratteristiche a
seconda del calendario lunare.

GOLA E COLLO – INTERVENTI NELL'AREA DELLA GOLA E DEL COLLO (MANDIBOLE, TONSILLE ETC.)

Avete già letto la voce <u>Interventi chirurgici</u>? Sarebbe meglio darci un'occhiata prima di fissare l'appuntamento per un'operazione.

Vorremmo ricordarvi una cosa: molti elementi sono decisivi per la riuscita di un intervento chirurgico, dalla competenza del medico allo stato generale di salute del paziente fino alla disponibilità degli strumenti necessari. E non da ultime sono in gioco anche circostanze determinate dal destino: l'esito di operazioni d'emergenza per esempio soggiace di sicuro a leggi superiori.

Nel caso di interventi chirurgici molti fattori sono modificabili, altri no. Ma una cosa è certa: anche lo stato della luna e le sue fasi possono in un dato momento influenzare la riuscita o meno di un'operazione.

La regola di base è molto semplice: tutti gli interventi andrebbero se possibile programmati con la luna calante, e ciò è tanto più importante quanto più l'operazione è difficile ed estesa.

Le regole per gli interventi nell'area della gola e del collo

Si può fare:	con la luna calante, ma non in ariete, toro e gemelli.
Da evitare:	con la luna crescente.
Il momento peggiore:	con la luna crescente in ariete, toro e gemelli così come tre giorni prima del plenilunio e nel plenilunio, non importa in quale segno.

Se aspetterete il momento giusto: diminuisce il rischio di emorragie e della formazione di cicatrici. Il decorso postoperatorio è più veloce, minore il pericolo di complicazioni. Il successo è più grande soprattutto nelle operazioni alle tonsille e al gozzo.

Se sceglierete il momento sbagliato: complicazioni e infezioni postoperatorie sono più frequenti con la luna crescente, e la fase di guarigione e convalescenza dura di norma più a lungo. Intorno al plenilunio si possono verificare emorragie forti e difficili da arrestare. Anche la cicatrizzazione presenta qualche problema, e il rischio di cicatrici brutte o permanenti è molto più alto. Possono anche essere necessari più interventi per raggiungere risultati apprezzabili. Grande rischio di dolori ai nervi e agli arti. Gli interventi al gozzo si devono spesso ripetere perché si riforma.

E non dimenticate: è fondamentale chiedersi se l'intervento è davvero necessario! Riflettete sul fatto che certe operazioni non vitali (cistifellea, intestino cieco, tonsille) vengono eseguite su pazienti che siano medici e avvocati l'80 per cento in meno rispetto al resto della popolazione, e non certo perché queste categorie vivano in maniera più sana. Prima di un'operazione importante sentite sempre un secondo parere: non può farvi che bene.

GUARDAROBA

Oggi le palline tarmicide sono scomparse dalla circolazione, ma esiste una ricetta sicura per chi non si fida della carta antitarme – senza alcun profumo e imbevuta di sostanze velenose – e simili.

Le regole per la cura del guardaroba

Il momento migliore:	in primavera o autunno in uno dei giorni d'aria (gemelli, bilancia, acquario) o del caldo (ariete, leone, sagittario) con la luna calante.
Si può fare:	con la luna calante, ma non in cancro, scorpione o pesci.
Da evitare:	con la luna crescente in genere.
Il momento peggiore:	con la luna crescente in cancro, scorpione, pesci.

Se aspetterete il momento giusto: i tarmicidi saranno superflui. I vestiti non assorbono odori esterni o di muffa.

Se sceglierete il momento sbagliato: i vestiti messi via dopo qualche mese possono avere un odore un po' acre e perfino ammuffire. Se li mettete via in un giorno d'acqua, diventeranno umidi.

Consigli particolari: se doveste aver bisogno dei vestiti dopo molto tempo, provate a rimandare la cosa a quando la luna sarà calante, meglio se in un giorno d'aria (gemelli, bilancia e acquario).

IGIENE INTIMA

Anche nel campo dell'igiene intima è possibile sfruttare alcuni benefici effetti delle fasi lunari. Come sempre l'esperienza personale è più preziosa di qualsiasi consiglio, quindi provate la differenza tra un semicupio in scorpione e uno fatto in qualsiasi altro giorno: presto vi accorgerete di cosa intendiamo quando affermiamo che «lo scorpione governa gli organi genitali e la zona dei fianchi».

Le regole per l'igiene intima

🙠 Qualsiasi cosa facciate per gli organi genitali nei due tre giorni dello scorpione avrà un effetto doppiamente benefico, preventivo e terapeutico, eccetto gli interventi e le operazioni chirurgiche in questa zona del corpo.

🙠 Tutto quello che danneggia in particolar modo gli organi genitali e l'uretere nei giorni dello scorpione ha un effetto più nocivo che negli altri giorni.

Da questa regola non si ricava solo l'effetto particolarmente piacevole e preventivo dei semicupi nei giorni dello scorpione. Lasciate che a questo proposito vi diamo alcuni consigli sul tema a volte spinoso dell'igiene intima. Abbiamo più volte sperimentato quanto sia importante parlarne in maniera chiara: per esempio quando genitori giovani e moderni sono troppo timidi per insegnare ai figli che per l'igiene intima occorre tirare indietro anche il prepuzio. Abbiamo scoperto che molte giovani madri non sanno (e non l'hanno imparato neppure in ospedale) che, quando si cambiano, le bambine vanno pulite dalla vagina verso l'ano. Chiedete ai dermatologi: vi confermeranno che nella nostra epoca illuminata siamo ancora a questo punto.

L'igiene intima quotidiana
Dovrebbe sempre essere fatta con prodotti naturali e in maniera spontanea, tanto che non dovrebbe venire in mente a nessuno di usare degli spray intimi. Questi sono un'assurda invenzione della

cultura medica, che si limita a combattere i sintomi invece che rimuovere le cause, e in ogni caso provocano un grosso danno alle mucose che sono molto delicate, soprattutto con la luna crescente e nei giorni dello scorpione.

Assorbenti esterni e tamponi
Non abbiamo nulla contro i tamponi, che possono essere davvero pratici, ma rifletteteci un attimo: cosa succede quando il dentista vi mette dei rotolini bianchi in bocca prima di farvi l'otturazione? Che ne sarebbe della vostra mucosa orale se aveste sempre questi affari bianchi in bocca e li cambiaste solo quando sono completamente imbevuti? Le mucose non sono fatte per essere secche. Per fortuna vi sono sia donne sia ragazze che ammettono di non sopportare quel che molti trovano così pratico e sicuro, senza pensare per questo di avere qualcosa che non va.

Altrettanto dannoso è portare sempre assorbenti esterni, anche perché questa delicata parte del nostro corpo è messa continuamente a contatto con le sostanze chimiche usate per trattare la carta. Inizia così un circolo vizioso provocato dalla diminuzione delle difese delle mucose.

Il nostro consiglio perciò è questo: indossate assorbenti esterni solo quando iniziano le mestruazioni o anche il giorno successivo se non ne siete ben sicure. Se non potete o non volete farne a meno evitate almeno i giorni dello scorpione.

Usare prodotti chimici a forte profumazione, indossare troppo a lungo assorbenti esterni e interni sono abitudini che sopravviveranno solo se le aziende farmaceutiche continueranno a convincere i clienti che il naturale odore di una persona sia qualcosa di insopportabile e disdicevole a priori.

Se ciò avvenisse sarebbe un vero peccato, perché il vostro naso non sarebbe più in grado di dirvi se potete « annusare » una persona (ovvero se la trovate simpatica o no). Nell'odore naturale di una persona che sia davvero pulita sono infatti contenute delle informazioni vive: se il vostro intuito è risvegliato, possono dirvi molto.

> « *Che ne pensa dell'astrologia?* », *chiede*
> *un uomo a un collega.* « *Veramente non un*
> *granché. Da buon vergine sono piuttosto critico al riguardo* ».

IMPERMEABILIZZARE VEDI: <u>LAVORI DI PITTU-RA</u>

Abbi fiducia in Dio.
Ma non dimenticare di controllare la pressione delle gomme.

INGEGNERIA GENETICA

Una delle conseguenze obbligate dell'oblio in cui è caduta la scienza della luna è l'ingegneria genetica, con la quale si cerca di raggiungere risultati che si potrebbero ottenere facendo attenzione al momento giusto, in modo naturale e senza spendere nulla.

A questo proposito la nostra idea è che la manipolazione genetica sia uno dei più grandi crimini contro l'umanità: essa serve solo a fare soldi e ad accumulare onorificenze. Nell'ambito alimentare non è altro che il tentativo, senza senso, di diffondere ancora più in fretta cibi e generi di consumo che fanno ammalare.

Non è ancora praticamente stata piantata all'aperto alcuna pianta geneticamente modificata, non esistono ancora studi recenti sui possibili effetti dannosi per la natura e per l'organismo umano, eppure quasi tutti gli scienziati coinvolti dichiarano che non esistono pericoli. La situazione non è affatto diversa da quella dei primi anni Cinquanta, quando si sottoposero soldati «volontari» alle radiazioni atomiche per provarne gli effetti. Ora i «volontari» siamo noi.

Informatevi sempre e non fermatevi finché non sarete soddisfatti. Presto scoprirete che tutti coloro che sono coinvolti non sanno assolutamente nulla delle conseguenze. L'ingegneria genetica è un unico grande esperimento, e noi siamo le cavie, fin dal primo momento.

Perfino i responsabili lo sanno: dal primo all'ultimo giorno della nostra vita siamo il prodotto di forze che non si possono ridurre né all'informazione genetica presente nelle nostre cellule, né alla somma dei mutamenti a livello chimico nei tessuti che si sviluppano. La vita di ogni uomo è un continuo processo attivo, in cui l'informazione genetica è solo il punto di partenza; da essa possono derivare diecimila possibilità diverse: taglia, peso, profilo, struttura della pelle, accumulo di grassi, massa muscolare, tono, forza, resistenza, espressione del viso, vista, capacità di funzionamento degli organi interni, capacità di reazione, intelletto e intelligenza, autostima e amore per il prossimo. E tutto questo può variare da persona a persona, indipendentemente da un'informazione genetica simile, e anche nella stessa persona può variare di molto a seconda dei periodi. Questi elementi sono di importanza fondamentale per l'aspetto esteriore, il modo di porsi e il comportamento dell'individuo; sono il risultato della globalità del processo vitale e della libera volontà e giocano un ruolo altrettanto grande nella vita di ogni possibilità iscritta nei geni.

E per di più il solo pensiero, la preghiera, la meditazione, la forza di volontà e il desiderio possono cambiare tante cose nella vita di una persona da lasciare i geni decisamente in secondo piano.

Manipolare i geni in laboratorio, siano essi di uomini o di animali, vuol dire alla fin fine aver perso qualsiasi fiducia nella più alta saggezza della natura e di Dio.

La stessa scienza, che vuole renderci attraente la manipolazione genetica spacciandola per la nuova speranza del futuro, ci ha instillato nella testa molti luoghi comuni sull'alimentazione. Malgrado allergie e malattie della pelle siano un fenomeno degli ultimi decenni, dunque una conseguenza diretta dell'uso di conservanti e dei «moderni» metodi alimentari, noi non mettiamo fine a questa follia e anzi ci leghiamo ancora di più a metodi che ci fanno ammalare.

Ricordatevi: non dovete accettarlo! Non dovete stare in un angolo rassegnati a guardare. «Pensa che è una guerra e nessuno vi partecipa»: non è così semplice rendere viva questa massima, perché le nostre guerre non si combattono più sui campi di battaglia, ma vicinissimo a noi. La combattiamo a casa, con il nostro modo di pensare, di comportarci, con le nostre idee e la nostra capacità di decisione. Ognuno di noi – senza una singola eccezione – può prendere la vita nelle sue mani. Cosa succederebbe se la scienza e l'industria diffondessero mais geneticamente modificato, emulsionanti prodotti geneticamente e fast food, e nessuno ne comprasse?

Perché invece non proteggiamo e non coltiviamo più le piante come una volta? Basta una gelata tarda e le piante muoiono, con poche eccezioni. Perché non studiamo queste pianticelle più resistenti? Esse custodiscono un segreto prezioso. Ogni anno in un campo concimato biologicamente cresce della spelta più grossa e più forte del solito. Perché non usare queste piante come sementi per l'anno successivo?

Invece di piantare ibridi senza vita, che danno cereali non germinabili, dovremmo tornare a quelli davvero vivi, che abbiano in sé la forza di riprodursi e ci ricordino dell'antica saggezza della natura: chi vuole avere qualcosa di bello deve offrire qualcosa di bello. Fate come i giardinieri che amano la natura: lasciate stare i rapanelli più forti e più belli invece di raccoglierli, e aspettate che i semi siano maturi. Questo è vero sviluppo.

Pensate che con i vecchi sistemi non potremmo sfamare la crescente popolazione mondiale? Osservate bene chi mette in giro queste bugie e quale interesse vi sta dietro. Nel 1940 l'agricoltura in generale utilizzava solo una piccola quantità di antiparassitari: i parassiti distruggevano allora in media il 4 per cento del raccolto. Oggi si utilizza una quantità di insetticidi mille volte maggiore: serve a qualcosa? Sì, ai guadagni dell'industria chimica, ma a noi ben poco. Le perdite del raccolto da allora sono salite al 12 per cento.

Che il giardinaggio e l'agricoltura siano praticabili senza ricorrere all'uso di veleni e senza la follia delle manipolazioni genetiche per raccolti grandi, medi o piccoli ma con una maggiore qualità dei prodotti, lo sanno ormai in molti, compresi i diretti responsabili.

Se non sussiste domanda per gli alimenti geneticamente modificati, per prodotti contaminati, spruzzati e inoculati tutte le industrie del mondo non avranno alcun potere. Perché perfino i politici combattono tanto l'obbligo di contrassegno per gli alimenti e i cosmetici?

Nessun desiderio di massa, nessuna elezione democratica può fare tanto quanto la vostra « politica acquisti » personale. Se i supermercati con la loro offerta priva di valore fossero ignorati, col tempo la sana verdura farebbe ritorno sugli scaffali. Perché credete che anche lì siano arrivati prodotti biologici? Bisogna ringraziare solo i clienti, non certo le industrie.

Tenete sempre di fronte agli occhi la retta via e sostenete con il vostro amore per il bene questa direzione. Non perdetevi e non fatevi sviare su una strada di fanatismo, altrimenti non sarete migliori di coloro che promettono di renderci immortali. Vivete al meglio la vostra vita, senza voler essere immortali a tutti i costi. Non funzionerebbe in ogni caso, per fortuna.

> *L'uomo non ha ancora iniziato*
> *a capire la natura,*
> *né ad accogliere con gratitudine*
> *tutti i suoi doni.*
> *Cosa dire se no*
> *dell'ingegneria genetica*
> *e dell'energia atomica?*
> *Chi le appoggia è come colui*
> *che cade dal trentesimo piano*
> *e a metà caduta dice:*
> *«Beh, finora è andato tutto*
> *bene...»*

INGEMMARE VEDI: <u>INNESTARE</u>

INNAFFIARE LE PIANTE

Oggigiorno molti giardini e campi vengono innaffiati regolarmente senza badare alle condizioni della natura e al momento giusto. Questo fa marcire le piante e le rende inerti, le radici crescono poco e non in profondità, il concime viene spazzato via e la qualità del raccolto è senza vita. Le piante sono quindi molto più esposte a malattie e parassiti.

Provate a fare attenzione a come la natura faccia crescere tutto in modo bello e lussureggiante quando non interviene la mano dell'uomo e quando viene innaffiata con poche gocce di pioggia; le radici profonde e la rugiada della notte forniscono il nutrimento necessario e intere settimane di siccità vengono superate senza problemi. E tutto questo splendore a pochi metri da un giardino innaffiato artificialmente, le cui deboli piante sono costantemente esposte agli attacchi di parassiti e insetti, a meno che il proprietario non decida di avvelenare persone, uccelli, insetti e falda acquifera con i pesticidi per salvare le sue preziose «piccoline».

Ecco allora il nostro consiglio, seguito ormai da molti lettori.

Le regole per innaffiare le piante da giardino

Il momento migliore:	innaffiare per la prima volta solo dopo aver trapiantato, piantato o seminato, per due o tre giorni.
Si può fare:	nei giorni d'acqua (cancro, scorpione e pesci) dopo una lunga siccità.
Da evitare:	innaffiare sempre arbitrariamente.
Il momento peggiore:	sempre in gemelli, bilancia e acquario.

Consigli particolari: è più che sufficiente innaffiare bene ciò che si è seminato o piantato all'inizio (fate attenzione al momento giusto; vedi anche <u>Seminare e piantare</u>). Se dovesse subentrare un periodo di siccità, si può innaffiare anche un paio di giorni di più, ma dopo basta. Alle nostre latitudini quest'operazione sarebbe solo dannosa, e in più si sprecherebbero molti milioni di litri d'acqua (vedi anche <u>Sorgenti e pozzi</u>).

Con la naturale alternanza di pioggia e siccità la terra e le piante si risvegliano: il verde si distende e si allunga, comincia a respirare. Le piante sanno che ogni goccia è importante e si prendono il necessario dal cielo e dalla rugiada della notte. L'energia interna di queste piante è diversa, e così i loro frutti. L'orto della famiglia dell'autrice, per esempio, si trova a cento metri da casa: a nessuno verrebbe in mente di andare fin là solo per innaffiare.

Comunque sarebbe un errore smettere subito di innaffiare fidandosi della natura e del nostro consiglio. Il terreno infatti si deve riabituare lentamente alle cose naturali, come un muscolo che dopo una lunga inattività è diventato fiacco: è prima necessario un po' di training, poi i muscoli si indolenziranno per lo sforzo e alla fine arriverà la forza, esattamente in quest'ordine.

Le piante da appartamento e da balcone invece devono essere innaffiate, ma non così spesso come sovente si crede.

Le regole per innaffiare le piante da appartamento e da balcone

Il momento migliore:	nei giorni d'acqua di cancro, scorpione e pesci.
Da evitare:	in gemelli, bilancia e acquario.

Se aspetterete il momento giusto, e se anche la prima volta farete attenzione alla luna, la ricompensa saranno piante forti, sane e belle.

Se sceglierete il momento sbagliato: le piante innaffiate nei giorni dei fiori (gemelli, bilancia e acquario) sono spesso soggette a parassiti, soprattutto pidocchi.

Consigli particolari: esporre piante da appartamento alla pioggia può essere controproducente, perché le foglie spesso non sopportano l'umidità diretta. La cosa migliore sarebbe innaffiarle con acqua piovana senza calcare o con acqua vecchia.

Può darsi che questo consiglio vi sorprenda e che lo troviate addirittura un po' crudele, poiché i giorni delle foglie capitano solo a intervalli di sei-otto giorni. Ma anche quando siamo via per due settimane non è necessario far venire qualcuno a innaffiare le piante. Se le abbiamo innaffiate abbondantemente per l'ultima volta in un giorno delle foglie, eventualmente anche in modo che resti un po' d'acqua nel sottovaso, tutte le piante possono sopravvivere.

Cercate di abituare le vostre piante lentamente al nuovo ritmo. Fanno eccezione alcune piante esotiche da appartamento che necessitano di molta acqua e alcune da giardino che vanno innaffiate più spesso, come le piante in vaso alle quali manca il contatto con l'energia della terra. Ma perfino i nostri pomodori negli ultimi dieci anni non hanno visto una goccia che non fosse di pioggia, e ogni volta la raccolta dura cinque mesi.

INNESTARE

L'innesto di alberi da frutta è una delle operazioni più difficili nel campo del giardinaggio. Consiste nell'unire un ramoscello che porti fiori o frutti a una pianta base più forte e ha di solito lo scopo di ottenere una crescita sana e vigorosa unita a una maggiore resistenza. Di solito solo i giardinieri esperti hanno il coraggio di compiere questo delicato lavoro. Se però si fa attenzione al momento giusto questo può senz'altro riuscire.

Le regole per innestare

Il momento migliore:	poco prima del plenilunio, quando la luna è in ariete, leone o sagittario (non si verifica molto spesso).
Si può fare:	con la luna crescente in ariete, leone e sagittario.
Da evitare:	con la luna calante.
Il momento peggiore:	con la luna calante in cancro, scorpione o pesci.

Se aspetterete il momento giusto: la marza si lega senza problemi alla base e cresce vigorosa.

Se sceglierete il momento sbagliato: può darsi che la marza venga respinta e che le superfici tagliate secchino troppo in fretta impedendo il congiungimento delle linfe vitali.

Consigli particolari: cercate di fare quest'operazione vicino al plenilunio. Quanti giorni prima del plenilunio lo farete, tanti anni ci metterà la pianta a dare frutti. Tagliate le marze possibilmente prima del 21 gennaio e sempre con la luna crescente!

> *Per le ore oscure ti auguro*
> *di avere le qualità del girasole,*
> *che volge il viso alla luce*
> *e l'ombra si lascia alle spalle.*

INTERVENTI CHIRURGICI VEDI ANCHE: APPARATO DIGERENTE, BACINO, COSCE, CUORE, GAMBE, GINOCCHIA, GOLA E COLLO, ORGANI GENITALI, PARTI DEL CORPO, PIEDI, SPALLE E BRACCIA, TESTA, TORACE.

(a ognuna di queste voci troverete le regole per gli interventi nella zona corrispondente)

A questo punto vorremmo spendere qualche parola sul tema luna e interventi chirurgici, che valgono per tutti i tipi di operazioni. Il famoso medico greco Ippocrate (ca. 460-370 a.C.) fu forse il primo a trattare questo argomento anche per iscritto: «Non toccare col ferro quella parte del corpo governata dal segno zodiacale attraversato in quel momento dalla luna». Volle così esprimere inequivocabilmente che un medico non dovrebbe eseguire interventi chirurgici in quelle zone del corpo corrispondenti al segno zodiacale di quel momento. Un esempio: niente operazioni al cuore nei giorni del leone, niente operazioni alle articolazioni dell'anca nei giorni della bilancia, niente operazioni alle articolazioni del ginocchio in capricorno e così via (vedi anche la tabella 3 a pag. 307).

Solo apparentemente gli interventi chirurgici costituiscono un'eccezione alla regola che dice: «Tutto ciò che si fa per il benessere di quelle zone corporee e di quegli organi retti da segni zodiacali attraversati in quel momento dalla luna è doppiamente utile». Le operazioni infatti alla lunga giovano al benessere dell'organo o della parte interessata, ma al momento dell'intervento e subito dopo risultano molto gravose.

Per quel che riguarda le fasi della luna, quasi tutti i chirurghi hanno fatto esperienze simili nel corso della loro attività: complicazioni e infezioni postoperatorie sono molto più frequenti con la luna crescente, e di solito le fasi di cura e guarigione durano più a lungo. Intorno al plenilunio è più facile che si verifichino emorragie forti e difficili da fermare. Con la luna crescente anche la cicatrizzazione presenta qualche problema, e il rischio di cicatrici brutte e permanenti è molto più alto. Questa informazione è interessante soprattutto per la chirurgia estetica (vedi anche Plastica facciale).

La regola più importante è e rimane, se possibile, quella di eseguire gli interventi chirurgici con la luna calante, malgrado ciò mal si adatti alle scadenze accuratamente pianificate degli ospedali. In ogni caso voi ora lo sapete, e potete decidere cosa farne. La norma igienica che vuole che un ostetrico debba lavarsi le mani prima di svolgere il suo compito ha impiegato decenni per imporsi nella pratica.

Per chiarire le regole che è bene osservare per gli interventi chirurgici nelle diverse parti del corpo bisogna dire che il passaggio da un segno zodiacale all'altro avviene dolcemente, e il cambio di influsso non avviene in un sol colpo. Se per esempio nel calendario sono segnati due giorni dei pesci, nel primo vi sarà ancora qualche residuo dell'acquario per quanto riguarda la qualità della giornata, mentre la sera del secondo giorno si può già annunciare l'ariete, con la sua influenza sulla zona del capo. Se secondo il calendario l'influsso dei pesci dura tre giorni, allora il primo, fino circa a mezzogiorno, sarà ancora fortemente caratterizzato dall'energia dell'acquario, mentre nel terzo comincerà ad agire l'impulso dell'ariete. È per questo motivo che abbiamo sempre detto che potendo fissare voi la data di un'operazione occorre evitare anche il segno vicino a quello che regge la parte del corpo in questione.

Anche se è la prima volta che sentite parlare di queste semplici leggi della natura non dovete prenderle in maniera acritica. D'ora in poi fate attenzione e seguite sui giornali quando una grande personalità o meglio ancora uno sportivo subisce un incidente o una grave operazione. Fate attenzione alla posizione della luna, se è calante o crescente in quel momento, e osservate come si sviluppa la convalescenza. In questo modo sarà l'esperienza a farvi maturare la fiducia nell'antica saggezza dei nostri antenati. Ecco due esempi: lo spettacolare incidente d'auto occorso al tennista Thomas Muster e la sua rapida guarigione si sono verificati con la luna calante poco prima del novilunio, mentre l'incidente di polo del principe Carlo con la luna crescente e così quasi tutti gli interventi che seguirono. Come vi sembra che stiano oggi?

È probabile che vi stiate ponendo la domanda: «Come reagirà il mio medico alla richiesta di fissare o cambiare la data dell'intervento secondo le fasi della luna?». O più in generale: «Sarà in grado di comprendere certe cose?».

Da quando è apparso il nostro libro *Servirsi della luna* molte cose sono cambiate, e anche il numero dei medici aperti alla comprensione dei ritmi della natura e della luna in particolare è aumentato. Molti di loro hanno potuto sperimentare quanto sia utile ispirarsi a questi principi proprio nel caso di quadri clinici cronici, e da allora sono molto disponibili. Essi non sono più sorpresi quando li pregate di farvi un'analisi del sangue in una certa data o di spostare un appuntamento, ma purtroppo sono ancora una minoranza.

Che fare dunque se voi, sulla base della vostra esperienza, avete sempre più fiducia in questo tipo di cose, mentre il vostro medico vorrebbe eseguire un intervento o altri tipi di terapia in un momento sfavorevole?

Quando realizzate che il vostro medico non comprende i motivi profondi del vostro desiderio di spostare per esempio un intervento, quando non spiega in termini a voi comprensibili la diagnosi, le sue intenzioni e i metodi terapeutici, allora fareste meglio a cambiare medico e a cercarne uno che sia amico dell'uomo!

Non dovete scusarvi né giustificarvi: non avete nessun obbligo in proposito. Il vostro medico avrà bisogno di altro tempo per aprirsi all'evidenza. Ricordatevi sempre che un medico può solo aiutare ad aiutarvi da soli, non è un dio. Di sicuro riuscire a integrare la consapevolezza dei ritmi della natura e della luna con le moderne attività mediche non è cosa che si realizzi dall'oggi al domani. Tuttavia, avete da subito la possibilità di non soffrire per l'incomprensione di altre persone o per «obblighi reali», da malati come in altre fasi della vita.

Comunque, coraggio: oggi molti medici e dentisti collaborano con noi, e vi sono interi ospedali che chiedono la nostra consulenza. Perfino negli Stati Uniti, dove vigono rigide leggi in materia di responsabilità civile e dove molti medici vengono spesso condannati per i loro errori, questi ultimi evitano di operare nei giorni immediatamente precedenti il plenilunio. Noi stessi sappiamo che molti esperti di medicina oggi stanno riscoprendo il vero significato del verbo «curare». Hanno imparato che la natura non deve essere perfezionata con macchinari, sostanze chimiche e ingegneria genetica: essa è già perfetta, e anche noi lo capiremmo se solo accettassimo i suoi doni. Una parte della medicina tradizionale deve però fare ancora parecchia strada prima che gli studenti nelle università tornino a studiare quello che un bambino sente intuitivamente.

Quando inizierete a conoscere personalmente il vostro corpo e il vostro mondo interiore, i vostri personalissimi ritmi e necessità, le vostre debolezze e la vostra bellezza, quando comincerete ad accettarvi come siete – dalla testa ai piedi – e vi amerete, allora non avrete più problemi a trovare un buon medico che sia amico dell'uomo. E alla fine solo questo conta! Per voi è ininfluente che la medicina odierna sia molto spesso lontana dalla natura e dalla vita: guardare alla medicina tradizionale è diventata una moda, ma non vi serve in quanto persone, anche se ha portato molte cose buone.

Conta solo l'attenzione che saprete prestare al vostro corpo e ai pensieri che lo influenzano, nel bene e nel male. Allora non avrete problemi a trovare buoni medici e terapeuti: ce ne sono dappertutto.

Ancora una parola riguardo alle operazioni urgenti: è ovvio che non potete stabilire voi la data di un intervento in seguito a un incidente o a condizioni gravi. Quando un intestino cieco minaccia di perforarsi, lo stato della luna in quel momento non importa a nessuno, ed è giusto che sia così.

Ma molte cose nella vita dell'uomo soggiacciono per fortuna alla sua libera scelta, molto più di quanto per paura crediamo; molte cose sono poi determinate dal fato, ci costringono a fare da spettatori, ci sfuggono di mano. Ma sono comunque meno di quanto temiamo, perché ci manca la fiducia e soprattutto la comprensione del vero significato di molte connessioni tra cielo e terra.

Se il vostro medico vi consiglia un intervento urgente, statelo a sentire senza guardare il calendario (nel caso di un incidente non ne avreste neppure il tempo). Cercate di avere fiducia, lasciatevi andare alla situazione e alla saggezza di quella forza che vi invia questa situazione come una chance per imparare a risvegliarvi. E se poi prima o dopo constaterete che dal punto di vista della luna la cosa è avvenuta in un momento sbagliato, non abbiate paura. Inspirate profondamente e dite a voi stessi: «Luna o non luna, io ho fiducia nelle mie capacità di autoguarigione, ho fiducia in coloro che mi aiutano e in quel che mi invia il destino, e prima o poi scoprirò il senso di tutto ciò». Allora avrete ottenuto più di altri che si sono fatti operare al momento giusto nell'illusione che non potesse «succedere nulla». Nella vita non vi sono garanzie, con un'eccezione: di sicuro noi tutti riceviamo le lezioni che ci servono. Se non oggi, domani.

> «Proprio il tempo che hai perso per la
> tua rosa la rende così importante.»
> «Proprio il tempo che ho perso per la
> mia rosa...» ripeté il piccolo principe per
> non dimenticarsi queste parole.

*« Gli uomini hanno dimenticato questa
verità », disse la volpe. « Ma tu non devi
farlo. Per tutta la vita avrai la responsabilità
di coloro che ti sono cari. Tu hai la
responsabilità della tua rosa... »*

(Antoine de Saint-Exupery, Il piccolo principe)

INTONACARE E RISTRUTTURARE EDIFICI

Si tratta di due attività che richiedono l'intervento di molte persone: c'è incredibilmente tanto da fare, soprattutto nel campo della conservazione di edifici protetti. Proprio nel caso di antichi castelli, chiese e cappelle si potrebbero risparmiare cifre enormi se al momento di fare la ristrutturazione si desse un'occhiata alla luna. Noi conosciamo qualche impiegato che nel suo piccolo ha il coraggio di farlo – per i lavori in giardino, ma anche per piccole ristrutturazioni – ma in genere è sempre svantaggioso se è lo Stato ad averne la responsabilità. Sarebbe compito suo invece spingere le imprese a rispettare le regole del « momento giusto ».

Anche negli edifici moderni comunque capita spesso di vedere crepe nell'intonaco, e a volte già dopo breve tempo ne cadono addirittura dei pezzi. Il motivo viene di solito cercato nella qualità dei materiali edili utilizzati, nelle condizioni atmosferiche o nelle forti oscillazioni di temperatura e di umidità dell'aria. Il vero motivo, cioè che il lavoro è stato eseguito al momento sbagliato, resta ignoto. Ecco come potete evitare queste scomode conseguenze.

Le regole per intonacare e ristrutturare edifici

Il momento migliore:	con la luna calante in capricorno.
Si può fare:	con la luna calante ma non in cancro, scorpione e pesci.
Da evitare:	con la luna crescente in genere, ma anche con quella calante in cancro e nel plenilunio.
Il momento peggiore:	con la luna crescente in cancro e leone e soprattutto con la luna piena in cancro e leone.

Se aspetterete il momento giusto: l'intonaco resta fisso e dura a lungo. Il lavoro di ristrutturazione è più duraturo. Le ombreggiature tra vecchio e nuovo intonaco sono molto più belle. Potete ricorrere anche a soluzioni di tipo biologico.

Se sceglierete il momento sbagliato: l'intonaco può formare delle fessure e staccarsi di nuovo dopo poco tempo. In cancro aderisce male e il muro diventa umido. Il leone è poco indicato perché fa seccare tutto troppo velocemente: in questo modo l'intonaco non aderisce bene al supporto e in seguito si sgretola di nuovo.

Consigli particolari: quando pitturerete l'intonaco cercate di farlo con la luna calante in un segno d'aria o di fuoco. Le cantine umide vanno dipinte con la luna calante in leone.

INTUITO

I nostri libri e le conferenze che teniamo in giro per il mondo non hanno solo lo scopo di riavvicinare gli uomini ai ritmi naturali e della luna in particolare, ma anche quello di rendere viva questa saggezza e riportarla a essere parte integrante della nostra vita, come è stato per millenni. Senza di essa non avremmo futuro.

A che servirebbe scrivere semplicemente le regole di questa saggezza senza aiutare il lettore a farla sua completamente? I ritmi lunari sono incredibilmente semplici e non hanno bisogno di calcoli complicati, di astrologia o misteri di sorta. Milioni di lettori l'hanno provato. Per farlo anche voi avete bisogno solo di un piccolo foglio con il calendario lunare, di qualche informazione e di un po' di coraggio.

E alla fine si tratta proprio di questo: fidatevi delle vostre intuizioni! A questo punto vorremmo spendere due parole su questo senso infallibile.

Risvegliare il coraggio e il desiderio dentro di sé, fidarsi del proprio personalissimo intuito, vivere seguendo i propri sentimenti: questa è anche la nostra intenzione, ed è il dovere di ogni essere umano.

Nel linguaggio di tutti i giorni usiamo le espressioni più diverse per definire l'intuito: voce interiore, intuizione, cuore, percezione, sentimento, presentimento, coscienza, angelo custode, istinto, fiuto o spesso anche sesto senso. La capacità di percezione, che si serve di questa voce interiore, sa esattamente cosa in ogni momento è necessario al vostro sviluppo interiore ed esteriore, e conosce le vere cause dei problemi e delle malattie. La voce ci dice cosa dobbiamo fare per guarire, sia che ci facciamo aiutare da una persona amica dell'uomo sia che lo facciamo da soli. Ci dice quando dobbiamo remare contro corrente o lasciarci andare, cosa ci aiuta e cosa ci danneggia, spesso in contrasto con i nostri pensieri, le nostre paure e speranze. Quando eravamo bambini era il nostro amico del cuore e angelo custode, e solo raramente, in questa breve fase della nostra vita, ci ha lasciato nei guai. Allora non avevamo problemi a riconoscere che « il re è nudo ».

A poco a poco ci siamo fatti distogliere da tutto questo, o forse del tutto inconsciamente abbiamo deciso di ignorare questa vocina. Perché abbiamo permesso che diventasse così tenue?

Perché è indipendente. Perché dice la verità senza pensare al rango, al nome o alle conseguenze che questa verità comporta; perché non è influenzabile né manipolabile. Non pensa in negativo né in positivo, ma ci pone davanti uno specchio lucido che non inganna: vede le cose come sono.

Se i nostri organi di senso falliscono, la voce mostra loro la strada giusta. È lei che ha spinto qualcuno a indagare sui danni che l'amianto produce sulla nostra salute, o a gettarsi nell'acqua senza esitare un attimo per salvare un bambino che sta annegando, nonostante la paura e tutte le riflessioni che si possono fare.

Quale politica, quale economia o azienda potrebbe oggi resistere nella luce, nell'energia terapeutica della voce della verità? Ci siamo così abituati a scambiare le nostre opinioni con il sapere e a vivere nella menzogna, con le giravolte del nostro intelletto e l'incessante lavorio del pensiero che affossa la verità tanto da rendere inudibile la vocina che è in noi. Ci siamo abituati ad assordare il nostro spirito con tutti i mezzi possibili: televisione, giornali, lo stile dei nostri telegiornali e così via.

Ma mentre tentiamo con grande sforzo di trasformare la verità nel suo contrario, non vediamo che il nostro corpo si erode e si consuma: e questo è il miglior terreno di coltura per la malattia.

Così perdiamo sempre più la fiducia in questa voce e ci lasciamo sempre più spesso influenzare da altre voci estranee, dalla nostra stessa nenia lamentosa o dal parere di «esperti»: questo ci spinge fuori dalla luce, nell'ombra della vita.

Noi vorremmo aiutarvi a rallentare, a diventare più lenti e silenziosi, sostando nel silenzio per risentire questa voce e ascoltare la sua saggezza. Potreste aver bisogno di aiuto, perché essa è diversa da tutti gli altri nostri moti interiori: non è un sentimento nel senso di emozione, sentimentalismo o impulso, né un pensiero nel senso di calcolo, pianificazione o speranza. Chi la conosce sa che a volte va e viene, come un fulmine, come un breve accordo musicale in lontananza o una forte corrente elettrica. Allora ci guida come una torcia nella nera notte, e le sue batterie non si scaricano mai. L'istinto non si può imparare come si fa con un mestiere: a volte è necessario provare a lungo, sbagliando molte strade prima di distinguere la voce interiore dai castelli in aria, dai desideri e dagli autoinganni.

Ma una cosa vorremmo darvi per certa: se siete convinti di non possedere questo intuito infallibile, è solo perché vi manca il coraggio di assecondarlo e di dargli fiducia. È solo una questione di coraggio, e di amore per se stessi. La via per questo coraggio passa per la presa di responsabilità nei confronti della vostra vita, per ogni singolo passo, ogni pensiero, parola, azione oggi e in futuro. Riconoscete che nessuno è colpevole di quel che fate o non fate, e i risultati non mancheranno. La quiete dopo la tempesta nel vostro cuore acuirà la vostra capacità di ascoltare la voce del cuore.

Non dimenticatelo mai: sono in gioco il vostro corpo, la vostra anima e la vostra vita: nessuno deve e può viverla per voi. Dovete vivere secondo quel che sentite dentro e quel che vedete, anche se nessuno al mondo dovesse condividerlo!

Ubbidire a questa voce può cambiare la vita da cima a fondo: si apre la porta a una libertà che oggi troviamo solo raramente e di cui abbiamo paura: la vera libertà, che non ha nulla a che fare con la libertà di scelta ma anzi dona di essere liberi dalla scelta. Siamo allora così sicuri e veloci nel decidere, che non abbiamo più scelta, poiché di momento in momento la cosa giusta da fare diventa più visibile. Le decisioni che si prendono si fondano quindi su un terreno così solido che non vi è una singola alternativa. Persone del genere sono libere anche sulla sedia a rotelle o dietro le sbarre di una prigione, e sono loro che aiuteranno altri uomini a padroneggiare tutte le sfide che il futuro porta con sé.

In questo vorremmo aiutarvi, a sviluppare il coraggio di seguire il vostro istinto.

> *Chi semina pensiero oggi*
> *raccoglierà fatti domani,*
> *dopodomani l'abitudine,*
> *poi il carattere e infine*
> *il suo destino.*
> *Per questo bisogna pensare*
> *cosa seminiamo oggi, e sapere*
> *che abbiamo il futuro nelle nostre*
> *mani: oggi!*
>
> (Gottfried Keller)

LANA – LAVORAZIONE

Sul tema della lavorazione naturale della lana ci sono state rivolte alcune domande. In effetti anche in questo campo sarebbe molto utile fare attenzione alle regole del « momento giusto »: le cosiddette allergie da lana non esistono, poiché noi non siamo allergici alla lana in sé, ma ai molti additivi con cui finisce sul mercato.

Le regole per la lavorazione della lana

- Il lavaggio dovrebbe avvenire solo con la luna calante, senza detersivi chimici!
- Le pecore andrebbero tosate prima del plenilunio; meglio se nella settimana prima del plenilunio, ma l'ideale sarebbe un giorno prima. Non un minuto *dopo* però!
- Il procedimento con cui la lana, dopo essere stata lavata e raggrumata, viene preparata per essere filata, è più efficace se svolto con la luna crescente.
- La lana può essere filata con la luna sia calante che crescente. L'attorcigliatura dei singoli fili è più duratura con la luna calante. Nei giorni d'acqua di cancro, scorpione e pesci sarebbe meglio non filare, perché la lana potrebbe inumidirsi.

LATTE – LAVORAZIONE

Molti lettori ci hanno chiesto se anche nella lavorazione del latte vi siano regole particolari dettate dalla luna. Ecco allora alcuni semplici collegamenti per spiegarvi come mai una cosa funziona e un'altra no.

Le regole per la lavorazione del latte

Il momento migliore:	in gemelli, bilancia e acquario.
Si può fare:	in ariete, leone e sagittario.
Periodo neutro:	in toro e capricorno.
Da evitare:	in cancro, scorpione e pesci.

Se aspetterete il momento giusto: nei giorni d'acqua si può mescolare per ore... ma il burro non viene!

Consigli particolari: le fasi lunari giocano un ruolo anche nella produzione del formaggio, ma questo dipende dal tipo di formaggio. Se deve stagionare lentamente è meglio la luna calante, nel caso di una stagionatura rapida è più indicata quella crescente. In generale bisognerebbe evitare di fare il formaggio in vergine, meglio aspettare i giorni dei frutti (ariete, leone e sagittario).

LAVAGGIO A SECCO

I capi preziosi e delicati – pellicce di agnello, pelle, piume, seta etc. – andrebbero lavati a secco solo con la *luna calante*.

I tessuti non saranno danneggiati, i vestiti resteranno resistenti e i colori non sbiadiranno.

Se possibile è meglio rinunciare al lavaggio a secco in capricorno, che causerebbe le temute macchie lucide sui capi.

LEGNO – COSTRUIRE FINESTRE, PORTE E VERANDE

Se volete costruire, ristrutturare e fare lavori artigianali a misura d'uomo non dovete dimenticare di prendervi cura del frutto della vostra fatica, sia questo un mobile, un'orditura o un piccolo padiglione da giardino: non per un pesante senso del dovere, ma per amore delle cose della natura che vi circondano e che sono lì per voi. Una mano lava l'altra, una mano cura e protegge l'altra. Siete voi che potete scegliere di che cosa circondarvi; anche come affittuari potete scegliere con quali prodotti pitturare, velare e fare bricolage.

Serramenti per finestre, porte e giardini d'inverno fatti con legno tagliato seguendo le fasi della luna, lavorato al momento giusto, velato con la luna calante a colori naturali, invetriato e montato al momento giusto procurano una gioia infinita e allo stesso tempo sono parti della casa che vivono e respirano.

Qui potete vedere come la luna vi sia di aiuto per costruire finestre, giardini d'inverno e porte senza alcuna sostanza tossica.

Le regole per costruire porte, finestre e giardini d'inverno in legno

Il momento migliore:	con la luna calante in capricorno.
Si può fare:	con la luna calante, eccetto nei giorni del leone, del sagittario e del cancro.
Da evitare:	in genere con la luna crescente, ma anche con quella calante in leone, sagittario e cancro.
Il momento peggiore:	con la luna crescente in leone, sagittario e cancro e con la luna piena.

Se aspetterete il momento giusto: il legno resta «tranquillo», non si deforma. Anche i serramenti delle finestre e le porte sono tranquilli e chiudono bene. Non si forma umidità nelle incassature delle finestre, che potrebbe far marcire e sfaldare il colore. Tutto si asciuga in fretta anche dopo un acquazzone.

Se sceglierete il momento sbagliato: le finestre si deformano più facilmente, l'umidità resta nel legno che può marcire. Col tempo porte e finestre chiudono meno bene.

Consigli particolari: è meglio far riparare le chiusure del telaio delle finestre solo con la luna calante, perché altrimenti col tempo potrebbero cadere. Se possibile lavorate non con lo stucco per legno ma con cavicchi. Quando pulite a fondo le finestre, fatelo sempre da ambo i lati e con la luna calante: vedrete per esempio che un giardino d'inverno vi darà molta più gioia, perché le sue superfici vetrate andranno pulite molto più raramente. Questo smonta contemporaneamente un argomento a sfavore dei giardini d'inverno.

LEGNO DESTRORSO E SINISTRORSO

Gli alberi possono crescere in direzione retta, verso destra o verso sinistra (ciò si può vedere dalla superficie della corteccia). La differenza è facile da scoprire: un albero che tende verso destra si muove a spirale verso l'alto come un cavatappi. Anche questo senso di rotazione va tenuto presente a seconda dell'utilizzo del legno. I falegnami vi fanno molta attenzione, tra l'altro perché il legno che tende a sinistra una volta abbattuto si incurva più di quello tendente a destra o che cresce in linea retta.

(IL) LEGNO E I SUOI UTILIZZI

Da nessuna parte si trova qualcosa di scritto sul migliore utilizzo dei vari tipi di legno. L'indifferenza riguardo a questo tema a volte è così grande che chi compra un letto di legno massiccio spesso non chiede neppure quale tipo di legno sia stato utilizzato, per non parlare di come sia stata trattata la sua superficie e come sia stata fatta la colla. La cosa fondamentale è che sia bello!

Non c'è da meravigliarsi: queste risposte oggigiorno non fanno più parte degli insegnamenti impartiti ai falegnami, che devono procurarsi le conoscenze necessarie con la propria esperienza personale. Infatti non è assolutamente indifferente quale legno venga usato per quale scopo: quello di abete per esempio è inadatto per i letti perché non riscalda bene chi vi riposa; alcuni hanno addirittura freddo, anche se le coperte sono adeguate alla temperatura della stanza. Quest'informazione sembra essere andata ormai perduta, visto che vi sono in giro molti letti di abete. Abbiamo quindi pensato che questa piccola raccolta di consigli fosse necessaria, come stimolo e non certo come materiale per specialisti.

Chi possiede un riscaldamento a pannelli sotto un parquet cammina di sicuro su del legno duro, di cui sono fatti quasi tutti gli alberi con rami delle nostre latitudini: faggi, querce, aceri, frassini etc. Naturalmente anche fra queste piante vi sono diversi gradi di durezza: sulla quercia, dura come pietra, troverete più raramente impronte di tacchi a spillo che non su un pavimento di frassino, mentre il legno di ontano è più morbido del legno dolce di certe conifere.

Il riscaldamento a pannelli ha quindi bisogno di un parquet di legno duro (sempre che si opti per il legno), perché quello dolce contiene molta più aria ed è più termoisolante. Di legno dolce è fatta la maggior parte delle conifere alle nostre latitudini: abeti rossi, abeti, cembri, larici, pini etc. La differenza tra legno duro e legno dolce si può avvertire in maniera più evidente facendo una prova con le unghie: quello che si può scalfire con le unghie è legno dolce (evitate però di farlo sui mobili di casa!).

Abete rosso

Il legno di abete rosso è adatto come legname da costruzione di parti del sottotetto non esposte direttamente alle intemperie: orditure, casseforme, rivestimenti. Benché si presti molto bene anche per i mobili, è un legno dolce. I mobili di abete rosso non sono resistenti alle scalfitture e ai colpi, e se vi sono dei bambini in casa occorre fare molta attenzione (cosa che diventa subito faticosa). Questo legno è adatto anche per parquet, purché non sia proprio quello del corridoio o della stanza dei bambini (controindicato per il riscaldamento a pannelli!). Si può usare come legna da ardere, ma rende meno di quella delle latifoglie.

Abete

È adatto a tutti gli utilizzi dell'abete rosso, ma è molto più resistente all'acqua ed è quindi indicato per questo tipo di costruzioni (fontane, piloni per ponti, paletti per gli attracchi). L'abete ha un odore diverso da quello rosso, un po' più acre. È ideale come legno per le saune, poiché non vi sono resti di resina. Se si utilizza questo tipo di legno per le costruzioni acquatiche bisognerebbe tagliarlo nel segno dei pesci e inserire il tronco il più in fretta possibile. Non è un legno particolarmente indicato per letti a causa delle sue emanazioni fredde.

Larice

È il legno ideale per un utilizzo esterno: serramenti per finestre, terrazze di legno, balconi, recinti, aree giochi, parti di ponti, scale. È indicato anche come legno per pavimenti in interni, perché più duro e resistente di quello di abete rosso. Le scandole dovrebbero sempre essere di legno di larice.

Questo legno è molto resistente al clima e non marcisce, anche senza usare alcuna vernice protettiva o impregnante. Se non viene trattato diventa di un bel grigio argento, che migliora con il tempo. Se scegliete il larice per terrazze o balconi fate molta attenzione che non vi siano schegge: nessuna è dolorosa come quelle di larice!

Cembro

Il legno di cembro è molto prezioso, e viene usato soprattutto nella costruzione di mobili. È un legno per la vita, il materiale ideale per le credenze in cui conservare alimenti: gli oli essenziali che contiene terranno lontani i parassiti per tutta la vita. È meraviglioso per scodelle e ciotole di ogni tipo, che hanno un buon odore anche dopo decenni. Stanze costruite in legno di cembro si trovavano un tempo in tutte le locande di campagna, senza la fastidiosa laccatura in uso oggi! Se non viene trattato, il legno di cembro ha l'effetto di allontanare il fumo e un odore accogliente.

Pino

Si presta a essere ben utilizzato negli interni, come legname da costruzione fino ai mobili. Pini e cembri tagliati al momento sbagliato tendono a infestarsi con un fungo celeste, quindi in questo caso come per gli altri tipi di legno è importante che venga raccolto in armonia con i ritmi della luna. In questo modo il legno non assumerà una colorazione bluastra (vedi pag. 160 e sgg.).

Quercia

È il legno più duraturo, semplicemente indistruttibile. È ideale per scale, pavimenti, traversine, botti per vino e cognac e mobili.

Da usare per il pavimento di casa perché conferisce una particolare energia a chi ci vive.

Faggio
Ha la fama di essere il legno più «inquieto», ma raccogliendolo e lavorandolo secondo i ritmi della luna si può tranquillamente ovviare a questa caratteristica. È duro come la quercia ma non resiste alle intemperie e all'umidità. È adatto per mobili e pavimenti in interni. È il legno migliore da bruciare per avere grande calore e lunga durata.

Frassino
È ottimo come legno per pavimenti. Mentre il faggio è duro e rigido, il frassino è duro e resistente. Nella costruzione di attrezzi sportivi, utensili, manici di scopa, quando sono necessarie resistenza ed elasticità, il frassino è la scelta migliore. È adatto anche per mobili ed eventualmente anche per porte da interni. A volte si trovano porte di casa in frassino bianco: un bel colpo d'occhio.

Ontano
In passato questo legno molto morbido aveva fama di essere adatto quasi solo come materia prima per prodotti da tornio, e insieme a quello di salice anche per tavoli da osteria per il suo prezzo a buon mercato. È più morbido del legno di pino, si avvicina al pioppo e al cembro. Negli ultimi anni è tornato di moda e oggi è comunque sparito dal mercato interno: va quindi importato perlopiù dall'America. Poiché è sensibile al calore e soggetto a funghi, il legno importato (come quasi tutti quelli che provengono da paesi lontani) viene trattato con pesticidi: per favore, informatevi bene sulla sua provenienza. Nel caso non fosse importato non vi è motivo di non fidarsi.

Acero
È un legno molto bello e luminoso, a volte quasi bianco. È ben indicato per piatti da tavola, pavimenti o scale. Le cucine di legno di acero sono particolarmente luminose e allegre, e anche se i bambini dovessero picchiarvi dentro giocando non farebbero danni.

Tiglio
È un legno di latifoglia molto morbido, adatto per lavori di intaglio.

Alberi da frutto

Quelli del ciliegio, del melo e del pero sono tra i legni più amati. Gli altri, come per esempio i prugni, sono rari o poco adatti. Questo tipo di legni ha una venatura particolare, sono « inquieti » in maniera simpatica. Perlopiù hanno una colorazione rossastra molto calda. Si adattano a superfici particolari: facciate, banchi, piccoli oggetti raffinati.

E ora un consiglio spassionato: usate se possibile legno *locale*! I motivi più profondi di questa affermazione sono dettagliatamente spiegati nel nostro libro *Salute e benessere in armonia con i ritmi della luna,* dove si parla del significato e del valore benefico dei prodotti locali. Il legno locale possiede tutte le caratteristiche per trasformare la vostra casa in un forte campo energetico, mentre molti legni tropicali (soprattutto il mogano) hanno delle emanazioni che ci indeboliscono.

Cercate finché non troverete ditte di legname o segherie che sanno di cosa state parlando. Sono la maggioranza, anche se molti non vogliono ammetterlo subito. Forse cercheranno di ignorare i vostri desideri e di liquidarvi con la frase: « Dopo tutto il legno è solo legno ». Non accettate scuse o pretesti di sorta. L'importanza della riscoperta delle vecchie regole per la cura dei boschi e la raccolta del legno è eccezionale. Resistete, il cliente ha il potere: ha sempre ragione!

(IL) LEGNO E LE SUE REGOLE

Il legno raccolto e lavorato secondo le fasi della luna è un materiale da costruzione incredibilmente prezioso e duraturo, da impiegare per un'infinità di scopi: dalla costruzione di mobili a quella dei cavalcavia e delle piscine coperte.

Può darsi che apparteniate a quella categoria di persone che hanno potuto sperimentare di persona la resistenza del cemento armato, per esempio quando dopo alcuni decenni ponti di cemento dalle vostre parti sono divenuti pericolanti e hanno causato mesi di cantieri con code senza fine. Oppure quando montanti di legno incassati cominciano a trabballare: il legno è ancora intatto, mentre lo zoccolo di cemento è distrutto.

Chi avesse ancora dei dubbi dovrebbe visitare le numerose opere edilizie medioevali sparse per tutta la Germania, il cui legno privo di sostanze chimiche ha resistito fino a oggi. Quando viene lavorato e montato secondo i ritmi della luna, il legno è felice e resta «tranquillo» perché ha spazio. Negli interni, usare particolari sostanze proteggenti è perlopiù superfluo. Per quanto riguarda gli esterni è più che sufficiente ricoprirlo con oli, lacche e colori naturali ogni cinque anni. Se volete sapere come legno e luna interagiscono negli esterni, fate un giro per la valle di Breganza fino a Vorarlberg, in Austria, e parlate con chi ha costruito numerose case e interi capannoni industriali con legno non trattato e seguendo la luna: è uno spettacolo meraviglioso!

Da quando sono stati pubblicati i nostri libri il numero delle segherie, dei commercianti di legname e dei falegnami che lavorano con il legno tagliato al momento giusto si è moltiplicato. Ulteriori indagini scientifiche hanno poi confermato la validità di queste regole. Bisogna comunque lasciare al legno un anno di tempo per arrivare al giusto grado di asciugatura.

Un'informazione per gli ecologisti: per essere tagliato, lavorato e montato il legno abbisogna di meno energia degli altri materiali da costruzione. Ecco il rapporto in unità di energia: legname da costruzione 1, cemento 4, plastica 6, acciaio 24, alluminio 126. Detto altrimenti: per realizzare un montante di legno basta un ventiquattresimo dell'energia che serve per fabbricare un profilato in acciaio, a parità di portata e con una durata molto maggiore del legno se tagliato e lavorato secondo le fasi della luna. Come abbiamo detto, il favore che rendete all'ambiente scegliendo il legno e rinunciando all'acciaio, al cemento e all'alluminio è impagabile.

Qual è allora il momento giusto per la raccolta del legno?

L'inverno è quasi sempre la stagione migliore, in particolare il periodo che va dal 21 dicembre al 6 gennaio. Dopo questa data, durante la stagione invernale è meglio tagliare il legno solo con la luna calante.

In inverno gli umori delle piante sono scesi, e il legno dopo il taglio si incurva meno.
Da qui in avanti vi sono moltissime scadenze che influiscono

sulla qualità del legno, in parte collegate allo stato della luna e in parte no. Imparerete a conoscere alcuni ritmi particolari nelle pagine seguenti: sono scadenze completamente indipendenti dalle fasi lunari. Solo chi vi fa attenzione impara che sono utili.

Il regolamento proveniente dal Tirolo riprodotto qui di seguito dimostra chiaramente quanto bene i nostri antenati le conoscessero. Come abbiamo potuto provare, è di origine molto antica. La copia esistente è datata 1912, ma noi conosciamo testi assolutamente identici risalenti al XIV secolo. Tutte le regole contenute in questo antico documento sono valide ancora oggi.

SEGNI PER TAGLIARE IL LEGNO E DEBBIARE

Scritto da Ludwig Weinhold, (figlio) di Michael Ober, mastro carraio a St. Johann in Tirolo, copiato da Josef Schmutzer il 25 dicembre 1912

1. *I giorni per debbiare sono il 3 aprile, il 30 luglio e il giorno di Achazi (il 22 giugno, N.d.A.), meglio ancora se in luna calante o in uno dei giorni delle donne. Questi ultimi sono anche indicati per innaffiare le granaglie macinate grosse.*
2. *Per avere un legno che resti solido e non si ritiri sono indicati i primi otto giorni dopo il novilunio di dicembre, se cade in un segno dolce. Per tagliare un legno che non si deforma e legno che serve per costruire, legno di faggio etc. dev'esserci la luna nuova e lo scorpione.*
3. *Per avere un legno che non marcisce bisogna tagliarlo gli ultimi due giorni di marzo con la luna calante in pesci.*
4. *Per avere un legno che non brucia bisogna tagliarlo in un solo giorno, l'1 del mese di marzo, meglio se dopo il tramonto.*
5. *Per avere un legno che non si contrae bisogna tagliarlo il terzo giorno d'autunno. L'inizio dell'autunno è il 24 settembre, quando la luna ha tre giorni ed è un giorno delle donne che cade nel segno del cancro.*
6. *Per lavorare della legna da ardere in modo che ricresca bene è indicato il mese di ottobre, nel primo quarto della luna crescente.*
7. *Il legno da segare andrebbe tagliato con la luna crescente in pesci, in modo che non venga assalito dai parassiti.*

8. *Il legno per costruire ponti e archi va tagliato con la luna calante in pesci o cancro.*
9. *Per tagliare un legno che si ritiri è indicato il periodo dello scorpione e il mese di agosto. Se tagliato in toro, non appena la luna in agosto è calata di un giorno, resta forte e massiccio.*
10. *Per tagliare un legno che non si crepi o si apra è indicato il periodo precedente al novilunio di novembre.*
11. *Per avere un legno che non si rompa occorre tagliarlo il 24 giugno tra le 11 e le 12.*
12. *Il legno per attrezzi o mobili andrebbe tagliato il 26 febbraio con la luna calante, meglio se nel segno del cancro.*

Tutte queste regole sono provate e sperimentate.

Ecco ora la traduzione parziale delle regole che riguardano il vivere e costruire in modo sano, insieme ad altre istruzioni, ordinate per tipo di legno.

Legno duro, che non marcisce
Se tagliato negli ultimi due giorni di marzo con la luna calante in pesci il legno ottiene queste qualità. Comunque non succede tutti gli anni che il segno dei pesci cada con la luna calante.

Vi sono allora delle scadenze alternative: il primo dell'anno, il 7 gennaio, il 25 gennaio, dal 31 gennaio al 2 febbraio. Il legno tagliato in questi sei giorni non marcisce e non viene roso. Il legno tagliato il primo dell'anno e dal 31 gennaio al 2 febbraio diventa molto duro nel corso del tempo.

Legno che non si infiamma
Il legno tagliato il 1° marzo, soprattutto se dopo il tramonto, dopo la solita stagionatura è resistente al fuoco! Probabilmente nel corso del tempo si verifica una trasformazione delle resine in esso presenti. In un istituto di ricerca sugli incendi, questo legno ha ottenuto la categoria antincendio F 60 e può pertanto essere utilizzato senza essere trattato nella costruzione di interni!

Altri giorni sono il novilunio in bilancia (solo una o due volte l'anno; questo legno non si ritira e può anche essere lavorato verde, senza stagionatura), l'ultimo giorno prima del novilunio di dicembre e le ultime 48 ore prima del novilunio di marzo.

Legno che non si ritira
Questo tipo di legno è necessario in molti campi di applicazione. Lo si taglia al meglio il giorno di San Tommaso (21 dicembre), che è il migliore in assoluto per tagliare la legna. Altrettanto indicati per avere un legno che non perda consistenza sono le sere di febbraio in luna calante (dopo il tramonto), il 27 settembre, i tre giorni al mese che seguono il novilunio, i giorni delle festività di Maria (tra gli altri il 15 agosto e l'8 settembre) se cadono in cancro, oppure il novilunio nel segno della bilancia. Il legno tagliato in febbraio dopo il tramonto diventa duro come pietra.

Legno per costruire attrezzi e mobili
Si adatta bene a questo scopo il legno tagliato nei primi otto giorni dopo il novilunio di dicembre nei segni della bilancia, del leone o della vergine. Lo stesso vale per il novilunio in scorpione (perlopiù in novembre) e il 26 febbraio con la luna calante, soprattutto se contemporaneamente la luna si trova in cancro.

Il legno tagliato con la luna in scorpione deve comunque essere sempre scortecciato, altrimenti viene subito assalito dai bostrici. Chi invece fa attenzione al momento giusto per tagliare il legno (per esempio tra il 21 dicembre e il 6 gennaio) non deve scortecciarlo subito, perché i bostrici sono molto meno o addirittura sono assenti (anche se vi sono rami colpiti nelle vicinanze!). Il legno scortecciato ha lo svantaggio che, se esposto a lungo al sole, presenta delle piccole fessure che lo rendono inadatto a certi utilizzi.

Legno da ardere
Quando si taglia della legna da ardere bisogna fare attenzione a che tutto ricresca bene. I giorni migliori sono i primi sette della luna crescente in ottobre. In ogni caso la legna da ardere, dopo il solstizio invernale, andrebbe tagliata solo con la luna calante (non portare via subito la cima dell'albero e lasciarla riposare un po' di tempo rivolta a valle!).

Legno per ripiani, da segare e da costruzione
Il periodo della luna crescente in pesci è indicato per il legno con cui fare ripiani e da segare, perché non viene assalito dai parassiti. Il segno dei pesci capita in luna crescente solo da settembre a marzo.

Legno per pavimenti e attrezzi
Il periodo migliore sono i giorni dello scorpione (scortecciare subito!). Se il legno in più deve restare pesante (per esempio per pavimenti a prova di bomba) è meglio scegliere il primo giorno dopo il plenilunio in toro (non capita tutti gli anni).

Legno che non si spacca
Questo tipo di legno, adatto per mobili e intagli, si taglia al meglio nei giorni prima del novilunio di novembre. Alternative altrettanto valide sono il 25 marzo, il 29 giugno e il 31 dicembre. Se viene tagliato in questi tre giorni, il legno non scoppia e non si spacca. Anche in questo caso la cima dell'albero dovrebbe cadere verso valle e stare un po' a terra, per depositare gli umori residui.

Il legno che deve essere usato subito, per esempio per ricostruire in caso di incendio, non deve spaccarsi col tempo. Il periodo migliore per tagliarlo è il giorno di San Giovanni, il 24 giugno, tra le 11 e le 12 del mattino (le 12 e le 13 con l'ora legale!).

Scandole di legno per esterni e soffitti, grondaie di legno
Le scandole dovrebbero essere realizzate con legno che cresce in linea retta o leggermente verso sinistra (vedi <u>Legno destrorso e sinistrorso</u>). Infatti la scandola si allunga con l'umidità e si incurva invece leggermente col bel tempo e al sole.

Il contrario invece vale per le grondaie in legno: il legno dovrebbe crescere dritto o leggermente verso destra, perché questo tipo di legno dopo essere stato tagliato «resta fermo», ovvero il movimento rotatorio non prosegue. Il legno sinistrorso continuerebbe a piegare la grondaia e l'acqua verrebbe versata lateralmente.

> *Se il calendario lunare fosse inutile,*
> *nessuno «sentirebbe» quello che dice:*
> *esso è una sveglia per i sensi addormentati.*

LEGNO E LUNA

Prima di leggere questa voce, quando avete un minuto di tranquillità, procuratevi un pezzo di legno, un qualsiasi oggetto di questo materiale: può essere un cucchiaio da cucina, un attaccapanni, un mattoncino da costruzioni, un ciocco... se possibile non laccato o velato (ma non è indispensabile). Prendete questo oggetto in mano e guardatelo da ogni parte. Sentitelo con gli occhi e con le mani. Prendetevi tempo...

E ora, sempre tenendolo in mano, ponetevi con calma le seguenti domande:

- ☙ Che significato hanno per me il legno, gli alberi, il bosco?
- ☙ Quali ricordi associo al legno, agli alberi e al bosco?
- ☙ Che significato avranno il legno, gli alberi e il bosco per me in futuro?

Meditate un pochino sulle vostre risposte. Riflettete. Non sono domande d'esame, non riceverete un voto, potete anche concedervi mesi di tempo per rispondere. Se dopo pochi secondi giungete alla conclusione che il legno per voi non è niente di speciale, bene! Se vi godete per un'ora il ricordo di notti felici trascorse in rifugi di montagna, di passeggiate nei boschi e di un romantico caminetto venticinque anni fa, benissimo! Se il legno per voi è solo un materiale da costruzione, fantastico!

Quando avrete trovato le vostre risposte, vorremmo dirvi perché abbiamo deciso di inserire la voce «legno e luna»: se dopo averla letta vedrete con altri occhi il legno, gli alberi e il bosco, avremo raggiunto il nostro scopo e saremo contenti. Vuol dire che il tempo è maturo.

In primo luogo vorremmo familiarizzarvi con l'idea che tutti i pensieri e sentimenti personali che potete provare per quella cosa viva che è il legno contribuiscono a far sì che un giorno torneremo a vivere in armonia con il fondamento della nostra vita, la natura, oppure che andremo in rovina per colpa dei nostri veleni fatti in casa. Il tipo di pensieri e sentimenti che vi suscita il legno decidono se in futuro torneremo ad avere uno degli elisir della nostra vita, l'aria pulita, oppure se soffocheremo per la presa delle nostre stesse mani.

La vostra opinione sul legno stabilisce se la moria dei boschi (che è piuttosto un'uccisione) proseguirà o se ci ricorderemo a chi dobbiamo l'aria che respiriamo. *Voi* decidete se la sostanza di cui devono essere fatte le nostre casette con giardino, i nostri mobili, attrezzi e giocattoli, è il legno che dona la vita, la «luce solida» oppure gli elementi oscuri, provenienti dalle profondità della terra da cui non avremmo mai dovuto estrarli con tanta leggerezza.

I vostri pensieri e sentimenti decidono se il legno debba entrare nella vostra vita allo stato naturale e vitale per renderla più luminosa, oppure se debba essere laccato, «protetto» o «abbellito», mescolato a veleni se diventa cartone presspan, incollato con veleni come rifiuto particolare della nostra immondizia; se debba oscurare la nostra aria quando viene bruciato o avvelenare la nostra terra quando marcisce, spezzando l'utile ciclo della natura. Tutto questo è in mano vostra.

Per secoli il legno ha servito la razza umana, regalandoci numerosi doni grazie alla sapienza di mani esperte.

In casa: il tetto che abbiamo sopra la testa, pareti e pavimento di legno, protezione duratura dal gelo e dal sole senza bisogno di sostanze tossiche che lo proteggano.

Dalla sedia al pilone: mobili di legno dal design utile, non trattati chimicamente, ognuno un pezzo unico grazie alle venature e al colore del legno, legno durevole e leggero per attrezzi, ponti e piloni di legno che resistono in acqua per secoli senza sostanze impregnanti che la avvelenino.

Grazie al fuoco: il calore, che non potrebbe essere più sano e piacevole, emanato dalla legna secca che diventa cenere e fumo, bruciando solo l'anidride carbonica accumulata in precedenza e tornando subito nel circolo della natura.

Nell'arte: la musica più dolce che possa risuonare alle nostre orecchie sarebbe impensabile senza quei meravigliosi strumenti di legno che la producono. E poi il benessere procurato agli occhi e al cuore dai capolavori dell'arte dell'intaglio, provvisti di colori naturali che anche dopo molto tempo, benché sbiaditi, emanano una luce interiore più forte di qualsiasi smalto chimico.

Al legno, questo dono del cielo, è dedicata una parte del nostro lavoro. In particolare vorremmo ricordare un dono speciale che ci fanno i boschi: la loro *luce interiore*.

I nostri antenati conoscevano bene questa fondamentale caratteristica del legno, ma essa è finita nel dimenticatoio – anche se oggi molti ci vivono e ci lavorano – tanto che nella nostra lingua non esiste nessuna parola per descrivere questo dono, questo compito che il legno potrebbe realizzare nella nostra vita. Esso non è spiegabile dal punto di vista scientifico, ed è molto difficile da esprimere a parole. Solo e soltanto il più preciso degli strumenti di misurazione che noi uomini possediamo – il nostro intuito interiore – è adatto a cogliere questa qualità. Tuttavia tenteremo di risvegliare il vostro intuito con le parole:

Avete mai vissuto per un po' di tempo in una casa di legno, o ci avete mai trascorso le vacanze? Vi ricordate di questo periodo? Con quali sensazioni? O forse vivete tuttora in una casa di legno e avete già vissuto in una di cemento e acciaio? Avete sentito una differenza?

Se si brucia del legno, la cenere contiene meno di un decimo degli elementi che l'albero ha preso al *terreno*. Quasi tutto l'albero è quindi composto di sostanze ottenute tramite le foglie dalla luce, dall'aria e dal sole. Quindi lentamente e in modo strisciante le dimore costruite con materiali prevalentemente estratti dal sottosuolo finiscono per indebolirci. Tutti i materiali presenti nelle cose che usiamo per coprirci – dalla camicia ai muri e al tetto – dovrebbero essere fatti con elementi che si sono formati e che sono cresciuti sulla superficie terrestre, per poterci dare forza invece che togliercene.

I nostri antenati hanno talmente rispettato questa forza particolare che emana dal legno da scegliere solo alcuni particolari sistemi di posa e costruzione che fossero adatti a quel compito del legno. Nel caso dei pavimenti, per esempio, facevano in modo che le punte degli alberi si trovassero a essere rivolte alternativamente indietro e in avanti. Mai avrebbero posato le assi del pavimento trasversalmente rispetto all'entrata, a meno che non volessero far capire a *quella* persona che varcava la soglia di non essere desiderata. Oggi alcuni falegnami in un pavimento non sanno neppure riconoscere dove stavano le radici e dove la cima...

In poche parole: è come se il legno possedesse una forma di energia nutritiva in grado di proteggerci dalle numerose influenze negative provenienti dall'ambiente. Essa rafforza l'organismo umano, che è qualcosa di vivo, proprio come un albero. Il legno che cresce sulla superficie terrestre è una sostanza della vita, non della morte. Il cemento, il petrolio, il metallo e perfino il legno sotterraneo delle radici ci tolgono forza.

Perché da un po' di tempo abbiamo rinunciato sempre di più e a cuor leggero a utilizzare questo meraviglioso materiale sostituendolo con altri che ci fanno ammalare e non rientrano nel circolo naturale a volte nemmeno dopo mille anni? Con il nostro lavoro vorremmo anche aprire la via a una nuova consapevolezza, a quanto rinunciamo se continueremo a trattare in questo modo i boschi e il loro regalo: o come una monotona fabbrica abbandonata di materia prima sulla base delle monocolture o come un'antica rovina che lentamente muore da sé perché nessuno ne ha davvero bisogno e la cura, o ancora come rifugio di una natura trasfigurata fino a diventare intoccabile, da proteggere a ogni costo, anche a prezzo della ragione. Proteggere i boschi della terra, curare queste fonti di una ricchezza ormai dimenticata, è uno dei compiti più importanti della nostra epoca.

L'utilizzo del legno oggigiorno non segue più un percorso circolare, come la natura prevederebbe, ma un percorso obbligato: dal bosco passando per lo sfruttamento industriale fino al deposito dei rifiuti tossici. Non esiste quasi un utilizzo per cui il legno non venga a contatto con i prodotti della chimica, che lo trasformano in rifiuti velenosi.

Molti dei nostri lettori però lo sanno: un'utile e sana lavorazione del legno è possibile solo scegliendo il momento giusto per raccoglierlo e lavorarlo. Spessissimo il rispetto delle fasi della luna rende possibile rinunciare all'utilizzo di prodotti chimici sia nella cura dei boschi (lotta ai parassiti etc.) che nella lavorazione del legno. Scegliendo il momento opportuno per la raccolta del legno e per la sua trasformazione in legname da costruzione, ponti, orditure, finestre, mobili etc. esso acquista una solidità e una resistenza che gli consentono di durare per generazioni senza bisogno di sostanze protettive. Per chi non crede se non vede: consigliamo una visita agli antichi villaggi custoditi nei musei, con le loro capanne di legno vecchie di secoli, che hanno resistito senza alcuna sostanza aggiuntiva.

Oggi sappiamo molte cose sui danni che possono provocare le moderne pitture e i materiali impiegati per costruire e ristrutturare. E anche se non abbiamo ancora le prove di questi effetti dannosi, noi li avvertiamo. Che fare allora? Come uscire da questa impasse? Con cosa dovremmo sostituire queste sostanze dannose? Il legno fornisce almeno una risposta a queste domande. Vogliamo contribuire alla diffusione capillare di legno, mobili in legno e legname da costruzione che siano cresciuti e lavorati senza sostanze velenose e che possano rispondere a qualsiasi esigenza grazie alla loro resistenza. In Austria abbiamo dei silvicoltori, ma ancora nessun commerciante di legname o proprietario di segheria che sia *affidabile* e che metta a disposizione questo tipo di legname, anche se alcuni di loro si riempiono la bocca con belle parole sul «momento giusto». Scriveteci se volete avere una piccola lista di produttori affidabili (vedi pag. 304).

Come sigillo di qualità abbiamo creato il logo raffigurato qui sopra: anche in questo caso infatti vale la massima: «Solo se c'è scritto sopra Paungger & Poppe è un prodotto Paungger/Poppe».

In tempi come quelli odierni, nei quali una silvicoltura ecologica, un'edilizia secondo natura e in generale la cura delle persone e della natura sembrano ritornare in primo piano, la consapevolezza dell'importanza dei ritmi lunari nella raccolta e nella lavorazione del legno può essere di grande aiuto. È impensabile infatti che i nostri antenati abbiano costruito case, chiese, ponti e mobili che, edificati e curati in maniera naturale, capaci di sopportare tutti gli influssi dell'ambiente resistendo per secoli senza che vi fossero le conoscenze che abbiamo a disposizione oggi per tenere i boschi, scegliere il momento giusto per il raccolto e abbinare il giusto tipo di legno a quel particolare utilizzo.

Può darsi che presto molte persone saranno in grado di capire la differenza tra una panca fatta a mano e un mobile prodotto su scala industriale, o quella tra il legname raccolto in estate e quello raccolto in inverno: il primo viene assalito dalle sirici e ha un profumo dolce, mentre il secondo viene risparmiato dai parassiti e ha un odore più aromatico e di erbe. Forse torneranno di moda anche le tecniche di unione dei vari legni, senza avere in casa neppure un milligrammo di metallo, colla o altre sostanze velenose.

Per voi abbiamo scelto di inserire questa voce: per persone che *sentono* ancora la differenza tra un mobile di legno fatto a mano con amore e lo stesso mobile proveniente da una catena di montaggio; che sentono l'energia viva che emana da questo mobile e che resterà per generazioni; che sentono di aver reso la propria casa più luminosa e vivibile grazie a questo pezzo di legno.

Tutti noi sappiamo che il fatto che i nostri boschi vivano o muoiano dipende dalla nostra «politica acquisti». Commercianti di legname senza scrupoli praticano lo sfruttamento e il disboscamento selvaggio dal Canada alla Siberia e si vantano di essere tra gli imprenditori più ricchi. Essi continuano a ricevere commesse dalle grandi fabbriche di mobili. Da dove prenderete il legname allora se deciderete per questo o per quel mobile?

Per voi abbiamo scelto di inserire questa voce: per persone che non sono indifferenti al fatto che ci stiamo avvelenando, che abbiamo dimenticato quel che ci può garantire un futuro vivibile, che il legno che acquistano può significare sfruttamento selvaggio della natura o lavoro appagante per i molti che oggi sono disoccupati e il cui talento resta inutilizzato.

Per voi abbiamo scelto di inserire questa voce: per le persone che hanno conservato il senso della vita. Che sanno che ogni forma di lavoro, dedizione e sforzo ha senso e durata solo se viene fatto con amore, e non a cottimo e con il fiato sul collo.

> *Già a fine gennaio gli alberi cominciano*
> *a risvegliarsi. Gli umori salgono, anche*
> *a 20 gradi sotto zero.*
> *Già a fine giugno gli alberi cominciano*
> *a ripiegarsi.*
> *Cercate la scuola che vi insegni queste cose...*

LEGNO – REALIZZARE E MONTARE SCALE E ORDITURE

Il legno lavorato e montato secondo i ritmi della natura e della luna è contento e «tranquillo», perché ha spazio. Negli interni non è necessario usare particolari sostanze protettive. Per quanto riguarda gli esterni, per curare il legno è più che sufficiente passarlo con oli, lacche e colori naturali ogni cinque anni. Se desiderate avere questo legno «soddisfatto» per le vostre scale e orditure, seguite le regole che seguono.

Le regole per realizzare e montare scale di legno e orditure

Il momento migliore:	con la luna calante in capricorno.
Si può fare:	con la luna calante, ma non nei giorni del leone, del sagittario e del cancro.
Da evitare:	in generale con la luna crescente, ma anche con quella calante se è in leone, sagittario e cancro.
Il momento peggiore:	con la luna crescente in leone, sagittario e cancro e nel plenilunio.

Se aspetterete il momento giusto: l'orditura resta «tranquilla». Non si formano spaccature o gobbe nelle travi e nelle asticelle. Le scale di legno non scricchiolano. Grande resistenza.

Se sceglierete il momento sbagliato: le scale di legno scivolano più facilmente dalle giunture, in sagittario si piegano e scricchiolano molto. In leone il legno si secca troppo velocemente, per esempio in seguito a una grande umidità dell'aria, per cui si spacca più facilmente. L'orditura si può gonfiare o contrarre.

Consigli particolari: se avete la possibilità di costruire un tetto di scandole, fate attenzione alla direzione di rotazione del larice, che dovrebbe essere in linea retta o leggermente verso sinistra. Infatti con l'umidità la scandola si allunga, mentre col sole si contrae leggermente facendo passare l'aria sotto la sua superficie.

LETTI – ARIEGGIARE

Arieggiare a fondo i letti come si faceva una volta, mettendo le lenzuola sul davanzale o sul balcone, sembra essere ormai fuori moda: soprattutto nelle città è raro vedere piumini colorati che pendono dalle finestre. Questo accade per vari motivi, per esempio perché non vogliamo riempire di polvere il balcone del vicino che sta sotto il nostro, oppure perché i davanzali non sono esattamente pulitissimi. Quindi arieggiare i letti al momento giusto può essere una buona cosa.

Le regole per arieggiare i letti

Il momento migliore:	con la luna calante in ariete, leone, sagittario.
Si può fare:	con la luna calante, purché non in cancro, scorpione o pesci.
Da evitare:	con la luna crescente.
Il momento peggiore:	con la luna crescente in cancro, scorpione o pesci.

Se aspetterete il momento giusto: i letti restano freschi e vaporosi e fanno respirare il corpo; l'aria contribuisce a tenere lontani gli acari della polvere.

Se sceglierete il momento sbagliato: l'umidità resta nelle lenzuola. Un vero veleno per chi soffre di reumatismi.

Consigli particolari: evitate i raggi di sole troppo forti, perché le lenzuola potrebbero rovinarsi. Si può arieggiare più a lungo in tutti i mesi senza la «r». Ricordate che gli acari sono *necessari* per sciogliere i grassi: quindi lo scopo non è quello di sterminarli, ma di arginarli.

Dalle nostre parti, nell'epoca delle finestre a chiusura ermetica, non si arieggia abbastanza, soprattutto in inverno. Ciò è comprensibile se si pensa che la qualità dell'aria esterna dà maggiori preoccupazioni della puzza domestica. Tuttavia a volte è vero il contrario: già oggi si parla di «House Sickness Syndrome», un insieme di sintomi per i quali dobbiamo ringraziare le esalazioni velenose dei materiali e delle sostanze moderne, gli antisettici per il legno e gli impianti di aria condizionata mal funzionanti. Arieggiare regolarmente è necessario, e in ogni caso è meglio che non farlo mai. Il momento giusto è nei giorni d'aria e del caldo, in quelli della terra e dell'acqua solo brevemente e rapidamente.

Ancora un consiglio per arieggiare e pulire i materassi: nell'occidente «civilizzato» i materassi vengono mediamente usati troppo a lungo. Andrebbero sostituiti al più tardi ogni dieci anni, meglio se con un materasso naturale ad alta percentuale di lattice e con crine di cavallo. Una pulizia regolare e soprattutto aria possono allungare di molto la durata di un buon materasso.

Le regole per il mantenimento dei materassi

I materassi andrebbero puliti e arieggiati con la luna calante, meglio se in uno dei giorni d'aria o di fuoco. Questo vi proteggerà dagli insetti e terrà lontano l'umidità (cosa importante per chi soffre di reumatismi o allergie). Non arieggiate mai con la luna crescente in uno dei giorni d'acqua! Attirereste l'umidità. Anche i giorni di terra andrebbero evitati.

LISCIVIA DI LEGNO VEDI: LISCIVIA DI CENERE DI FAGGIO

LISCIVIA DI CENERE DI FAGGIO

Chi si è fatto coraggio e ha acquistato un pavimento di legno non trattato e tagliato al momento giusto, chi vive in una casa con un tale prezioso pavimento scoprirà che la lisciva di cenere di faggio è uno dei sistemi migliori per prendersene cura. La ricetta è semplice: mettete in una grossa pentola o in un secchio circa due dita di cenere di legno di faggio (il rapporto acqua/cenere deve essere più o meno come quello acqua/tè), riempite la pentola di acqua bollente e tenetela coperta. Dapprima mescolate una o due volte e dopo un po' (circa 15 minuti ma anche di più) versate la lisciva in un secchio per le pulizie. La cenere depositata dovrebbe rimanere nel primo recipiente e può essere utilizzata come concime. Con questa lisciva potete pulire, strofinare o anche solo lavare tutto ciò che è di legno. Alla fine risciacquate con acqua pulita tiepida o calda.

Ora, la domanda che molti lettori e perfino farmacisti ci hanno fatto è questa: dove trovare la cenere di faggio (che è buona anche per lavarsi i denti, come sanno i nostri lettori)? Ce n'è ovunque si bruci del legno di faggio, nei forni, nelle stufe o nei camini. Conoscete qualcuno che abbia in casa un camino o un forno a legna? Se avete un grill da giardino usate dei ciocchi di legno di faggio (in commercio) invece della carbonella e poi raccoglietene la cenere.

LUMACHE – COME TENERLE LONTANE

Un metodo sicuro per tenere lontane le lumache sono i gusci delle uova crude, che dovreste cominciare a conservare non appena questo problema si presenta.

Ecco come procedere.

- Quando la luna è calante schiacciate i gusci che avete raccolto. Quando è crescente infatti i pezzetti di guscio non sono abbastanza spigolosi e sono difficili da separare. Inoltre la pelle dell'uovo non è secca ma più elastica e non si rompe così facilmente.

- In scorpione e questa volta con la luna crescente, spargete attorno alle aiuole che volete proteggere – per esempio quelle d'insalata – i gusci rotti. Prima però bisogna raccogliere le lumache che sono già presenti in quel punto. Il guscio d'uovo appuntito sarà un efficace deterrente per questi animali dalla pelle così delicata.

  Per fortuna la natura ha fatto in modo che lo scorpione cada proprio con la luna crescente in primavera, quando le lumache vanno all'attacco. È molto importante che quando spargete i gusci la luna sia crescente, perché con quella calante scomparirebbero nel terreno alla prima pioggia.

Questo sistema ha un vantaggio evidente: gli insetticidi chimici per le lumache avvelenano lo stomaco e l'organismo di chi mangia poi quell'insalata e quelle verdure, sia direttamente a causa delle sostanze velenose sia indirettamente per le mutazioni che le verdure «protette» provocano nel processo di crescita. Naturalmente molti dei diserbanti e dei pesticidi moderni oggi in uso nei campi non sono più rilevabili, ma le piante stesse hanno subìto dei cambiamenti che spianano la strada a tutte le possibili malattie della nostra epoca.

Purtroppo però questo metodo altrimenti così efficace ha fallito durante le invasioni di lumache degli ultimi anni, quando l'unica cosa da fare era raccogliere le lumache sotto la pioggia quando venivano fuori. Non è un buon motivo, comunque, per non tenerlo in considerazione. In caso di «invasione», ripetetelo il mese dopo con la luna in scorpione.

Altri buoni consigli contro le lumache sono: spargere legna bruciata e combinare in coltura cipolle, aglio, salvia e tropeolo (solo per fare un esempio). Le lumache poi sono delle vere prelibatezze per alcuni dei loro nemici naturali, come i rospi, le rane e le anatre. Questi animali però si sentono a loro agio solo in terreni privi di sostanze tossiche: se l'ambiente circostante gli piace (per esempio un piccolo stagno artificiale) compariranno spontaneamente addirittura in città, mentre in campagna sarà sufficiente un prato sempre umido o un piccolo ruscello.

Anche il porcospino è un nemico naturale delle lumache.

LUNA ASCENDENTE ☽

Con questo termine si definiscono quei 14 giorni circa in cui la luna attraversa i segni zodiacali del sagittario, capricorno, acquario, pesci, ariete e gemelli. Questo periodo viene anche volgarmente detto «epoca del raccolto». Questo stato della luna non ha dunque nulla a che fare con la luna crescente.

Il termine è significativo solo nel campo del giardinaggio e dell'agricoltura, dove questo periodo di tempo offre quasi sempre giorni favorevoli per quelle attività che non si ha avuto tempo di svolgere nelle altre fasi lunari. Infatti quando la luna è ascendente gli umori tendono a salire verso l'alto, stimolando la formazione di foglie, fiori e frutti; la verdura e la frutta sono particolarmente succose, ed è favorito lo sviluppo delle piante nella parte sopra il suolo. Con la luna discendente invece (vedi) gli umori scendono verso le radici stimolandone la formazione.

Nel passato ci si serviva di un espediente per distinguere i due momenti senza dover ricorrere al calendario: seguendo il corso del sole, si vede che in estate nelle regioni del nord intorno a mezzogiorno esso sale più in alto che non in inverno. Lo stesso arco, prima alto e poi piatto, viene descritto dalla luna, non in un anno ma in un mese.

Quando la luna è ascendente sale da sud a nord, assumendo quindi la forma di una scodella: quando la scodella viene riempita è tempo di raccolto. Quando la luna è discendente scende da nord a sud, e assomiglia a una scodella rovesciata: è l'epoca della semina.

LUNA CALANTE

Nel compiere il suo giro intorno alla terra la luna mostra sempre solo una faccia, non gira cioè su se stessa. Quando la luna si trova esattamente dietro la terra – dunque su di una stessa linea con questa e con il sole –, allora la sua faccia è completamente illuminata dalla luce del sole. La luna piena è visibile dalla terra solo per brevi periodi. Già poche ore dopo essa comincia lentamente a spostarsi, l'ombra sembra toglierle la forma abituale e ha inizio la fase di luna calante, detta anche «terzo e quarto quarto di luna», che durerà tredici giorni.

Dobbiamo ringraziare i nostri antenati se siamo al corrente di particolari influssi presenti in questo periodo di tempo: gli interventi chirurgici riescono al meglio, quasi tutti i lavori domestici si compiono con grande facilità, e anche chi fa qualche stravizio alimentare non ingrassa così facilmente.

Sono più che mai favoriti molti lavori in giardino o all'aria aperta, come seminare e piantare verdure ipogee, mentre al contrario sono molto sconsigliate attività quali l'innesto di alberi da frutto.

Sul corpo agisce un influsso che sostiene determinati propositi e misure preventive e terapeutiche, mentre altre ne sono al contrario frenate o influenzate in senso negativo. La massima è questa:

La luna calante depura e lava via, elimina attraverso il respiro e il sudore, secca, rafforza, termina e chiude, accumula acqua sulla terra, invita all'azione e al dispendio di energie. Più ci si avvicina alla luna nuova, più è forte questo effetto.

Dovreste quindi sempre fissare tutte quelle misure che mirano a depurare l'organismo nelle due settimane di luna calante.

Un aspetto importante della luna calante è che in questo periodo le possibilità di riuscita di interventi chirurgici sono molto più alte e i tempi di guarigione molto più brevi! Le ferite sanguinano poco, mentre cicatrici che sfigurano il corpo bloccandone il flusso energetico non sono quasi mai permanenti.

L'effetto purificatore della luna calante si può notare tra l'altro anche nelle faccende domestiche: qualsiasi attività di lavaggio e pulizia è favorita e procede più speditamente che non nei periodi di luna crescente.

LUNA CRESCENTE

Nel suo giro intorno alla terra di circa 28 giorni la luna mostra alla terra solo una faccia, non gira cioè su se stessa. Quando essa si trova esattamente tra questa e il sole, la sua faccia è sempre avvolta nell'oscurità: non si può quindi vedere perché di giorno si trova quasi accanto al sole. Sulla terra c'è il novilunio.

Solo poche ore dopo diventa visibile il lato della luna rivolto al sole: è la piccola falce della luna crescente, che si avvicina con i suoi influssi particolari. Il percorso di sei giorni che porterà alla mezzaluna viene anche detto primo quarto, mentre il secondo quarto è quello che si concluderà con la luna piena.

In genere anche con la luna crescente si manifestano delle energie in grado di sostenere determinati scopi o misure preventive e curative, mentre altri ne risultano frenati o addirittura influenzati negativamente. La regola è questa:

La luna crescente alimenta, pianifica, assorbe, crea, inspira, accumula energia, impedisce alla terra di assorbire l'acqua, raduna le forze, spinge alla cura e al riposo. Questi effetti sono tanto più forti quanto più ci si avvicina al plenilunio.

Per due settimane tutte le sostanze ricostituenti e rinforzanti per l'organismo avranno un effetto doppiamente benefico. Tutti i fenomeni di carenza si possono eliminare più facilmente con la luna crescente che non con quella calante, e soprattutto le sostanze minerali e le vitamine vengono assorbite molto meglio. Anche i preparati a base di magnesio, calcio e ferro hanno un effetto più incisivo.

L'organismo è pronto ad assorbire le sostanze, e a parità di cibo assunto tende a ingrassare anche più facilmente. Comunque fate attenzione: rimedi e sistemi ricostituenti e rinforzanti sono molto più efficaci se il corpo è stato depurato in precedenza, altrimenti può succedere che vi limitiate a «versare olio nuovo sul vecchio».

Più la luna cresce meno sono favorevoli i decorsi di ferite e operazioni, le cicatrici sono più evidenti; più ci si avvicina al plenilunio più questi effetti sono forti.

Con la luna crescente è molto più frequente l'accumulo di liquidi nell'organismo e nelle gambe, ed è anche più difficile combatterlo con farmaci diuretici. Tutti i sintomi da avvelenamento, dalle punture di vespa ai funghi, hanno in questo periodo un effetto maggiore, anche se l'organismo assorbe altrettanto bene tutte le pomate lenitive.

Un'altra cosa: la luna crescente si fa sentire anche nella conduzione della casa. Il bucato, per esempio, a parità di detersivo impiegato non viene così pulito come con la luna calante.

Chi semina oggi un pensiero,
domani raccoglierà l'azione,
dopodomani l'abitudine,
poi il carattere e alla fine
il suo destino.
Per questo bisogna pensare
a quello che si semina,
e sapere che si ha il destino
nelle proprie mani: oggi!

(Gottfried Keller)

LUNA DISCENDENTE

Per luna discendente si intendono quei 14 giorni circa in cui la luna attraversa i segni zodiacali dei gemelli, cancro, leone, vergine, bilancia scorpione e sagittario. Popolarmente questo periodo viene anche detto «epoca della semina». Questo stato della luna non ha dunque nulla a che fare con la luna calante.

Questa definizione è significativa solo per le attività nei giardini o di tipo agricolo, per i quali il tempo della luna discendente porta quasi sempre giorni favorevoli per compiere lavori che non si è riusciti a fare nelle altre fasi lunari. Con la luna discendente (da gemelli a sagittario) la linfa si concentra prevalentemente nella parte inferiore, stimolando la formazione delle radici. Con la luna ascendente (vedi) invece gli umori si concentrano verso l'alto, la frutta e la verdura sono particolarmente succose e lo sviluppo delle piante nella parte esterna al terreno è favorita.

Un tempo si ricorreva all'aiuto di un espediente mnemonico per poter distinguere i due fenomeni senza consultare un calendario: se si segue il percorso del sole, si può vedere che quest'ultimo nelle regioni nordiche in estate a mezzogiorno sale più in alto che non in inverno. La luna descrive lo stesso arco, prima alto e poi piatto, non in un anno ma in un mese.

Quando la luna è discendente significa che essa cala dal punto solstiziale nord a quello sud, e ha l'aspetto di una scodella rovesciata. La scodella viene vuotata, ed è il tempo di seminare. Con la luna ascendente invece il percorso della luna è inverso, da sud a nord, ed essa ha l'aspetto di una normale scodella. Quando questa viene riempita, è tempo di raccolto.

MACELLARE LA CARNE

È ovvio che le regole per macellare la carne che stiamo per enunciare sono valide solo se gli animali sono allevati nel modo giusto e nutriti secondo natura. L'allevamento di massa oggi tanto diffuso è tremendo e non andrebbe sostenuto da consumatori assolutamente privi di senso critico.

Sempre più persone rinsaviscono e chiedono allevamenti di tipo naturale e soprattutto dignitosi. Chi ha sfogliato qualche libro di cucina vegetariana, con i suoi piatti sfiziosi e pieni di fantasia, e conosce anche i moderni sistemi di allevamento e di trasporto del bestiame, non avrà più la sensazione di rinunciare a qualcosa quando dirà no alla carne.

Comunque ecco alcuni consigli per tutti i contadini e i macellai che lavorano in modo biologico e che meritano rispetto.

Le regole per macellare la carne

> **Il momento migliore:** poco prima del plenilunio o nel plenilunio.

Se sceglierete il momento giusto: la carne sarà molto più succosa e saporita. La lavorazione successiva cade così con la luna calante, cosa che facilita la conservazione.

Consigli particolari: lo strutto per esempio, se sciolto con la luna piena, si conserva più a lungo ed è ideale come base per pomate (tipo quella alla calendola). Queste pomate possono addirittura curare disturbi cronici come la bronchite.

MASSAGGI

Vi sono pochissime malattie o fenomeni di carenza psicologica che non si possano guarire o almeno lenire massaggiando la pelle amorevolmente e con dolcezza, ma sempre con mani esperte. I massaggi hanno un effetto depurativo e stabilizzante sul cuore e sulla circolazione e stimolano l'attività di tutti gli organi interni. Anche un solo massaggio al mese potrebbe migliorare sensibilmente lo stato di salute di tante persone.

Per far questo è però necessario un ripensamento molto particolare, che finora è avvenuto molto poco, per vari motivi. Uno di questi è la convinzione, molto radicata e diffusa soprattutto nei paesi industrializzati dell'Occidente, che tutto quello che procura piacere e gioia al corpo non è una medicina vitale, che lo rende sano e pieno di voglia di vivere, bensì un lusso (magari anche un po' da condannare).

Che benedizione per l'umanità intera sarebbe cambiare idea su questo punto! Nessuna medicina al mondo è più efficace della gioia, del piacere e dell'amore. Tutti lo sanno, ma solo pochi hanno il coraggio di vivere questa consapevolezza.

Cosa pensate che succederebbe se negli ospedali invece della ginnastica terapeutica i pazienti apprendessero i nessi profondi tra le cose e fossero aiutati a muoversi in maniera più sana, magari con una musica allegra o da meditazione? Che succederebbe se nei reparti di pediatria ogni due giorni si facesse un teatrino di marionette?

Invece accade tutto il contrario: preparati chimici che procurano al corpo false sensazioni di felicità vanno per la maggiore, perché fin da bambini ci insegnano a essere nemici del nostro corpo e del nostro piacere.

Non solo, ma viene incentivato l'uso di farmaci pericolosi e tossici, mentre la ricerca scientifica è sostenuta e sovvenzionata con costi enormi e un indebitamento in continua crescita.

Per questa follia c'è un motivo, e non dobbiamo dimenticarlo: *la scienza non è in grado di provare emozioni!* Essa ha dichiarato la propria insensibilità anche verso metodi accettati e misurati, e questo benché gli scienziati, attraverso i loro esperimenti, abbiano costantemente la prova di essere fuori strada.

La stragrande maggioranza di essi non si premura di indagare la natura, ma di farle violenza. A loro danno ascolto i politici quando si tratta di fare strategie per il futuro. Se per esempio si affidasse la progettazione di un ospedale a un team composto non solo da medici, ma anche da terapeuti, clown, massaggiatori, raccontatori di favole, insegnanti di danza e altra gente allegra, allora questo diventerebbe presto il luogo della salute. Anche voi potete contribuire a far andare le cose in questa direzione.

È curioso anche il fatto che si sia diffusa la convinzione che una persona, invecchiando, abbia meno bisogno di essere toccata. Che enorme impoverimento! Nulla potrebbe essere più lontano dalla verità, e poche cose su questo nostro piccolo pianeta provocano più danni. Se ognuno di noi venisse abbracciato e accarezzato anche solo una volta al giorno, da quando viene al mondo fino alla fine della sua vita, *crediteci: non ci sarebbero più guerre!*

Ora cercate di sentire quale enorme passo verso un futuro migliore sarebbe per noi se nella nostra società i massaggi fossero più considerati: e se per esempio fossero passati dalla mutua come forma di prevenzione? A ben vedere in questo campo siamo ancora al Medioevo, solo che tutto viene coperto da una modernità di facciata. Per di più oggi si sa benissimo che molti sistemi di cura e di prevenzione sarebbero economicamente più vantaggiosi.

Per curare in modo mirato disturbi fisici e sciogliere blocchi energetici è estremamente utile osservare con attenzione i ritmi della luna: sono già molti i massaggiatori che lo fanno con grande successo.

Le regole per fare i massaggi

🍂 Per massaggi che hanno lo scopo di rilassare, distendere e depurare, il periodo più indicato è quello della luna calante. Se invece l'effetto desiderato è quello di prevenire, rigenerare e rinvigorire, magari con l'aiuto di oli particolari, i risultati migliori si ottengono con la luna crescente.

🍂 Per chi si interessa di astrologia: il momento più adatto in assoluto sono i giorni dei gemelli. Spesso blocchi e tensioni accumulate da anni si possono sciogliere proprio quando la luna è in questo segno. Proprio il caso di vie nervose bloccate si può trasformare in un calvario che spesso termina dal chirurgo, perché la medicina tradizionale in gran parte ignora o evita i sistemi più semplici ed efficaci. In questo campo invece massaggi, linfodrenaggi e chiropratica eseguiti in gemelli possono fare davvero miracoli.

Anche nei giorni di terra (toro, vergine e capricorno) con la luna calante i massaggi per sciogliere blocchi tenaci sono più efficaci del solito.

🍂 La luna calante in un segno di acqua (cancro, scorpione o pesci) è indicata per i linfodrenaggi, perché gli umori corporei sono più facili da movimentare.

Di certo in futuro le varie forme di massaggio e di azione sul corpo torneranno a occupare il posto che meritano tra le altre terapie «presentabili». Se saremo disposti a imparare a usare il nostro corpo come fonte di gioia evitando ciò che procura o aumenta il dolore, i massaggi diverranno una chiave importante. Essi ci forniscono informazioni su noi stessi, da una profondità che nessun consulto medico, nessuna ricetta od operazione possono comunicare: un dono preziosissimo.

Anche se tutto è contro, anche se tutti sono
di un altro parere, soprattutto gli esperti in
questo campo, il senso della vita sta solo in questo:
conoscere l'amore, imparare a donarlo e riceverlo,
godere dell'amore e della vita. La via per arrivarci
– prima il rischio, poi la comprensione, poi ancora
l'esperienza diretta di questa verità – è così poco
visibile nella vita di tutti i giorni che non c'è
da meravigliarsi se dubitiamo della sua esistenza.
È più facile, più plausibile e perfino più comodo
non crdervi piuttosto che starci attaccati e farne
la stella polare dell'intera esistenza. Questo è il
primo grande esame su questa lunga via.
Chi riconosce di avere una libera volontà,
ce l'ha quasi fatta.

(IL) MOMENTO DEL CONTATTO

Il momento in cui avviene il contatto è decisivo nell'utilizzo dei ritmi lunari. Entrare in contatto con qualcosa, toccare qualcosa, concentrarsi su qualcosa, pensare a qualcosa, affrontare qualcosa: tutte queste espressioni equivalgono a stabilire un contatto. In altre parole: quando tocchiamo un oggetto o un essere vivente in un dato momento – con le mani, con degli attrezzi o anche solo da lontano col pensiero – trasferiamo dell'energia guidata da una certa intenzione. Queste intenzioni positive e negative, che sono lo scopo delle nostre azioni concrete o mentali, un giorno diverranno visibili, oggi, domani o tra dieci anni. Però le energie che circolano in quel dato momento – tra cui anche le fasi e la posizione della luna rispetto allo zodiaco – agiscono o come lente di focalizzazione, convogliando l'intenzione e raggiungendo così un successo maggiore, oppure al contrario finiscono per distruggerla e disperderla.

Questo però vuole anche dire che le energie negative di un'azione commessa al momento sbagliato (per esempio immagazzinare prodotti della terra con la luna crescente) possono essere parzialmente riequilibrate da un'altra azione compiuta al momento giusto (per esempio disponendoli diversamente in un giorno dei frutti con la luna calante).

NATURA

Un paio di spunti di riflessione.

Neppure per un secondo l'uomo è un corpo estraneo sulla terra e nell'universo. La natura non combatte alcuna guerra contro la razza umana, ma al contrario le dona tutto ciò di cui essa ha bisogno a patto che ognuno impari a vivere in amicizia con se stesso e con lei. È un'amicizia che non può essere stabilita per legge, ma una decisione assolutamente personale e privata. Gli uomini, gli animali, le piante, le stelle, i pianeti, il sole e la luna, voi e noi siamo tutti sulla stessa barca, e l'unico scopo dell'esistenza è quello di risvegliarci a vicenda e di essere lì uno per l'altro, non importa quanto tempo ci vorrà prima che l'umanità se ne renda conto.

No, fin dall'inizio non vi è nulla di sbagliato nell'intervento dell'uomo nei confronti della natura: « Riempite la terra e sottomettetela e regnate sui pesci del mare, sugli uccelli del cielo e su tutti gli animali che si muovono sulla terra », questa era anticamente l'esortazione. Nel corso dei secoli però molti di noi hanno frainteso questo precetto, considerando la natura come una schiava che si può sfruttare a piacimento. Ma ogni buon servitore può freddamente decidere di ribellarsi se lo si considera uno schiavo.
   Se terrete a mente queste parole nessuno dovrà più dirvi quale sarà il prossimo passo, quale la via giusta e la ricompensa finale.

NOVILUNIO

Durante il suo giro intorno alla terra di circa 28 giorni la luna offre a quest'ultima solo una faccia. Non compie quindi un giro completo su se stessa. Quando la luna si trova esattamente tra la terra e il sole, viene completamente oscurata. Diventa allora invisibile ai nostri occhi, perché nel corso della giornata è quasi accanto al sole. Sulla terra c'è il novilunio.
   Un'osservazione importante è che in questa fase la luna resta per due o tre giorni nello stesso segno zodiacale del sole. Ciò è comprensibile se si pensa che quando la luna è nuova si trova nella posizione più vicina al sole e in questo modo sole, luna e osservatore dalla terra sono quasi sulla stessa linea. Così per

esempio in marzo la luna nuova si trova sempre nel segno dei pesci, in agosto in quello del leone etc.

Questa regola può essere utile quando si vuole calcolare approssimativamente in quale segno si trovi la luna in un dato momento. Tenete a mente questo: la luna si ferma sempre da due a tre giorni in un segno zodiacale. Il plenilunio successivo al novilunio di marzo ha quindi percorso esattamente la metà dello zodiaco, ovvero ha attraversato sei segni zodiacali e perciò 14 giorni dopo deve trovarsi nel segno della vergine o della bilancia. Questo principio si può applicare a tutti gli altri mesi dell'anno.

Se si ha la fortuna di trovarsi sulla stessa linea visiva del sole e della luna, allora questa copre il sole. Per breve tempo e in determinate zone della terra si verifica un'eclissi di sole (come è successo nell'agosto del 1999 anche in Italia).

Nei calendari la luna nuova è indicata perlopiù come un disco scuro. È un breve periodo in cui si manifestano impulsi particolari sugli uomini, sugli animali e sulle piante: chi per esempio farà un giorno di digiuno potrà prevenire molte malattie perché le capacità dell'organismo di autodepurarsi sono al massimo. Se ci si vuole liberare di cattive abitudini questo è sicuramente il momento migliore per farlo (vedi Ricominciare). Anche gli alberi malati possono tornare sani dopo essere stati potati. La terra comincia a inspirare. Gli impulsi di questa fase non sono comunque così forti e immediati come quelli del plenilunio, perché l'inversione di polarità e il cambio di orientamento delle energie dalla luna calante a quella crescente sono più moderati rispetto al plenilunio.

NOVILUNIO – IL MOMENTO ESATTO VEDI: PLENILUNIO – IL MOMENTO ESATTO

OCCHI – GINNASTICA

Oggigiorno esistono molte possibilità di conservare una buona vista fino a tarda età, senza mai dover ricorrere a un paio di occhiali. La cosa più importante è vedere il presente com'è veramente, quanto incredibilmente bello e allo stesso tempo terribile esso sia; e riconoscere il futuro come nostra propria rappresentazione, destinata a divenire realtà solo quando lo si accoglie mentalmente, nel bene e nel male.

Ma anche una buona ginnastica per gli occhi e alcuni sistemi per esercitare la vista possono giovare molto come misura preventiva e in caso di occhi indeboliti, perfino se si portano già gli occhiali. Spesso gli occhiali non fanno che rafforzare un difetto visivo cui si potrebbe tranquillamente rimediare con esercizi adatti e con la capacità di guardare la verità in faccia.

Un rimedio antico ma efficace per occhi stanchi e affaticati è quello di inumidire le palpebre con la propria saliva, al mattino prima di fare colazione. I disturbi della vista sono spesso sintomi di una cervicale spostata. Un chiropratico esperto è il più delle volte in grado di dare sollievo già dopo un trattamento.

Di sicuro tuttavia non dovreste tralasciare di fare ginnastica per gli occhi quando la luna si trova in ariete, il segno che governa appunto l'area degli occhi.

ORGANI GENITALI – INTERVENTI AGLI ORGANI GENITALI

Avete già letto la voce <u>Interventi chirurgici</u>? Sarebbe meglio darci un'occhiata prima di fissare l'appuntamento per un'operazione.

Vorremmo ricordarvi una cosa: molti elementi sono decisivi per la riuscita di un intervento chirurgico, dalla competenza del medico allo stato generale di salute del paziente fino alla disponibilità degli strumenti necessari. E non da ultimo sono in gioco anche circostanze determinate dal destino in gioco: l'esito di operazioni d'emergenza per esempio soggiace di sicuro a leggi superiori.

Nel caso di interventi chirurgici molti fattori sono modificabili, altri no. Ma una cosa è certa: anche lo stato della luna e le sue fasi possono in un dato momento influenzare la riuscita o meno di un'operazione.

La regola di base è molto semplice: tutti gli interventi andrebbero se possibile programmati con la luna calante, e ciò è tanto più importante quanto più l'operazione è difficile ed estesa.

Le regole per gli interventi agli organi genitali

Si può fare:	con la luna calante, ma non in bilancia, scorpione e sagittario.
Da evitare:	con la luna crescente.
Il momento peggiore:	con la luna crescente in bilancia, scorpione, sagittario così come tre giorni prima del plenilunio e nel plenilunio, non importa in quale segno.

Se aspetterete il momento giusto: diminuisce il rischio di emorragie e di cicatrici permanenti. Il decorso postoperatorio è più veloce, minore il pericolo di complicazioni.

Se sceglierete il momento sbagliato: complicazioni e infezioni postoperatorie sono più frequenti con la luna crescente, e la fase di convalescenza dura di norma più a lungo. Intorno al plenilunio si possono verificare emorragie forti e difficili da arrestare. Anche la cicatrizzazione presenta qualche problema, e il rischio di cicatrici brutte o permanenti è molto più alto. Possono anche essere necessari più interventi per raggiungere risultati apprezzabili. Grande rischio di dolori ai nervi.

E non dimenticate: è fondamentale chiedersi se l'intervento è davvero necessario! Riflettete sul fatto che certe operazioni non vitali (cistifellea, intestino cieco, tonsille) vengono eseguite su pazienti che siano medici e avvocati l'80 per cento in meno rispetto al resto della popolazione, e non certo perché queste categorie vivano in maniera più sana. Prima di un'operazione importante sentite sempre un secondo parere: non può farvi che bene.

OROLOGIO INTERIORE VEDI: IL CORPO E I SUOI RITMI QUOTIDIANI

ORTI E GIARDINI – COLTIVAZIONE

Un giardino bello e ben curato contribuisce molto alla salute e al benessere del suo proprietario, soprattutto per la possibilità di avere verdure, erbe e frutti sani e naturali. I molti lettori del nostro primo libro *Servirsi della luna* sanno già quale vantaggio può dare anche in questo campo la conoscenza del momento più adatto per eseguire le varie operazioni. Alcuni di loro hanno addirittura allestito dei veri e propri paradisi in terra nei luoghi più impensati, testimonianze viventi del valore dell'antica saggezza dei ritmi della natura e della luna. Ecco alcuni consigli di base.

🍃 Se volete allestire un orto da zero: per cominciare piantate per uno o due anni consecutivi solo patate! In questo modo avrete un ottimo terreno, che vi regalerà una gran quantità di frutti diversi. Fatelo anche negli anni successivi, seguendo la naturale rotazione delle colture: questo manterrà il terreno fresco e giovane.

🍃 Per la gioia dei vostri figli progettate un «angolo dolce» in giardino: fragole, ciliege, lamponi, more, uva spina, mele. In quasi tutte le stagioni essi potranno soddisfare la loro voglia di dolce, spiluzzicando in maniera sana. Ricordatevi di piantare le fragoline di bosco e non quelle grosse coltivate artificialmente: la qualità piccola si sviluppa velocemente e ha un profumo meraviglioso fino a tarda estate. Finché i frutti non saranno maturi, invece di dolciumi poco genuini fate mangiare ai vostri figli margheritine e tarassaco.

Mulla Nasrudin aveva ricevuto dal sultano il prestigioso incarico di compiere un lungo viaggio. Il suo compito era quello di cercare tutte le donne e gli uomini saggi del regno, raccogliere il nocciolo della loro saggezza e trasmetterlo al sultano. Dopo un dispendiosissimo viaggio·di mesi, la tanto attesa relazione finale conteneva una sola parola: «carote». Il sultano riuscì a stento a dominare la sua collera e fece trascinare in malo modo Mulla davanti al trono: «Commenta questa follia, briccone, prima che ti faccia assaggiare il gatto a nove code!». Tranquillamente Nasrudin levò la sua voce: «Ora, mio signore, la faccenda della saggezza del mondo va così: la parte migliore sta sotto terra. Solo pochi uomini riconoscono il rosso, che sta sotto, dal verde che sta in superficie. Se non la si cura e coltiva attentamente e con amore, si distrugge. E in verità: nelle sue vicinanze si incontrano molti asini». Poiché allora governare era ancora una questione di buon senso e competenza, il sultano batté le mani dalla gioia, pagò a

Mulla il conto del viaggio, lungo un metro, e lo fece ampiamente ricompensare. In verità, è passato molto tempo da allora...

OSSA – INTERVENTI ALLE OSSA VEDI ANCHE: GINOCCHIA

Il segno zodiacale del capricorno, responsabile dell'area delle ginocchia, regge anche lo scheletro osseo. Quindi le spiegazioni e le regole valide per le operazioni alle ginocchia sono le stesse per gli interventi alle ossa.

OTTURAZIONI – RIMOZIONE

Quando la luna è crescente tutte le sostanze introdotte nel nostro organismo se ne vanno più facilmente: dalle vitamine alle sostanze minerali, dalle medicine alla nicotina e all'alcol. Un'otturazione fatta con amalgama di mercurio, per esempio, in questo periodo rilascia una quantità di questa sostanza tossica nel sangue maggiore che non in periodo di luna calante. Fortunatamente si sta facendo strada la consapevolezza che avere del mercurio in bocca – e dunque in tutto il corpo – non è proprio consigliabile per la nostra salute. Non intendiamo provare che l'amalgama è estremamente dannosa; noi sappiamo che è così: «Negli Stati Uniti l'amalgama estratta deve essere ritirata dallo studio dentistico da una speciale ditta di rifiuti in tre recipienti di metallo posti l'uno dentro l'altro, chiusi ermeticamente e contrassegnati da un teschio» (da: *Biologische Medizin*, numero 6, 1991, pag. 888). Nel frattempo anche in Germania e in Austria speciali ditte di smaltimento scorie cominciano a occuparsi delle otturazioni tossiche.

Se intendete prendere la saggia decisione di far rimuovere le vostre vecchie otturazioni, fate attenzione ai seguenti punti.

Le regole per rimuovere le otturazioni

෨ Fate eseguire l'operazione con la *luna calante*. In questo periodo il corpo non assorbe le sostanze che respiriamo e ingoiamo tanto quanto con la luna crescente.

෨ Se possibile, non fatevi togliere troppe otturazioni in una volta sola e comunque mai senza arginare il dente e senza una protezione per evitare di inghiottire: solo così i residui che si formano possono essere facilmente aspirati. Dopo l'estrazione sciaquatevi la bocca il più accuratamente possibile. Accordatevi con il vostro dentista per farvi rimuovere solo poche otturazioni per volta, e con una lunga pausa (almeno un mese) tra una e l'altra.

🙠 Fatevi prescrivere da un medico di vostra fiducia un rimedio omeopatico su misura per voi che aiuti a neutralizzare le sostanze tossiche liberate. In ogni caso dovete cominciare a prendere questo rimedio solo dopo la rimozione dell'ultima otturazione, altrimenti questa sostanza potrebbe rompere quelle ancora presenti e danneggiare inutilmente il corpo con molti veleni. Se prima della sostituzione delle otturazioni bevete molto latte (non pastorizzato né omogeneizzato) la caseina in esso contenuta può «legare» il mercurio ingoiato.

PARASSITI

I cosiddetti parassiti sono un nutrimento necessario a moltissimi animali, uccelli, roditori etc. Non dovremmo dimenticare infatti che ogni animale è parte di un'infinita catena, una spirale che si avvolge lentamente in direzione del futuro cui diamo il nome di evoluzione.

Eppure succede che molti che si proclamano amanti del verde vadano in crisi vedendo dei pidocchi e del tarassaco, e cerchino di eliminarli con l'uso di prodotti chimici. Questa mentalità fa sì che il terreno di giardini e orti privati sia molto più imbevuto di sostanze tossiche di quello a uso agricolo, anche in regime di monocoltura.

Di tutta la valanga di pesticidi pieni di sostanze altamente tossiche che ogni anno finisce sulla nostra terra (e poi nel terreno, nell'acqua freatica, nei nostri muscoli, nella pelle e nelle viscere) migliaia di tonnellate vengono vendute ai proprietari di piccoli giardini e ai pollici verdi dilettanti. A questi non va meglio che ai nostri contadini, che negli anni Quaranta utilizzavano pochi insetticidi: allora i parassiti distruggevano circa il 3,5 per cento del raccolto. Oggi la quantità di insetticidi impiegata è di mille volte maggiore, e tuttavia le perdite nei raccolti sono salite al 12 per cento.

Un chilo di diserbante costa al massimo quanto il pieno di un'automobile. Per rimuovere questa quantità dalla terra e dall'acqua freatica occorrono 1000 chilogrammi di carbone attivo, per un costo di 10 milioni di lire circa, senza contare le spese per lo smaltimento del carbone attivo contaminato e i costi sanitari che andrebbero sostenuti nel lungo periodo.

Se ogni produttore e distributore di tali bombe a orologeria dovesse anche accollarsi i costi della pulizia dell'ambiente il mondo avrebbe un altro aspetto. L'antica scienza dei ritmi naturali non sarebbe andata perduta, perché la sua esistenza e il suo utilizzo sarebbero ancora di importanza vitale. Le istruzioni che seguono per prevenire e combattere parassiti ed erbacce non vi costano nulla, a parte un po' di pazienza.

Chi desidera collaborare armoniosamente con la natura invece di maltrattarla, vedendo dei parassiti dovrebbe chiedersi: sono davvero tali? E se avrete risposto a questa domanda con l'aiuto della ragione e del senso della misura e sarete giunti alla conclusione di voler fare qualcosa, allora ecco la seconda domanda: qual è il motivo della loro comparsa? Troppo concime, troppa acqua? Nella risposta spesso si nasconde già la contromisura adatta per risolvere il problema, o per lo meno per eliminarlo per qualche anno.

Le regole per prevenire la comparsa di parassiti

Ottimo:	la migliore prevenzione contro la comparsa massiccia di parassiti è quella di piantare e seminare al momento giusto, tenendo conto degli influssi che i giorni delle foglie, dei frutti, dei fiori e delle radici esercitano sui fiori e sulle piante.
Ottimo:	anche la rotazione delle colture è una buona misura preventiva contro i parassiti. Le verdure epigee dovrebbero venire dopo quelle ipogee e viceversa.
Ottimo:	la giusta <u>combinazione di colture</u> (vedi) può contribuire molto ad allontanare i parassiti fin dall'inizio. Oggi questo sistema si chiama coltura mista. È un vantaggio enorme quando le piante possono aiutarsi tra loro a tenere in scacco i parassiti.

Se i tempi giusti sono stati rispettati e i parassiti compaiono comunque in massa, ecco alcuni consigli per farvi aiutare in questa «battaglia» dalle fasi della luna.

Le regole per combattere i parassiti

🦊 Con alcune eccezioni vale questa regola: per tutte le misure miranti a eliminare i parassiti è indicata la luna calante.

🦊 Gli insetti nocivi che vivono nel terreno si affrontano meglio nei giorni delle radici (toro, vergine e capricorno).

🦊 La lotta contro i parassiti che vivono sulla superficie del suolo sarà più efficace quando la luna è in fase calante nel segno del cancro, ma anche in gemelli e in sagittario.

Purtroppo qui non possiamo dilungarci in consigli dettagliati sulle misure migliori per combattere subito i parassiti (quando cioè la pianta è già stata attaccata). Da un lato infatti sistemi diversi conducono a risultati diversi a seconda delle piante: sarebbe troppo lungo elencarli tutti, e comunque non esistono ricette pronte (più informazioni si trovano nel nostro libro *Servirsi della luna*).

Dall'altro lato la pazienza è l'arma migliore anche in questo campo: con i nostri libri vorremmo anche contribuire a creare un lento cambiamento di mentalità che rifugga dalle maniere forti a favore di una prevenzione che si serva della ragionevolezza e del senso del limite. Nessun sistema potrà mai risolvere un problema, con le piante come in famiglia, nel lavoro e nella vita quotidiana, se il pensiero e le emozioni non sono in armonia con le leggi della natura e se questo sistema non è accompagnato dall'amore e dalla ragione. Non vogliamo mostrarvi la via alla perfezione, ma piuttosto come affrontare l'imperfezione con un po' più di serenità e rilassatezza.

Tornando alle vostre piante: seguite questi consigli e il prossimo anno fate attenzione a combinare le colture nel modo giusto, e non vi troverete più nell'imbarazzo di dover ricorrere a sostanze velenose.

PARTI DEL CORPO E SEGNI ZODIACALI

Le diverse fasi della luna quando attraversa un segno zodiacale si riflettono nella parte del corpo retta da quel particolare segno. Ecco quali sono le interrelazioni:

Segno zodiacale	regge
ariete	testa, occhi, naso, mascella superiore
toro	tiroide, denti, mascella inferiore, gola, tonsille, orecchie
gemelli	spalle, braccia, mani
cancro	torace, polmoni, stomaco, fegato, cistifellea
leone	cuore, schiena, circolazione
vergine	apparato digerente, nervi, milza, pancreas
bilancia	fianchi, reni, vescica
scorpione	organi genitali, uretere
sagittario	cosce, vene
capricorno	ginocchia, ossa, articolazioni, pelle
acquario	gambe, vene
pesci	piedi, dita dei piedi

Ecco le regole

🙰 Tutto ciò che si fa per il benessere di quella parte del corpo retta dal segno zodiacale attraversato in quel momento dalla luna è doppiamente utile e benefico, eccettuati gli interventi chirurgici che interessano quella zona. Per esempio: un massaggio fatto secondo la reflessologia plantare nei giorni dei pesci o un infuso per la tosse nei giorni del cancro.

🙰 Tutto ciò che danneggia o affatica quella parte del corpo e quegli organi retti dal segno zodiacale che la luna sta attraversando in quel momento ha un effetto doppiamente sfavorevole se non dannoso. Un esempio: un surraffreddamento della zona della gola in toro o un eccesso di stress fisico in leone. Se possibile in questi giorni bisognerebbe evitare interventi chirurgici alla zona in questione. Un altro esempio: niente tonsille in toro, niente operazioni alle anche in bilancia! Gli interventi di emergenza sottostanno ovviamente a leggi più alte.

🙰 Se attraversando un segno zodiacale la luna è crescente, tutte le misure atte a far affluire sostanze ricostituenti all'organismo e a rafforzare l'area del corpo retta da quel segno zodiacale saranno più efficaci che non con la luna calante. Se la luna al contrario è calante sono maggiormente favorite le misure depurative.

PAVIMENTI DI LEGNO – POSA E PULITURA

Per godere a lungo dei vostri pavimenti di legno usando prodotti naturali è sufficiente un minimo di cura e di pulizia. I produttori di queste sostanze sanno come fare per raggiungere i risultati migliori: basta seguire poche regole e ritroverete ogni giorno la gioia di avere un pavimento di legno naturale. Quello che i produttori ancora non dicono è quando sia meglio dedicarsi alla loro cura: potete spazzarli e passarli con uno straccio umido quando volete, evitando però se possibile la luna in cancro, scorpione e pesci.

Se vivete in una vecchia casa di legno in cui i pavimenti sono assolutamente non trattati e molto antichi, potete fare molto per conservare la loro splendida irregolarità naturale: dovete solo spazzarli o passarli con l'aspirapolvere, perché si rigenerano da soli. In certe occasioni vanno strofinati a fondo, al più ogni due settimane, ma solo con la luna calante! La liscivia di cenere di faggio (vedi) è la migliore per questo tipo di lavoro. Se proprio dovete lavarli con la luna crescente, cercate almeno di asciugarli bene e in fretta; se dovete farlo con la luna in cancro, scorpione e pesci l'umidità può penetrare nelle fessure provocando spaccature nel legno che col tempo può anche marcire.

Le regole per posare e pulire pavimenti di legno

Il momento migliore:	con la luna calante in capricorno.
Si può fare:	con la luna calante, eccetto i giorni del leone, del sagittario e del cancro.
Da evitare:	in generale con la luna crescente, ma anche con quella calante in leone, sagittario e cancro.
Il momento peggiore:	con la luna crescente in leone, sagittario e cancro e con la luna piena.

Se aspetterete il momento giusto: avrete pavimenti più resistenti e meno delicati. Il legno non marcisce e resta bello a vedersi, il pavimento rimane silenzioso e solido. Anche arieggiando pavimenti e rivestimenti non scricchiolano.

Se sceglierete il momento sbagliato: anche dopo anni il pavimento può marcire e ingobbirsi; vi è rischio che si formino delle fessure, soprattutto se è stato posato con la luna in cancro. Scric-chiola molto in particolare con i cambiamenti atmosferici e gli sbalzi di temperatura e di umidità. Anche i rivestimenti scric-chiolano, il legno si incurva di più e può spaccarsi.

Consigli particolari: oggigiorno i parquet trattati, oliati o luci-dati naturalmente sono molto facili da curare e restano belli an-che dopo molto tempo.

Recentemente abbiamo notato la pubblicità di una moquette, nella quale un bambino picchiava la testa sul pavimento di legno. La frase riportata era questa: «Con la moquette non sarebbe suc-cesso».

Non abbiamo nulla contro le moquette, a patto che siano completamente naturali e non vi siano abitanti od ospiti che provochino allergie. Per quel che riguarda polvere, batteri e al-tri microorganismi, nessuna pulizia per quanto profonda può cancellare il fatto che una moquette è altamente antiigienica. Da questo punto di vista qualsiasi parquet è infinitamente mi-gliore.

Provate a domandare a un pediatra quanti piccoli pazienti con allergie dovute alla moquette curi nel corso dell'anno, che la col-pa sia della polvere e dei batteri o delle sostanze chimiche e dei detersivi usati. Per fare un confronto, chiedete poi quanti bam-bini si sono fatti male cadendo su un pavimento di legno.

Le moquette non si sono diffuse solo perché è cambiato il gusto in fatto di arredamento. Il legno tagliato e montato al momento sbagliato e i parquet laccati con sostanze che sono veleni ci han-no rovinato il piacere del legno naturale. In realtà non vi è nulla di più bello ed ecologico di un pavimento di legno protetto e trattato naturalmente. Dopo tutto costa quanto la migliore mo-quette, ma dura molto più a lungo. Parquet o moquette sintetica, Pvc etc. ? Questa domanda non si pone più se si considera il pro-blema del successivo smaltimento e quindi del fattore <u>trasparen-za dei prezzi</u> (vedi).

PAVIMENTO – POSA DEI RIVESTIMENTI

Di sicuro avrete nelle vicinanze una piccola ditta che fornisce ri-vestimenti di tipo naturale, senza ricorrere a sostanze chimiche;

quasi tutte le fabbriche di questo tipo non fanno guadagni spropositati, sono gestite in maniera idealista e offrono la migliore assistenza alla clientela che viene curata con attenzione. Se la trasparenza dei prezzi fosse diffusa ovunque, la lana, il sughero, la sisal, il linoleum sarebbero non solo i materiali più sani, ma anche quelli più convenienti da usare come rivestimento per pavimenti di ogni foggia e colore. Anche se non c'è in gioco il legno, la posa di tutti gli altri tipi di rivestimento può avvantaggiarsi dello stato della luna.

Le regole per posare i rivestimenti del pavimento

Il momento migliore: con la luna calante.
Il momento peggiore: in generale con la luna crescente, in particolare quando è piena.

Se aspetterete il momento migliore: vi sarà un buon adattamento al terreno, non si formeranno corrugamenti né crepe se userete prodotti naturali. Il rivestimento non si incurva neppure con forti sbalzi di temperatura o umidità. Anche i collanti tengono meglio.

Se sceglierete il momento sbagliato: vi è il rischio che si formino fessure, corrugamenti e crepe a causa della maggiore azione contraente e dilatante. I collanti tengono meno bene.

Consigli particolari: i listelli, sia di legno sia di altri materiali, non si staccano se li fisserete con la luna calante. Tutte le casalinghe sanno bene che pulendo i listelli ci si può ferire se i chiodini sporgono. Eviterete questo problema se fisserete i listelli nel periodo indicato. Fate attenzione a posare i rivestimenti a *temperatura ambiente*, a prescindere dai materiali usati.

PELLE A BUCCIA D'ARANCIA

Per affrontare il problema della pelle a buccia d'arancia sui fianchi e sulle cosce occorre dare un sostegno ai tessuti connettivi più profondi e al metabolismo muscolare in genere. Combattere solo i sintomi è sempre inutile.

Il problema di base è un circolo vizioso che bisogna spezzare:

se nei tessuti si accumulano troppe sostanze tossiche, si mette su grasso. A sua volta ciò provoca un indebolimento dei tessuti stessi. Tessuti connettivi deboli nelle donne provocano la pelle a buccia d'arancia.

Se volete fare qualcosa di efficace la luna vi può aiutare. Cominciate a nutrirvi secondo le regole della vostra tipologia alimentare (vedi), e allo stesso tempo cercate di assumere per un lungo periodo di tempo molta vitamina E (mai però sotto forma di preparati a base di vitamine!). Il periodo migliore è quello dei 14 giorni della luna crescente, perché il corpo assorbe tutto più velocemente e meglio. La vitamina E è contenuta soprattutto nei germogli dei cereali, nell'olio di germogli di grano, nell'olio di cardo, nell'olio di lino, nel mais, nel crescione, nel latte, nella panna, nell'avena e nel pane integrale.

Cominciando nel plenilunio, per i 14 giorni di luna calante massaggiate le zone interessate con un buon olio rassodante per i tessuti. Anche in seguito non dovrete dimenticare di assumere vitamine e sali minerali a sufficienza (in particolare la vitamina E), ma il trattamento intensivo delle cosce può avvenire a intervalli più lunghi. Fatelo in ogni caso nei giorni del sagittario. Il successo di questo semplice massaggio naturale in armonia con la luna parlerà da solo.

Ancora una cosa: solo le donne hanno il problema della buccia d'arancia, mentre gli uomini per gli stessi motivi diventano stempiati.

PELLE – INTERVENTI VEDI: GINOCCHIA

Il segno zodiacale del capricorno, responsabile dell'area delle ginocchia, regge anche il nostro organo più esteso, la pelle. Quindi le spiegazioni e le regole valide per gli interventi alle ginocchia valgono anche per tutte le operazioni che riguardano la pelle (trapianti o rimozione di voglie etc.).

PELLE – MICOSI

In caso di micosi occorre il consiglio di uno specialista, anche se alcune misure come i bagni e i lavaggi in acqua salsa possono essere coadiuvanti (in ogni caso solo con la luna calante, ancora più efficaci nei giorni dei pesci). Invece frizioni con alcol, olio del tè o misture di erbe fanno bene anche con la luna crescente.

Se avete un fungo alle unghie dei piedi è particolarmente importante tagliarle o limarle di venerdì dopo il tramonto. Per risanarle imbevete un bastoncino di ovatta di olio dell'albero del tè o di acquavite di frutta, inumidendo il letto ungueale e la parte tra i bordi dell'unghia e la pelle. Una buona idea sarebbe quella di spalmare contemporaneamente una crema per le mani.

PELLE – PULIZIA IN PROFONDITÀ

Tutti conoscono i numerosi effetti dei trattamenti in profondità, ma pochi ne sanno il motivo. Anche se il merito non è tutto della luna, essa gioca di certo un ruolo importante.

Nei giorni del capricorno vi è un influsso molto particolare per quanto riguarda la pelle in generale. Non bisognerebbe mai trascurare la cura della pelle, ma in questo periodo ancora di più: esso è indicato proprio per una pulizia a fondo della pelle, e questa occasione non andrebbe sprecata.

Se utilizzate già prodotti preziosi e naturali (come il latte del nostro assortimento, vedi pag. 299) che hanno un effetto delicato sulla pelle, è sufficiente una normale pulizia quotidiana.

Le regole per pulire la pelle in profondità

Il momento migliore:	con la luna calante in ariete o capricorno.
Si può fare:	con la luna calante.
Da evitare:	con la luna crescente.
Il momento peggiore:	con la luna crescente in leone o nel plenilunio.

Consigli particolari: i piccoli interventi estetici (rimozione di comedoni, foruncoli etc.) non andrebbero mai eseguiti con la luna crescente, e se possibile neppure con la luna calante in ariete e capricorno.

PIANTARE VEDI: <u>SEMINARE E PIANTARE</u>

PIEDI – INTERVENTI AI PIEDI

Avete già letto la voce <u>Interventi chirurgici</u>? Sarebbe meglio darci un'occhiata prima di fissare l'appuntamento per un'operazione.

Vorremmo ricordarvi una cosa: molti fattori sono decisivi per la riuscita di un intervento chirurgico, dalla competenza del medico allo stato generale di salute del paziente fino alla disponibilità degli strumenti necessari. E non da ultime sono in gioco anche circostanze determinate dal destino in gioco: l'esito di operazioni d'emergenza per esempio soggiace di sicuro a leggi superiori.

Nel caso di interventi chirurgici molti fattori sono modificabili, altri no. Ma una cosa è certa: anche lo stato della luna e le sue fasi possono in un dato momento influenzare la riuscita o meno di un'operazione.

La regola di base è molto semplice: tutti gli interventi andrebbero se possibile programmati con la *luna calante*, e ciò è tanto più importante quanto più l'operazione è difficile ed estesa.

Le regole per gli interventi ai piedi

Si può fare:	con la luna calante, ma non in acquario, pesci ed eventualmente anche ariete.
Da evitare:	con la luna crescente.
Il momento peggiore:	con la luna crescente in acquario, pesci e ariete così come nei tre giorni prima del novilunio fino a quest'ultimo compreso, non importa in quale segno.

Se aspetterete il momento giusto: diminuisce il rischio di emorragie e di cicatrici permanenti. Il decorso postoperatorio è più veloce, minore il pericolo di complicazioni.

Se sceglierete il momento sbagliato: complicazioni e infezioni postoperatorie sono più frequenti con la luna crescente, e la fase di guarigione e convalescenza dura di norma più a lungo. Intorno al plenilunio si possono verificare emorragie forti e difficili da arrestare. Anche la cicatrizzazione presenta qualche problema, e il rischio di cicatrici brutte o permanenti è molto più alto. Possono anche essere necessari più interventi per raggiungere risultati apprezzabili. Grande rischio di dolori ai nervi.

E non dimenticate: è fondamentale chiedersi se l'intervento è davvero necessario! Riflettete sul fatto che certe operazioni non vitali (cistifellea, intestino cieco, tonsille) vengono eseguite su pazienti che siano medici e avvocati l'80 per cento in meno rispetto al resto della popolazione, e non certo perché queste categorie vivano in maniera più sana. Prima di un'operazione importante sentite sempre un secondo parere: non può farvi che bene.

PLASTICA FACCIALE

A seguito di incidenti possono essere necessari più interventi per ridare al paziente un aspetto gradevole. Soprattutto i giovani sono disperati quando, dopo molte operazioni e interventi dolorosi, non ottengono i risultati sperati o addirittura la situazione è peggiorata. In un mondo in cui si dà tanta attenzione all'esteriorità, le cicatrici visibili possono rovinare la vita. Diventa allora ancora più importante aspettare il momento migliore per intervenire.

Le regole per la plastica facciale

Si può fare:	con la luna calante, ma non in pesci, ariete e toro.
Da evitare:	con la luna crescente.
Il momento peggiore:	con la luna crescente in pesci, ariete e toro e tre giorni prima del plenilunio (compreso quest'ultimo), non importa in quale segno.

Se aspetterete il momento giusto: diminuisce il rischio di emorragie e di cicatrici permanenti. La convalescenza è più veloce, minore il pericolo di complicazioni.

Se sceglierete il momento sbagliato: possono anche essere necessari più interventi per raggiungere risultati apprezzabili. Vi è il rischio di cicatrici e in genere di dolori prolungati, anche ai nervi.

Consigli particolari: tra le benedizioni delle erbe mediche vi è l'olio dell'albero del tè, che può fare molto bene al processo di guarigione se applicato esternamente.

Le cicatrici, inoltre, non presentano svantaggi solo dal punto di vista estetico: esse costituiscono anche delle zone di disturbo nel corpo e possono danneggiare l'organismo, soprattutto quando incrociano dei punti di passaggio dell'energia (meridiani). Molti terapeuti sono in grado di sciogliere questi blocchi, per esempio con l'agopuntura. Tuttavia sarebbe un grosso vantaggio contenere o addirittura evitare la formazione di brutte cicatrici scegliendo il momento giusto per l'intervento.

PLENILUNIO

Nel corso del suo giro di circa 28 giorni intorno alla terra la luna mostra sempre solo una faccia. Quando la luna si trova esattamente dietro la terra, quasi sulla stessa linea con quest'ultima e con il sole, la sua faccia è completamente illuminata dalla luce del sole. Sulla terra si ha allora il plenilunio. Nei calendari questa fase lunare è indicata da un disco bianco.

Quando la terra si trova esattamente tra sole e luna, l'ombra della terra copre la superficie lunare: con il tempo sereno e di notte si può allora osservare una lunga eclissi totale di luna, se ci si trova in quella zona d'ombra.

Nelle poche ore del plenilunio sulla terra si manifesta chiaramente un'energia particolare, e il cambio di direzione degli impulsi lunari da crescente a calante viene percepito in maniera più incisiva di quanto avviene nel novilunio. Essenzialmente si tratta dello stesso effetto della luna crescente (vedi), ma ancora più forte: qualcuno fa il sonnambulo, le ferite sanguinano più del solito, le erbe raccolte in questo giorno sviluppano una grande energia, i fiori recisi muoiono più in fretta, i distretti di polizia registrano un aumento degli episodi violenti e degli incidenti e perfino le levatrici hanno molto da fare.

È molto utile fare un giorno di digiuno con la luna piena, perché il corpo assorbe meglio tutte le sostanze, comprese quelle artificiali che i nostri alimenti contengono in abbondanza. L'acqua inoltre si accumula più velocemente nei tessuti, indebolendoli. Il decorso postoperatorio in questa giornata è poco favorito, le ferite si rimarginano con maggiore difficoltà. Può succedere che si verifichino inondazioni.

PLENILUNIO – IL MOMENTO ESATTO

Alcuni lettori ci hanno chiesto quando esattamente cada il giorno del plenilunio e quando esattamente cominci il novilunio, forse come reazione al nostro invito a praticare un giorno di digiuno in queste due occasioni. Come succede spesso, la risposta dipende da quale sia l'attività che volete favorire scegliendo il momento giusto. Nel prendere la decisione relativa al giorno esatto del plenilunio e del novilunio, quindi, la cosa migliore è far decidere al vostro intuito. Nel caso poi di interventi chirurgici, è buona regola tenere d'occhio l'orologio.

Se per esempio il plenilunio cominciasse tra le 12 e le 23.59, noi personalmente considereremmo questo lasso di tempo il giorno giusto, dedicandolo a quelle attività favorite dalla luna crescente o piena. Se invece sul calendario l'inizio del plenilunio fosse segnato alle 3.20, l'intera giornata, anche se spesso viene indicata come «giorno di luna piena», sarebbe sotto l'influenza della luna calante e dunque sarebbe bene organizzarsi di conseguenza. Alla fine, la decisione spetta a voi.

POLLICOLTURA

Anche in questo campo esiste un'importante e provata regola che ci viene dalla luna: se le uova vengono covate dalle galline (o anche artificialmente) in modo che i pulcini sguscino fuori con la luna piena, diventeranno dei polli molto sani. Il tempo della covata è sempre lo stesso, quindi questo ritmo si può calcolare facilmente.

Vorremmo ricordarvi una cosa: comprate solo uova biologiche di polli allevati in libertà e nutriti in modo sano. Se vi chiedete perché farlo visto che sono più care, vi consigliamo una visita a un «normale» pollaio. Se poi vi dicono che i visitatori non sono ammessi, aspettate finché non ne parlerà la televisione: allora saprete anche voi perché i pollicoltori non desiderano avere visite.

Tutti noi abbiamo il dovere di badare ai nostri animali e di curarli. Con una «politica acquisti» sbagliata sosteniamo indirettamente l'allevamento di massa.

PORTARE IL BESTIAME AL PASCOLO

Per gli animali da allevamento il giorno della prima uscita al pascolo è decisivo. Se scegliete la luna discendente (soprattutto i giorni della bilancia) gli animali pascoleranno volentieri e non cercheranno di tornare indietro prima di essersi saziati. Comunque dev'essere un lunedì, un mercoledì, un venerdì o un sabato.

Mai portare le bestie al pascolo per la prima volta di martedì o di giovedì! Ancora oggi questa regola viene rispettata, soprattutto quando si sale o si scende dall'alpeggio.

Questi ultimi sono giorni poco indicati anche per spostare gli animali da un luogo all'altro e per portarli a casa dopo averli acquistati: possono non essere generosi con il latte e diventare gravidi.

Andrebbero evitati anche i giorni del leone e del cancro. In leone gli animali impazziscono e sono difficilmente ammansibili, mentre in cancro tendono a tornare sempre alla stalla, in particolare quando vivono in alta montagna.

In autunno il bestiame andrebbe portato al pascolo per l'ultima volta con la luna crescente.

POSIZIONE DELLA LUNA

L'espressione indica in quale dei dodici segni dello zodiaco si trova la luna.

POSTA DEI LETTORI

Nel corso degli anni abbiamo ricevuto decine di migliaia di lettere da tutto il mondo: vorremmo ringraziare di cuore per la fiducia nel nostro lavoro che ci viene manifestata, e allo stesso tempo pregarvi di essere indulgenti. Per anni infatti abbiamo risposto personalmente a ogni lettera, perché finora nessuno poteva farlo per noi, ma ora questo non è più possibile: il giorno dovrebbe avere almeno 48 ore, anche solo volendoci provare, e non resterebbe più tempo per quello che riteniamo essere il nostro compito, cioè scrivere libri per persone come voi e creare prodotti di alta qualità al momento giusto e in armonia con i ritmi della luna.

Per quanto riguarda le lettere dei nostri lettori ecco poche cose che potrebbero essere utili e dare risposta alle domande più frequenti.

- Noi scriviamo esclusivamente sulla base della nostra esperienza personale, e questa è limitata. Se qualcuno ci fa una domanda alla quale non sappiamo rispondere, allora ci prendiamo la libertà di non rispondere alla lettera, e per questo chiediamo la vostra comprensione. Ciò vale anche e soprattutto per le domande relative all'origine e alla cura di disturbi fisici e malattie: non possiamo e non dobbiamo dire che cosa in quel caso singolo può giovare o fare danno.

- Molti lettori ci chiedono l'indirizzo di buoni rabdomanti o guaritori che si basano sui ritmi lunari. È vero che ve ne sono ogni giorno di più, ma tutti quelli che conosciamo sono disperatamente impegnati perché lavorano bene. È molto semplice: se il medico che avete scelto non vi soddisfa, cercatene un altro. Un medico davvero bravo farà sempre di tutto perché voi siate e restiate sani.

- Altri lettori ci hanno chiesto i fornitori da noi usati per particolari servizi o prodotti nell'ambito del nostro lavoro, come oggetti di legno, erbe o cosmetici. Col tempo abbiamo trovato diversi partner per continuare ad aiutare i lettori più interessati (vedi pag. 299).

- Spesso poi si tratta di problemi per cui qualcuno desidera il nostro aiuto personale. Quasi sempre però la soluzione è vicina! Il fatto è che non la sappiamo vedere, perché ci affanniamo a cercarla solo in una direzione o perché siamo troppo orgogliosi, impauriti o pigri per capire che anche noi siamo parte del problema e per cambiare strada.

Tutto il nostro lavoro presente e futuro mira a risvegliare il coraggio di prendere decisioni e responsabilità in prima persona, di affrontare davvero i problemi vedendoli da più lati e andare fino in fondo alle cose. Nessun'altra persona, per quanto «esperta», potrà mai farlo per voi, neppure noi. Se il nostro lavoro è riuscito nel suo intento, allora siamo contenti per voi di tutto cuore.

Oh Dio, donaci la tranquillità di accettare
quel che non possiamo cambiare, donaci
il coraggio di cambiare quando è necessario,
e la capacità di distinguere l'uno dall'altro.

POTARE GLI ALBERI DA FRUTTO

Un'operazione importante che chi si occupa di giardinaggio e agricoltura si trova a ripetere ogni anno è la potatura di alberi e cespugli da frutto. Molti dilettanti ma anche pollici verdi esperti hanno fatto brutte esperienze a questo proposito: vi sono anni in cui tutto fila liscio, altri in cui il diavolo ci mette lo zampino e i risultati sono insoddisfacenti. Non c'è da meravigliarsi, perché in questo campo la scelta del momento giusto ha un'importanza decisiva.

Le regole per potare gli alberi da frutto

Il momento migliore:	con la luna calante in ariete, leone, sagittario.
Si può fare:	con la luna calante ma non in cancro, scorpione o pesci.
Da evitare:	con la luna crescente.
Il momento peggiore:	con la luna crescente in cancro, scorpione o pesci e nel plenilunio.

Se aspetterete il momento giusto: la pianta si può rigenerare, e i suoi umori confluiscono nei frutti.

Se sceglierete il momento sbagliato: la pianta perde troppi umori e la produzione dei frutti viene bloccata. L'albero non muore ma la produzione di frutta cala o scompare del tutto. Se al momento della potatura c'è la *luna piena in cancro*, è a rischio la sopravvivenza stessa della pianta!

Consigli particolari: tagliate tutti i rami che crescono dal centro dell'albero, che gli rubano energie inutili.

POTARE LA CIMA DEGLI ALBERI

Un'attenta potatura di piante malate, se eseguita al momento giusto, può essere una terapia molto efficace. Abbiamo spesso potuto osservare che un taglio radicale ha salvato alberi mortalmente malati, purché si osservino alcune semplici regole.

Le regole per potare la cima degli alberi

Il momento migliore:	con luna calante poco prima del novilunio (in caso di alberi da frutto fare attenzione anche ai giorni dei frutti).
Si può fare:	con la luna calante.
Da evitare:	con la luna crescente.
Il momento peggiore:	con la luna crescente poco prima del plenilunio.

Se farete attenzione al momento giusto: la pianta otterrà un forte impulso vitale e di crescita.

Possibile conseguenze se sceglierete il momento sbagliato: la pianta ne risulta molto indebolita, cresce stentatamente, può anche morire.

Consigli particolari: a volte per questo lavoro noi utilizziamo delle lunghe cesoie. La cima dell'albero andrebbe tagliata appena al di sopra di un ramo laterale, che tenderà verso l'alto a formare la nuova punta. Questa regola è valida per tutte le piante che non crescono nel modo giusto, anche per quelle ornamentali e fiorite. Tagliate semplicemente la punta con la luna nuova: il risultato vi sorprenderà.

Molti alberi malati nei nostri boschi potrebbero venire salvati se solo si applicassero queste semplici misure. Nel caso di fiori, arbusti e alberi da frutto a volte è necessario tagliare più che solo la punta: noi abbiamo reciso radicalmente gli alberi da frutta con la luna nuova, appena al di sopra dell'area di innesto, e da allora fioriscono e fanno frutti ogni anno.

È possibile fermare la moria dei boschi ricorrendo a questo espediente? Non ne siamo sicuri, perché le cause non possono essere rimosse. Quel che è certo è che i risultati andrebbero al di là di ogni aspettativa. Tutti gli alberi malati che abbiamo finora curato in questo modo sono guariti.

Nella rugiada delle piccole cose
il cuore trova il suo mattino
e ne viene rinfrescato.

(Khalil Gibran)

POTARE LE SIEPI

Le siepi utilizzate come steccati viventi sono belle e pratiche. Il loro verde intenso ha un effetto tranquillizzante non solo per gli occhi, e spesso sono l'unica macchia di natura che la città offre, oltre a costituire una possibilità di insediamento per molti piccoli animali utili. Cogliamo l'occasione per ricordare quanto siano utili molti dei nostri parassiti, anche se forse non per coloro che misurano tutto secondo i profitti per tonnellata di raccolto. Per un gran numero di uccelli, roditori e altri piccoli animali i parassiti sono un nutrimento necessario; ogni animale è parte di una catena infinita, una spirale che si sviluppa lentamente nel futuro cui diamo il nome di evoluzione. La natura può rinunciare a questa o quella specie di piante o di animali, come già è accaduto nel passato, facendola morire. Noi uomini non possiamo farlo: con ogni animale o pianta che viene eliminato prima del tempo muore una parte di noi, almeno finché la natura non deciderà di fare a meno della razza umana e noi ricominceremo da capo. Anche una sola siepe è quindi importante e dovrebbe essere curata.

Le regole per potare le siepi

Il momento migliore:	in cancro, scorpione e pesci con la luna calante o nuova.
Si può fare:	in cancro, scorpione e pesci.
Da evitare:	in capricorno, vergine e toro.
Il momento peggiore:	in capricorno, vergine, toro con la luna crescente o piena.

Se aspetterete il momento giusto: la siepe resta viva e non lignifica. Le foglie crescono belle folte; non si formano buchi al suo interno.

Se sceglierete il momento sbagliato: la siepe avrà grossi buchi e sarà più debole in caso di temporale.

Consigli particolari: un piccolo problema con cui spesso ci si deve confrontare dopo qualche anno è la lignificazione da sotto. Le foglie si diradano e i tronchi diventano più grossi e radi nella parte inferiore: la siepe non può più svolgere appieno la sua funzione di riparo dagli sguardi indiscreti e dal vento. A questo c'è un rimedio quasi infallibile: a intervalli di circa un metro ricavate dei piccoli varchi nella siepe, non troppo larghi per evitare che abbia delle «finestrelle» e non troppo in basso rispetto al terreno in modo che dietro tutto possa rispuntare bene. Quando le nuove foglie avranno chiuso i buchi bisogna subito ripetere l'operazione, ma sempre e solo con la luna calante e in uno dei giorni delle foglie (cancro, scorpione o pesci!). Nel giro di pochi mesi avrete così una nuova siepe giovane, che non dimostrerà affatto la sua età. I buchi che avete creato in seguito spariranno se farete attenzione al momento giusto. Questa cura è indicata anche per le siepi di abete rosso.

POTARE PIANTE E FIORI

Questa operazione è tra le più difficili tra quelle da fare in giardino: spessissimo si vede che allo stesso intervallo di tempo e con le stesse conoscenze si ottengono risultati completamente diversi. A volte la pianta «butta», poi di nuovo cresce stentatamente, cresce solo in larghezza o muore del tutto. Come in molti altri lavori da giardino è fondamentale scegliere il momento giusto (vedi anche Potare la cima degli alberi e Potare gli alberi da frutto).

Le regole per potare piante e fiori

Il momento migliore:	con la luna calante, o in alternativa con quella discendente.
Da evitare:	con la luna crescente.
Il momento peggiore:	poco prima del plenilunio.

Se aspetterete il momento giusto: piante e fiori potati in luna calante non subiscono danni, perché la linfa non fuoriesce. Inoltre la pianta riceve un forte impulso vitale e di crescita.

Se sceglierete il momento sbagliato: le piante si indeboliscono molto, crescono stentatamente e possono perfino morire.

Consigli particolari: la regola è applicabile a tutte le piante che non vogliono crescere a dovere, anche quelle ornamentali e da fioritura. Più si è vicini al novilunio migliore è l'effetto. Una siepe viva con molto verde va tagliata se possibile in un giorno delle foglie (cancro, scorpione e pesci), mentre gli arbusti da frutto in un giorno dei frutti (ariete, leone e sagittario).

PRATI – SEMINA E FALCIATURA

Le ditte di giardinaggio e le amministrazioni comunali potrebbero risparmiarsi molti soldi se per posare superfici verdi calcolassero il momento migliore per farlo. Se volete posare un prato nuovo, quindi, non dovreste far passare l'attimo giusto.

Le regole per posare prati

Il momento migliore:	con la luna crescente nei giorni del leone.
Si può fare:	con la luna crescente nei giorni d'acqua (cancro, scorpione e pesci).
Da evitare:	con la luna calante.
Il momento peggiore:	con la luna calante nei giorni della luce (gemelli, bilancia, acquario).

Se aspetterete il momento migliore: il prato crescerà più forte e sarà molto più resistente. Un po' d'acqua è sufficiente e una semina successiva è di solito superflua.

Consigli particolari: cospargete sull'humus i semi da voi scelti, passateli con il rastrello e calpestateli leggermente. Fate in modo che il terreno non si secchi prima che l'erba spunti. In seguito innaffiate solo in cancro, scorpione o pesci, e mai in pieno sole!

Dopo non innaffiate assolutamente più. Durante un periodo di siccità è molto meglio lasciar scurire una volta l'erba piuttosto che innaffiarla di continuo con la migliore acqua potabile: in questo modo infatti la indebolireste (e indebolireste anche voi stessi sprecando tutta quell'acqua).

La cura dei prati e la semina sono di solito più efficaci nei giorni delle foglie (cancro, scorpione e pesci), perché l'erba ricresce bene e diventa bella folta.

Le regole per seminare i prati

Per avere l'erba subito:

> **Il momento migliore:** con la luna crescente in cancro e scorpione.

Per avere un prato folto:

> **Il momento migliore:** con la luna calante in cancro e scorpione.

Consigli particolari: un prato ben posato non andrebbe mai seminato in leone, perché potrebbe seccarsi. Meglio seminare più in alto che non troppo profondo, e soprattutto fatelo al mattino o alla sera.

Che fare con l'erba tagliata? Di certo avrete osservato che si conserva diversamente. A volte sembra sparire nel terreno dopo breve tempo, mentre altre forma brutti gomitoli che tendono a marcire e che nel migliore dei casi vengono dispersi dal vento. Ecco la soluzione dell'enigma: con la luna calante potete lasciar giacere l'erba tagliata, che si mescolerà pian piano alla terra facendo da concime. Con la luna crescente invece è meglio raccoglierla con il rastrello perchè la terra non la assorbe e vi è rischio che marcisca e fermenti. Disponetela in cerchio attorno a un albero (non troppo alto) o sulle zone spelate di un prato, perché protegge dalla siccità.

PRENDERE IL SOLE

Quando faremo amicizia con il sole, amandolo e cercandolo nella consapevolezza che non è colpa sua se ci siamo privati da soli della protezione dell'ozono, esponendoci ai suoi raggi benefici e vitali così a lungo da far ribellare la nostra pelle; quando smetteremo di rovinare la pelle con prodotti chimici e di considerare automaticamente sani tutti coloro che hanno il viso abbronzato, allora il sole diverrà nostro amico.

Lunghe esposizioni al sole, giacendo immobili come lucertole solo per amor di abbronzatura sono estremamente dannose per qualsiasi tipo di pelle. Ma di certo questa non è più una novità. Il circolo vizioso è molto facile da descrivere: la pelle possiede una naturale funzione protettiva contro i raggi solari più intensi, che non deve essere danneggiata da un'esposizione troppo prolungata. I prodotti a protezione solare non sostengono questa funzione, ma al contrario la sostituiscono! Questo a sua volta fa sì che tutte le zone della pelle che normalmente sono comunque esposte al sole (collo, braccia, viso, gambe, decolleté) diventino ancora più sensibili, invecchiando precocemente. Avete mai toccato la pelle della schiena di una persona anziana? Sembra quella di un bambino.

Un'altra cosa parla a sfavore di un uso sconsiderato dei prodotti solari: ovunque lo strato di ozono è danneggiato sono in aumento i casi di tumore alla pelle; la cosa strana però è che nelle categorie di lavoratori che lavorano prevalentemente all'aperto – muratori, contadini, guardie forestali etc. – questa malattia cresce in confronto più lentamente. Il punto è che la maggior parte di essi per motivi diversi rinuncia ai terribili prodotti di protezione solare. Da un lato uno degli scopi dichiarati per cui si ricorre a tali prodotti, ovvero un'abbronzatura veloce e duratura, è per loro irrilevante; dall'altro si servono in genere di altre misure protettive contro il sole come l'abbigliamento e dei cappelli con un'ampia visiera. Infine, essi di solito sanno quando è ora di ripararsi: nel loro caso i prodotti solari non hanno la possibilità di rendere la pelle sorda al proprio naturale senso del limite.

Insomma, ciò che gli uomini ragionevoli sapevano da tempo si è rivelato vero: le allergie solari oggi tanto diffuse sono soprattutto da ricondurre ai prodotti abbronzanti, tramite i mutamenti delle sostanze chimiche in essi contenute a contatto con il calore del sole.

Siamo sicuri che da tutto ciò saprete trarre le vostre conseguenze, e che quindi non vi sorprenderete più delle regole che seguono.

Le regole per prendere il sole

Si può fare:	in generale al massimo per 15 minuti.
Periodo neutro:	con la luna calante, ma non in capricorno, leone o cancro.
Da evitare:	sempre in cancro, con la luna calante in capricorno o leone e con la luna crescente.
Il momento peggiore:	sempre in cancro, con la luna crescente in capricorno o leone, sagittario e ariete.

Se sceglierete il momento sbagliato: la pelle si secca molto e il processo di invecchiamento naturale viene accelerato. Le scottature possono in parte provocare danni permanenti.

Consigli particolari

- Con la luna calante si ottiene in genere un'abbronzatura durevole, con quella crescente invece è più facile scottarsi.
- È molto dannoso addormentarsi in pieno sole: un quarto d'ora di sonno al sole è molto peggio di un'ora intera in stato di veglia.

PRODOTTI OMEOPATICI

L'omeopatia è antica quanto la terapia con i fiori di Bach, a essa molto simile: entrambe esistono da ben prima che le persone che vi hanno legato il loro nome le riscoprissero. Molti sanno che è possibile curare il simile con il simile, anche se non hanno mai sentito parlare di omeopatia. Limare le unghie per curarle e rafforzarle, frizionare le palpebre, il poplite o piccole ferite con la saliva, usare la propria urina per le eruzioni cutanee, bruciare e scottare ripetutamente piccole scottature per avere una rapida guarigione senza vesciche e cicatrici e molto altro ancora: tutti questi sono rimedi naturali, utilizzati con successo da secoli.

Anche la terapia con i fiori per curare certe malattie o come ricostituente generico è nota da tempo: gli indiani navajo dell'America del nord al tramonto erano soliti piegare le corolle dei fiori – per non strappare la pianta – fino a immergerle in una scodella piena d'acqua che poi bevevano, con le stesse intenzioni e gli stessi effetti che noi oggi conosciamo. E di certo conoscevano il momento migliore per farlo.

Le regole per usare prodotti omeopatici

🙠 Tutti i rimedi e i sistemi usati per depurare e per sciogliere sono più efficaci con la luna calante, mentre quelli ricostituenti agiscono meglio con la luna crescente.

🙠 I giorni adatti all'assunzione dei globuli sono il lunedì e il venerdì.

🙠 L'autoemoterapia andrebbe eseguita in un giorno di terra (toro, vergine, capricorno) e terminata non appena comincia a fare effetto. Se la luna poi è crescente l'efficacia è ancora maggiore perché l'organismo è più ricettivo.

🙠 I fiori di Bach servono quasi sempre per ricostituire e rafforzare e dunque sono spesso più efficaci con la luna crescente.

In fondo al mare sono custoditi inimmaginabili tesori: sicurezze e garanzie si vendono a riva.

PROVERBI CONTADINI

Con questa espressione si indicano ancora oggi quei proverbi e quelle massime popolari in rima che perlopiù servivano a prevedere il tempo o i risultati del raccolto. Oggigiorno non vengono quasi più considerati, per due semplici motivi: il primo è che non hanno validità eterna. Quasi tutti i proverbi che oggi conosciamo – riferiti al tempo, alla coltivazione di piante, all'allevamento di animali, alla guarigione, ai lavori domestici etc. – sono mutati nel corso del tempo, in particolari quelli relativi alla meteorologia. Non funzionano più, e questo fa sì che noi ne ridiamo.

Il secondo motivo è che gran parte di questi proverbi aveva un valore soltanto locale. Già poche valli più in là potevano esservi tutt'altre condizioni, che davano così origine a proverbi diversi. Se uno di questi detti viene diffuso al di fuori del suo territorio (poniamo da uno scrittore che ne è affascinato), sarà tutta l'antica saggezza nel suo complesso a non essere più credibile; per fortuna solo per chi si fida troppo poco della propria esperienza, poiché molti di questi proverbi sono oggi più validi che mai.

Dispiace un po' vedere che, sulla scia della riscoperta di tutto ciò che riguarda la luna, appaiono sul mercato libri o calendari lunari zeppi di raccolte di questi proverbi arbitrariamente compilate. È un po' come allegare a una Volkswagen le istruzioni per l'uso della slitta a cavalli del re Ludovico II.

Considerare la scienza della luna alla stregua di questi proverbi contadini è una cosa che farebbe sorridere molti scienziati e professori dei millenni passati: essa era infatti una parte irrinunciabile dei loro studi.

PUNTI DI SVOLTA VEDI: <u>PUNTI NODALI</u>

PUNTI NODALI

I giorni dei gemelli e del sagittario costituiscono punti nodali o di svolta in cui le energie della luna ascendente e discendente mutano la loro direzione, un po' come succede durante il plenilunio e il novilunio. Questo fenomeno è visibile in molti campi, per esempio anche nella mutevolezza del tempo tipica di questo periodo. Gemelli e sagittario non sono così facili da inquadrare per quanto riguarda l'appartenenza alle energie ascendenti o discendenti (vedi anche: <u>luna ascendente</u> e <u>luna discendente</u>).

RACCOGLIERE, FARE SCORTA E IMMAGAZZINARE VEDI ANCHE: <u>CONSERVE</u>

Fate una prova: tagliate a metà una mela con il coltello e lasciatela riposare in casa a temperatura ambiente, con la parte interna

rivolta verso l'alto. Fatelo due volte, una un giorno prima del novilunio e la seconda uno prima del plenilunio. Osservate cosa
succede della parte interna della mela. Questa esperienza fatta
in prima persona vi spiegherà molto sulla forza della luna in molti campi della vita, per esempio anche nelle attività di raccolta e
immagazzinamento.

A che cosa serve tutta la cura che mettiamo nel piantare, seminare e curare le nostre piante quando parassiti, muffe o batteri
rendono vana ogni fatica? Da tempo immemorabile l'uomo,
per immagazzinare i prodotti di orti, campi e boschi, è ricorso
a sistemi che li rendessero conservabili a lungo in modo da superare i duri inverni: fermentare, mettere sotto sale, affumicare,
cuocere, fare arrosto, seccare, raffreddare e molti altri. Ma soprattutto: *aspettare il momento giusto per raccogliere i prodotti
e conservarli.*

Spesso, malgrado si siano rispettati gli stessi criteri di pulizia,
le attività di immagazzinaggio e conservazione danno risultati
estremamente diversi tra loro. L'esempio migliore: quasi ogni ca-
salinga sa per esperienza che a volte la marmellata aperta va a
male dopo poco tempo, ma altre volte compare per settimane

sul tavolo della nostra colazione senza perdere nulla del suo sapore originario. Anche se chiusa ermeticamente, la frutta in conserva o la marmellata fatta in casa dura più o meno a lungo. Chi ascolterà le regole per raccogliere e immagazzinare i prodotti troverà la soluzione del mistero.

Le regole per raccogliere, fare scorta e immagazzinare

Il momento migliore:	con la luna calante in ariete, leone e sagittario. Per raccogliere e immagazzinare cereali, verdure e patate i giorni dell'ariete sono i più indicati.
Si può fare:	con la luna calante, purché non in cancro, vergine e pesci.
Da evitare:	con la luna crescente e con quella calante in cancro, vergine e pesci.
Il momento peggiore:	con la luna crescente in cancro, vergine e pesci.

Se aspetterete il momento migliore: frutta e verdura restano più succose. Il succo presente al momento della raccolta rimane e offre le migliori premesse per un buon gusto e una buona conservabilità.

La buccia ha cura di separare il frutto in modo che uno solo marcio non « contagi » tutti gli altri.

Se sceglierete il momento peggiore: vi è il rischio di putrefazione, e tutto diventa presto sciapo. I giorni da evitare assolutamente per le operazioni di raccolta e immagazzinaggio sono quelli della vergine. I prodotti in conserva, per esempio, tendono facilmente ad ammuffire. Quello che viene raccolto in un momento sfavorevole andrebbe consumato subito.

Consigli particolari: frutta, verdura e erbe da seccare andrebbero raccolte sempre con la luna calante. Anche gli scaffali dove riporre la frutta vanno puliti solo con la luna calante (in un segno d'aria o di fuoco). Questo la manterrà asciutta ed eviterà inoltre la formazione di muffa.

All'età di ottant'anni Mulla Nasrudin, il pazzo
più saggio d'oriente, ricevette una visita da uno
dei suoi ammiratori. « Che cosa
meravigliosa », cominciò costui che era
giunto da lontano, « aver raggiunto un'età
tanto onorevole ed essere famosi ovunque e a
ragione per la vostra condotta di vita morigerata. Quali sono
i punti fondamentali del vostro insegnamento? »
« Per prima cosa », disse Mulla con gravità, « sono

*rigorosamente vegetariano, secondo resto sempre allegro,
e in ogni situazione della vita e con tutti sono sempre
rilassato, non perdo mai la mia tranquillità...»
A quel punto improvvisamente un ruggito e un urlo
vennero dalla cucina, e il visitatore si guardò intorno
sorpreso. «Oh, non fateci caso», disse Mulla,
«è solo il mio venerabile padre che ha appena
picchiato il garzone perché ha consegnato in ritardo
le casse di birra e la carne».*

RADERSI

Spesso ci è stato chiesto se la luna detti regola anche sul tema
«radersi». Non siamo in grado di dire molto, ma quel poco
può forse interessarvi lo stesso.

È facile verificare che la barba cresce più forte con la luna crescente che non con quella calante, e lo stesso vale per i capelli,
che, se sono tagliati con la luna crescente, crescono più velocemente.

Ancora un consiglio: se vi radete solo ogni due o tre giorni,
rinunciate a farlo nei giorni dell'ariete: ciò può provocare dei
punti pelati in cui la barba non ricresce.

REALIZZARE E MONTARE ORDITURE VEDI: LEGNO – REALIZZARE E MONTARE SCALE E ORDITURE

RICOMINCIARE

Nel corso dell'anno il percorso della luna offre diverse occasioni
da sfruttare per un nuovo inizio, stimolando tutte le energie necessarie per ricominciare.

Ripartire al momento giusto non significa però avere ottenuto
per così dire un diritto alla buona riuscita dei vostri progetti, cosa cui pensiamo sempre quando parliamo di successo. Le energie
particolari di questi giorni servono da un lato da trampolino di
lancio, e dall'altro fanno in modo che possiate vedere più lucida-
mente del solito gli sviluppi di una situazione, sia in positivo che

in negativo. Guadagnate insomma tempo prezioso per prendere una decisione e mutare il corso degli eventi.

Le regole per ricominciare

Il momento migliore:	dal punto di vista delle date il 2 febbraio (Candelora) e l'1 settembre sono particolarmente indicate. Nel passato si faceva in modo che un cambio di lavoro cadesse il 2 febbraio, in modo da avere una buona partenza nella nuova situazione. Anche l'1 settembre è da molto tempo un buon giorno per i nuovi inizi: non a caso in questa data in diverse regioni tedesche comincia anche l'anno scolastico. Nel corso del mese invece il novilunio è un momento favorevole se volete lasciarvi alle spalle il passato. Tra i giorni migliori dell'anno in questo senso c'è sicuramente il primo novilunio di primavera nel passaggio dai pesci all'ariete.
Da evitare:	Il 1 agosto. In questa data è meglio non partire per un giro del mondo.

Se volete liberarvi di un'abitudine ormai consolidata, cercate di guardarla con occhio tranquillo e rilassato, considerandola da tutti i lati ma senza badare all'opinione di chi vi sta intorno. Se deciderete di abbandonarla non chiedetevi più il perché: è la vostra volontà che conta e null'altro. Scegliete una delle date suddette per il nuovo corso: vi aiuteranno a mantenere i buoni propositi.

Se per esempio volete smettere di fumare, il novilunio è il momento migliore. I sintomi da astinenza durano solo pochi giorni e il resto è solo una questione di forza di volontà. Una cosa che nessuno vi dice è questa: evitate assolutamente di usare l'auto nei primi due o tre giorni dopo che avete smesso! Sarete infatti soggetti a cali di concentrazione più o meno intensi. Chi una volta era pronto a fare chilometri per una sola sigaretta ora sarà anche pronto a farli per comprare a lui o a lei i suoi fiori preferiti. In queste date favorevoli bastano un po' di amore per se stessi e un po' di grinta per conquistare nuovi traguardi.

RIFLESSOLOGIA PLANTARE

La riflessologia plantare, un metodo che in realtà appartiene al campo della fisioterapia, può essere di grande aiuto per depurare il corpo in maniera efficace. Molti terapeuti, massaggiatori ed esperti di cosmetica oggi sanno quale profondo effetto essa abbia. Ogni parte del corpo, ogni organo interno, ogni singolo osso può essere positivamente influenzato da un leggero massaggio dei piedi, e a volte perfino curato.

Ogni organo e parte del corpo termina in una superficie ben determinata e limitata nei nostri piedi. Come nel caso dell'agopuntura (pressione su determinati punti sparsi su tutto il corpo) è possibile stimolare in modo mirato queste zone con una leggera pressione o sfregamento: in questo modo l'organo o la parte del corpo corrispondente viene irrorata di energia e riportata alla sua normale funzione. Questa forma di massaggio è indicata perfino come strumento diagnostico: quasi sempre le parti più doloranti o caratterizzate da un ispessimento calloso della pelle sono proprio quelle che corrispondono a organi indeboliti (usando cattive scarpe non facciamo del male solo ai nostri piedi ma a tutto il corpo).

Nel caso della riflessologia plantare la scelta del momento giusto non ha una grande importanza, ma l'energia dei giorni dei pesci sostiene molto la buona riuscita di questa forma di massaggio: bisogna però stare particolarmente attenti nel massaggiare perché in questo periodo si è anche più sensibili del solito. A volte è meglio che chi si reca da un terapeuta o da un massaggiatore per fare un massaggio di riflessologia plantare per la prima volta eviti i giorni dei pesci. La riflessologia usata per stimolare determinati organi è generalmente più efficace con la luna calante che non con quella crescente. Massaggi mirati nell'area corrispondente alle zone del corpo indebolite sono un aiuto eccezionale: si dovrebbe per esempio lavorare sulla zona dei reni e della vescica con la luna in bilancia e scorpione, su quella del capo nei giorni dell'ariete etc.

Vorremmo fare un appello: se il servizio sanitario pubblico passasse a ognuno dei suoi pazienti un quarto d'ora al mese di massaggi di riflessologia plantare, potrebbe risparmiare almeno un quinto delle sue (e quindi delle nostre) spese miliardarie! Non è però sempre necessario trovare uno specialista: un tocco amorevole anche senza specializzazione ha un effetto altrettanto intenso e forte. È questa la medicina del futuro: quella che ha capito che è l'amore l'unica medicina in grado di curare l'uomo, e non una qualche formula chimica o macchina.

Massaggiate quindi i piedi del vostro partner o del vostro bambino, magari con un olio naturale, e poi scambiatevi i ruoli. Quello che compensa la mancanza di conoscenza sulla posizione esatta dei punti da massaggiare è la gioia con cui lo fate, l'amore per il vostro partner. Imparare cosa fa bene e cosa no è il passo successivo e viene da sé con molta naturalezza, e così l'esperienza di quale benedizione siano questi massaggi... non solo nei giorni dei pesci.

A volte fa piacere imbattersi in un buon libro, di quelli che anche dopo cent'anni conservano intatto il loro valore, diffondendo informazioni senza dominare il lettore. Sul tema della riflessologia vorremmo raccomandarvi di cuore un libro simile: si chiama *So spricht die Seele durch die Fuesse*, è scritto da Ingeborg Steiner e pubblicato da Peter-Erd-Verlag. Si occupa diffusamente della riflessologia delle mani e dei piedi.

RINVASARE E TRAPIANTARE

Proprio con le piante più vecchie e soprattutto con gli alberi di una certa altezza è importante fare attenzione al momento in cui si trapiantano. «Non si sposta un vecchio albero», dice un proverbio. Per quanto riguarda gli alberi veri, è falso: se sfruttate il momento giusto anche una pianta vecchia ricrescerà. Che si tratti di piante da balcone, di alberi vecchi o giovani, di arbusti, di siepi, di piantoni non importa: qualunque cosa trapiantate crescerà se il momento è opportuno.

Le regole per rinvasare e trapiantare

Il momento migliore:	in vergine.
Si può fare:	con la luna crescente eccetto che in acquario e nel plenilunio.
Da evitare:	in acquario con la luna crescente e con la luna calante.
Il momento peggiore:	in acquario con la luna calante e nel novilunio.

Se aspetterete il momento giusto: le possibilità che tutto ricresca più sano e che si formino le radici sono le più alte.

Se sceglierete il momento sbagliato: più la pianta è vecchia più vi è il rischio che quest'operazione la indebolisca o non riesca affatto.

Consigli particolari: fate attenzione alla stagione: va da sé che il trapianto andrebbe eseguito in primavera o in autunno. Nel caso di alberi è bene prima pulire a fondo la buca e fare attenzione che le radici siano esposte il meno possibile alla luce! Meglio quindi fare il lavoro di sera.

Per le talee l'epoca della luna crescente e discendente è altrettanto bene indicata.

In questo modo cresceranno velocemente e in breve tempo metteranno le radici. I giorni della vergine sono ancora una volta i migliori.

RISTRUTTURARE EDIFICI VEDI: INTONACARE E RISTRUTTURARE EDIFICI

(IL) RITMO DELLA SETTIMANA: LUNEDÌ

Nei nostri libri vi abbiamo fatto conoscere anche alcuni ritmi molto particolari, con regole da osservare a seconda dei giorni della settimana e in appuntamenti ricorrenti durante l'anno (vedi anche Il legno e le sue regole), che non dipendono dallo stato della luna. Siamo sicuri che esistono lettori interessati e curiosi che vorranno provarle, perché valgono tanto quanto le altre che vi abbiamo presentato. Ecco le regole per i vari giorni della settimana.

Le regole per il lunedì

🔹 Questo giorno è indicato in genere per assumere globuli omeopatici.

🔹 È un buon giorno anche per portare il bestiame al pascolo la prima volta, in particolare se la luna è calante, meglio se nel segno della bilancia.

(IL) RITMO DELLA SETTIMANA: MARTEDÌ

Le regole per il martedì

🙠 Non portare mai il bestiame al pascolo per la prima volta in questo giorno! Esso è anche generalmente poco indicato per trasferimenti di animali in altri luoghi o per portarli a casa dopo averli acquistati. Le bestie sono inquiete, non si sentono a loro agio e a volte non crescono bene.

(IL) RITMO DELLA SETTIMANA: MERCOLEDÌ

Le regole del mercoledì

🙠 Questo giorno della settimana è indicato per piantare il prezzemolo! Perché non fare un tentativo? Piantate o seminate del prezzemolo di mercoledì, e poi usate le stesse sementi nelle stesse condizioni in un altro giorno della settimana. Alla fine, quando vi chiederete come mai c'è una tale differenza, meditate sul fatto che tra cielo e terra vi sono molte più interrelazioni misteriose di quanto pensiamo. Questa è una cosa meravigliosa, perché allora non vi sono limiti a quello che possiamo imparare e scoprire. A volte è triste che vi siano così pochi insegnanti e così pochi allievi: per la maggior parte di noi l'avventura della vita vera comincia solo dopo l'epoca della scuola.

🙠 Da evitare in questo giorno: mangiare carne. Evitate di mangiare carne il mercoledì e il venerdì. A prescindere da qualsiasi precetto religioso, sarebbe molto sano attenersi a questa regola. Ecco un altro motivo: mille metri quadrati di terra a cereali nutrono dieci persone, mentre la stessa quantità di terra a pascolo ne nutre una sola. Che abbiamo bisogno della carne per le proteine è una fandonia: moltissimi prodotti della terra ne contengono di molto più preziose.

🙠 È un buon giorno per condurre il bestiame al pascolo la prima volta se la luna è discendente, meglio se in bilancia.

🙠 Il mercoledì è indicato anche per interrompere l'assunzione di medicinali che prendete da molto tempo: iniziate tre giorni prima del plenilunio e smettete di mercoledì con la luna calante. Se volete e potete smettere spontaneamente fatelo di mercoledì con la luna calante.

🌢 In genere è un giorno buono per smettere con qualcosa e osare un cambiamento.

(IL) RITMO DELLA SETTIMANA: GIOVEDÌ

Le regole per il giovedì

🌢 Non portare mai il bestiame al pascolo per la prima volta in questo giorno! Esso è anche generalmente poco indicato per trasferimenti di animali in altri luoghi o per portarli a casa dopo averli acquistati. Le bestie sono inquiete, non si sentono a loro agio e a volte non crescono bene.

(IL) RITMO DELLA SETTIMANA: VENERDÌ

Le regole per il venerdì

🌢 Questo giorno è particolarmente indicato per curare le unghie (vedi Unghie – cura), la sera dopo il tramonto.

🌢 Il venerdì è in genere un buon giorno per prendere i globuli omeopatici: queste piccole palline avranno un effetto particolarmente buono. Si mettono sotto la lingua e stimolano la forza di autoguarigione dell'organismo.

🌢 È anche un giorno adatto per portare il bestiame al pascolo per la prima volta, soprattutto quando la luna è discendente, meglio se nel segno della bilancia.

🌢 Sfavorita oggi è la raccolta di erbe. Al venerdì (e anche la domenica) l'effetto delle erbe è diverso e meno prezioso degli altri giorni.

🌢 Fate a meno di mangiare carne al mercoledì e al venerdì. Indipendentemente da qualsiasi precetto religioso sarebbe molto sano attenersi a questa regola. Un altro motivo: mille metri quadrati di terreno a cereali nutrono dieci persone; mille metri quadrati a pascolo nutrono solo una persona. Che abbiamo bisogno della carne per il nostro fabbisogno proteico è una fandonia: ci sono moltissimi prodotti agricoli che contengono altrettante proteine.

(IL) RITMO DELLA SETTIMANA: SABATO

Le regole per il sabato

- È una buona giornata per condurre il bestiame al pascolo la prima volta, soprattutto se in contemporanea c'è la luna discendente, meglio se nel segno della bilancia.
- Da evitare oggi la cura delle unghie, soprattutto al mattino (vedi anche <u>Unghie – cura</u>).

(IL) RITMO DELLA SETTIMANA: DOMENICA

Le regole per la domenica

- Da evitare in questo giorno la raccolta delle erbe. Di venerdì e di domenica l'effetto delle erbe è diverso e meno incisivo che negli altri giorni.
- La domenica in genere è poco indicata per trasferire gli animali o per ritirarli dopo averli acquistati. Spesso sono inquieti, non si sentono a loro agio e possono anche non crescere bene.

Una delle domande più antiche che si è posto l'uomo è: «Perché Dio permette tanto dolore?» Ecco la risposta di un saggio dei nostri tempi:
«Tutto il dolore deriva dal cattivo uso del nostro libero arbitrio.
Dio ci ha concesso la possibilità di accettarlo o di rifiutarlo. Non è nella sua volontà farci soffrire; ma Egli non interviene quando decidiamo di compiere un'azione che ci procura dolore.
Gli uomini non ascoltano i saggi consigli dei santi, ma si aspettano di essere salvati da circostanze eccezionali o da qualche miracolo quando si trovano in una situazione di bisogno.
Il Signore può fare tutto, ma sa che l'amore e le buone azioni degli uomini non si comprano con i miracoli. Dio ci ha mandato come suoi

figli, e come tali dobbiamo tornare a lui.
Esiste una sola possibilità di ricongiungerci a lui:
usare il proprio libero arbitrio. Nessun'altra forza
in cielo o in terra può fare questo per noi. Se però
voi chiamate Dio dal profondo del cuore, Egli vi
manderà un maestro, che dal deserto del dolore vi
condurrà alla casa della gioia eterna.
Il Signore vi ha concesso il libero arbitrio e non
può quindi comportarsi come un dittatore. Benché
abbia il potere, non vi libera semplicemente dal
dolore se voi scegliete di compiere azioni sbagliate.
Si può credere che Egli lo farà se voi con i pensieri
e con le azioni andate sempre contro la Sua legge?
Seguite i suoi princìpi così come Suo figlio li ha
enunciati nel Discorso della Montagna; qui sta il
segreto della felicità».

ROTAZIONE DELLE COLTURE

La rotazione delle colture, ovvero il cambio annuale del tipo di piante coltivate, è l'accompagnamento ideale di un'agricoltura biologica e di un giardinaggio secondo i ritmi della luna. Fin dall'antichità è uno dei metodi naturali per proteggere le piante e rinnovare il terreno. Particolarmente utile è una rotazione in cui ogni anno cambino le verdure e i prodotti agricoli sia ipogei che epigei, in modo che un determinato prodotto ritorni solo dopo sette anni.

Un consiglio per chi pratica il giardinaggio: in un'aiuola appena allestita piantate prima di tutto delle patate, che sono impareggiabili nel migliorare e rinnovare il terreno.

Chi ignora le leggi naturali della rotazione dovrà prima o poi introdurre sostanze chimiche tossiche per avere i risultati sperati. «Risultati» non è però la parola adatta, perché in realtà si tratta di un tradimento della natura.

SAGGEZZA DELLE ERBE

Le informazioni che seguono nascono dall'esperienza diretta di tante generazioni di persone; voi stessi potrete capirle facilmente non appena inizierete a prestarvi attenzione. La nostra speranza è che scopriate con le vostre forze il loro significato più profondo.

> La natura fa in modo che nei dintorni di qualsiasi casa che sorge libera crescano erbe in quantità e di specie precise, a patto che il terreno sia ancora allo stato naturale, non concimato o irrigato artificialmente. La qualità di queste erbe dipende dagli abitanti della casa e da quali piante sono loro necessarie per stare bene o per curare, lenire e prevenire eventuali malattie. Quando uno di loro ha un punto debole a livello fisico o sviluppa una malattia, contemporaneamente o addirittura qualche tempo prima, come per miracolo, cresce nelle vicinanze l'erba necessaria. Se gli abitanti si trasferiscono e subentra un'altra famiglia, cambia anche il tipo e la composizione dell'insieme delle erbe negli immediati dintorni, adattandosi alle necessità di salute dei nuovi proprietari.

Meditate un pochino su queste parole: porebbero essere la chiave per un diverso atteggiamento nei confronti della natura e dell'ambiente.

SALASSI

A volte succede che una saggezza secolare venga a tal punto dimenticata che il suo significato non solo si perde nella notte dei tempi, ma finisce anche per esprimere il concetto opposto. È questo il caso del termine «salasso», che viene quasi sempre equiparato a perdita di sangue, debolezza ed esaurimento. Niente potrebbe essere più lontano dalla verità, almeno nel caso di un vero salasso, ovvero di una leggera perdita di sangue appositamente provocata. Infatti:

> Chi pratica salassi al momento giusto e rispettandone le regole, utilizza uno dei più riusciti metodi di prevenzione, cura e depurazione, utile ed efficace per moltissimi problemi sia fisici che psicologici!

Apparentemente non succede nulla di eccezionale: con uno speciale coltello o un ago da vena si pratica una piccola incisione sulla vena di uomini o anche di animali (negli uomini prevalentemente nella piega interna del gomito), in modo che esca un po' di sangue. Dopo breve tempo – a seconda della quantità e del colore del sangue uscito – si pone termine al salasso, e in ogni caso quando il sangue non scorre più spontaneamente. Non si può forzarlo.

Sicuramente uno dei motivi per cui si è rinunciato ai salassi è il fatto che – come avviene per i ritmi lunari – non sappiamo perché funzionino così bene. Perché mai un paio di gocce di sangue (di solito 100 millilitri, un quinto di quanto normalmente prelevato per una donazione) dovrebbero avere un effetto così decisivo, inspiegabile sia dal punto di vista fisico che chimico? D'altra parte, per quale motivo rinunciare a questo prezioso arricchimento della nostra arte medica, anche se non ne sappiamo spiegare gli effetti? La nostra esperienza personale e quella di molti pazienti e terapeuti di oggi e di ieri è che questa tecnica funziona.

La buona notizia è che malgrado tutto ancora oggi molte persone (soprattutto veterinari, come confessano a malincuore) conoscono le capacità curative e salvifiche dei salassi, perché hanno potuto verificare più volte come persone e soprattutto animali gravemente malati siano guariti dopo un salasso. Alcune malattie degli animali oggi ritenute incurabili vengono regolarmente trattate con questa tecnica e in molti casi sono del tutto debellate.

Come praticare correttamente un salasso
Per praticare con successo un salasso è fondamentale seguire il metodo giusto e scegliere il momento opportuno! Chi trascura anche solo una delle poche regole rischia di trasformare il salasso se va bene in una misura assolutamente superflua, e nel peggiore dei casi in qualcosa di dannoso per il corpo, che ne risulta indebolito. Eseguire un salasso senza una perfetta conoscenza della tecnica necessaria è come giocare alla lotteria!

Forse è questo il motivo per cui originariamente l'arte di praticare i salassi era tramandata segretamente da persona a persona, in parte oralmente e in parte per iscritto. Bisogna assicurarsi che venga dunque eseguita correttamente, consapevolmente e al momento giusto, salvo casi eccezionali e imprevedibili.

Vorremmo quindi raccomandarvi vivamente di fare attenzione a che tutte le regole vengano rispettate se siete pazienti, e se siete medici o terapeuti di attenervi scrupolosamente a esse.

Le regole per praticare un salasso

&. Regola numero uno: il sangue deve scorrere liberamente dalla vena! Non si può forzare né ostacolare la sua uscita. Quando un salasso è riuscito sulla vena di un braccio, questo va medicato come dopo un normale prelievo. Il sangue può scorrere anche attraverso una cannula.

&. La quantità di sangue estratta può variare da poche gocce a 80-150 millilitri. A volte si può osservare una leggera variazione nella colorazione del sangue: in questo caso ponete termine all'operazione, indipendentemente dalla quantità di sangue già estratta.

&. Il salasso va eseguito sul paziente a digiuno, mentre l'ora non è rilevante.

&. Come prevenzione e depurazione generale dell'organismo il salasso andrebbe eseguito al massimo una volta ogni due anni (meglio se in primavera), tra i 35 e i 77 anni. In caso di malattia o di emergenza i limiti di età sono compresi tra i 28 e gli 84 anni.

&. Durante l'operazione l'atmosfera dovrebbe essere il più possibile tranquilla e rilassata. Bisogna permettere al sangue di abbandonare il corpo portando con sé le sostanze da eliminare, ma senza pressione, sforzo o agitazione, e senza eccessive aspettative.

&. Un salasso eseguito secondo le regole può avere effetti collaterali! Uno di questi è una più forte sensibilità alla luce nei due o tre giorni successivi. In questo periodo di tempo non esponetevi direttamente ai raggi solari e portate occhiali da sole, non affaticatevi fisicamente o psicologicamente, evitate di mangiare pesante, limitate il consumo di latticini. Per due o tre giorni rinunciate anche ai cibi insoliti.

I medici e i terapeuti esperti conoscono più punti in cui le vene sono adatte a praticarvi il salasso. In generale sono quelle delle braccia, che vengono utilizzate anche nei normali prelievi o donazioni di sangue. In caso di salasso preventivo bisognerebbe usare il braccio destro negli uomini e il sinistro nelle donne.

Il momento giusto per praticare un salasso

La cosa fondamentale è questa: per ottenere un salasso efficace ci sono giorni buoni e altri pessimi! In quest'ultimo caso il salasso causerà indebolimento in tutto il corpo. Come potete vedere dalla tabella alla pagina seguente, è importantissimo scegliere il momento giusto, poiché i giorni buoni e quelli no a volte si susseguono direttamente o si alternano.

Il giorno di novilunio per il conteggio si calcola come segue:

🙣 Scoprite prima il giorno e l'ora esatta dell'ultimo novilunio (entrambe le informazioni sono contenute nei nostri calendari lunari, vedi appendice).

🙣 Se l'ultimo novilunio è iniziato prima delle 12 (le 13 con l'ora legale), il giorno di novilunio si conta come 1, quello seguente come 2 e così via.
Esempio: martedì, 12.02.2002, novilunio alle 8.41 = giorno 1, mercoledì, 13.2.2002 = giorno 2 (i nostri calendari con l'anno lunare forniscono automaticamente il giorno 1).

🙣 Se l'ultimo novilunio è iniziato dopo le ore 12 (o 13 con l'ora legale), il giorno di novilunio si conta come giorno 0, quello successivo come 1, quello dopo ancora come 2 e così via.
Esempio: venerdì, 12.4.2002, novilunio alle 20.18 = giorno 0, sabato, 13.4.2002 = giorno 1.
Attenzione: a volte vedrete che il giorno 30 e il novilunio successivo cadono lo stesso giorno. Se in questa data il novilunio inizia prima delle ore 12, cade il giorno 30, altrimenti si conta di nuovo come giorno 1. In altre parole: il conto comincia *sempre* dal novilunio!

Non cambia nulla nella validità delle seguenti indicazioni per l'efficacia dei salassi il fatto che il novilunio inizi molto vicino alle ore 12; per esempio, novilunio alle 11.58 = giorno 1, novilunio alle 12.02 = giorno 0. Nel nostro programma per personal computer *Servirsi della luna* abbiamo rinunciato a fare questi calcoli per il mese successivo se l'ora esatta è troppo vicina alle 12, per motivi di sicurezza.

E infine: se non utilizzate il nostro calendario lunare, dovete assolutamente controllare se il vostro tiene conto dell'ora legale per stabilire l'inizio dei noviluni!

Giorno	qualità	scopo
1	non adatto	
2	non adatto	
3	non adatto	
4	pessimo	
5	non adatto	
6	buono	per l'attività dei reni
7	non adatto	
8	non adatto	
9	non adatto	
10	non adatto	
11	buono	contro l'anoressia
12	buono	per tutto il corpo
13	non adatto	
14	non adatto	
15	buono	contro l'anoressia
16	pessimo	
17	ottimo	calcolare esattamente questo giorno!
18	buono	per tutto il corpo
19	non adatto	
20	non adatto	
21	buono	per tutto il corpo
22	ottimo	
23	buono	per lo scheletro osseo, contro la sclerosi multipla e i reumatismi
24	buono	per i polmoni e contro l'asma
25	buono	per attività mentali
26	buono	contro la pressione alta e la febbre
27	pessimo	
28	buono	
29	non adatto	
30	non adatto	

Tabella 1: giorni adatti e non adatti ai salassi (sulla base del calcolo del momento esatto dell'inizio del novilunio).

Una volta ottenuto il giorno 1 secondo questi calcoli, potete leggere sulla tabella 1 quale giorno del novilunio è per voi migliore per praticare un salasso. A volte è specificato anche per quale parte del corpo sia più indicato il salasso in quel determinato giorno.

Attenzione: *una donazione di sangue* non è un salasso! Il suo effetto sull'organismo è, nel bene e nel male, molto più debole. Quindi la suddetta tabella spiega perché a volte dopo una donazione di sangue ci si sente come ringiovaniti per qualche giorno, mentre altre volte ci si sente spossati.

Giorni dell'anno controindicati per i salassi
In linea generale vi sono alcuni giorni dell'anno nei quali bisognerebbe astenersi dal fare un salasso, indipendentemente dal risultato ottenuto con il conteggio del novilunio: si tratta dei cosiddetti giorni *della debbiatura*, che sono importanti anche in agricoltura e nel mantenimento dei giardini (vedi il nostro libro *Servirsi della luna*). Nei giorni elencati qui sotto un salasso avrebbe un effetto negativo:

Gennaio	2/3/4/18
Febbraio	3/6/8/16
Marzo	13/14/15/29
Aprile	19
Maggio	3/10/22/25
Giugno	17(pessimo!) /30
Luglio	19/22/28
Agosto	1(pessimo!) /17/21/22/29
Settembre	21/22/23/24/25/26/27/28
Ottobre	3/6/11
Novembre	12
Dicembre	1

Campo d'impiego dei salassi
In che modo va usato il salasso, come misura unica o accompagnato da una terapia più completa? A quali malattie può portare giovamento e cura? Per tutti coloro che hanno più di 35 anni, meno di 77 e sono in buona salute un salasso eseguito correttamente una volta ogni due anni è un'eccezionale misura preventiva e depurativa. Sangue cattivo, colesterolemia alta cronica, allergie (spesso segno di infezione sanguigna nel senso più lato), stanchezza cronica ed esaurimento, reumatismi, depressione, problemi psicologici di ogni tipo e pressione alta sono solo alcuni dei

disturbi e degli squilibri che possono essere positivamente influenzati da un salasso.

La parola chiave è *depurazione*: in tutti i casi in cui una depurazione del sangue esercita un'azione preventiva o terapeutica un salasso può rivelarsi di grande aiuto, e spesso agisce rapidamente. Altrettanto utile si rivela quando il corpo è intossicato da «radiazioni» dannose di vario tipo, come abbiamo già ampiamente riportato nel nostro libro *Salute e benessere in armonia con le fasi della luna*. Fortunatamente oggi vi sono ancora molti medici e terapeuti che fanno uso del salasso: per questi coraggiosi precursori è stato un grande arricchimento conoscere esattamente quando e come vanno praticati.

Se pensate che un salasso possa esservi d'aiuto, chiedete semplicemente in giro finché non trovate un terapeuta che sappia praticarli. Tutti i buoni medici sono persone con cui si può parlare. Fate attenzione anche voi alle poche regole fondamentali: tutte le persone coinvolte non potranno che trarne giovamento.

> *La natura è l'unico libro che offre*
> *un contenuto eccezionale*
> *a ogni pagina.*
>
> (Johann Wolfgang von Goethe)

SALUTE E BENESSERE IN ARMONIA CON LE FASI DELLA LUNA

Salute e benessere in armonia con le fasi della luna è il titolo del nostro secondo libro, pubblicato nel 1993 e oggi tradotto in dodici lingue. Recuperare la salute e conservarla con le proprie forze: il libro spiana al lettore la strada per sperimentare direttamente ciò che può rafforzare o indebolire il corpo, la mente e l'anima, con l'aiuto di materie prime che possono contribuire ad avere una vita sana e degna di essere vissuta. Una saggezza antichissima eppure senza tempo, vicina alle leggi e ai ritmi della natura che noi abbiamo dimenticato o imparato a ignorare.

Ben più della metà del materiale su cui si basa il libro non è stata mai pubblicata in questa forma; ma anche quello che presumibilmente è già noto – per esempio i capitoli sui bioritmi, sulle erbe, sui ritmi quotidiani dell'organismo e così via – appare ora in una nuova edizione molto più completa, sempre più chiara e facile da consultare. Ci rifacciamo a qualcosa che ha sempre funzionato, cioè alle materie prime e ai pilastri sui quali si fonda una vita sana e dinamica. Oltre a fornire una gran quantità di informazioni, vogliamo contribuire a farvi passare la paura di una medicina tradizionale il cui unico interesse è quello di combattere i sintomi, dimenticando che l'uomo è la migliore medicina di se stesso.

Mostriamo inoltre come si possa immunizzarsi fisicamente e soprattutto psicologicamente dai molti cattivi influssi provenienti dall'ambiente che ci circonda e da modelli di pensiero, convinzioni e pregiudizi ai quali siamo stati ammaestrati; come resistere, insomma, al tentativo perenne di mantenerci piccoli, dipendenti e ignoranti. Questo libro accompagnerà il lettore per tutta la vita, perché parla della medicina del futuro, quella che sa che alla fine l'amore è il rimedio migliore.

> *Un famoso scultore*
> *stava lavorando a un leone di marmo.*
> *Un visitatore, pieno di ammirazione,*
> *gli chiese quale fosse il segreto della*
> *sua arte.*
> *Il maestro rispose:*
> *«È semplice.*
> *Tolgo tutto quello*
> *che non assomiglia a un leone!»*

SANGUE – DEPURAZIONE VEDI ANCHE: <u>TÈ ALL'ORTICA PER DEPURARE IL SANGUE</u>

Ricordate? Tutte quelle misure che hanno lo scopo di depurare l'organismo andrebbero possibilmente fissate nelle due settimane in cui la luna è in fase calante: così dice la regola d'oro. Una cura di depurazione del sangue (per esmpio a base di tè all'ortica), se eseguita in primavera, ha un forte effetto di prevenzione e pulizia che potrà anche durare tutto l'anno, mentre la stessa cosa fatta in fase di luna crescente servirà a poco o sarà addirittura inutile.

Molte malattie e squilibri sia fisici che psicologici sono solo i sintomi di un'intossicazione o contaminazione di tutto il corpo, che ha origine da uno o più punti dell'organismo o dell'ambiente circostante. Almeno la metà di tutti gli ospiti delle cliniche neurologiche ne sono vittime, e potrebbero condurre una vita normale e piena di soddisfazioni se solo venissero mostrati loro i benefici di una radicale disintossicazione. E di certo la maggior parte dei nostri bambini cosiddetti «iperattivi» soffre di un avvelenamento psicologico (per esempio a causa dei contenuti degli odierni programmi televisivi) e fisico a causa delle numerose sostanze chimiche che danno assuefazione contenute nei dolci e negli alimenti in genere.

Ogni medico, dal dentista all'ortopedico, dovrebbe pensare alcune misure depurative per ognuno dei suoi pazienti, da affiancare alla terapia prevista per la singola parte del corpo. A chi verrebbe in mente di versare per anni nell'auto dell'olio nuovo mescolato a quello vecchio, o di eliminare la ruggine con un semplice lavaggio? Fidatevi meno degli altri e più delle vostre sensazioni e del vostro sano buon senso: depuratevi, meglio e con più successo se con la luna calante. Potete trovare molte possibilità e sistemi diversi nei nostri libri; inoltre nella nostra piccola gamma di prodotti «Al momento giusto» vi è un tè depurativo particolarmente efficace da prendere con la luna calante (vedi pag. 301).

SCARPE – ACQUISTO E PULIZIA

Quasi tutti abbiamo nell'armadio almeno un paio di scarpe che ci vanno strette, anche se quando le abbiamo acquistate ci sembravano perfette. Se potete confrontare la data dell'acquisto con il calendario lunare forse scoprirete che quel giorno la luna si trovava in una fase particolare.

Le regole per comprare le scarpe

Da evitare: in capricorno e in acquario.

Se non aspetterete il momento giusto: le scarpe acquistate in capricorno rimangono sempre dure e non si smollano. Quelle comprate in acquario invece tendono ad allargarsi in modo più marcato che non negli altri giorni (spesso troppo).

Consigli particolari: un rimedio possibile per le scarpe strette potrebbe essere quello di portarle per qualche tempo solo nei giorni dell'acquario.

Anche per la pulizia e la cura delle scarpe vi è un momento giusto: se pulite con la luna calante, tutte le scarpe restano pulite più a lungo e la pelle non si graffia così tanto e si conserva meglio. Ovviamente non è possibile pulire le scarpe solo con la luna calante, ma è allora che lo sporco più difficile viene via meglio. Ciò vale soprattutto quando, in primavera, riponete nell'armadio gli stivali invernali: prima di farlo sarebbe bene pulirli e ingrassarli con la luna calante. Se farete quest'operazione per la prima volta con un paio di scarpe nuove di zecca (sempre in luna calante!), sarà sufficiente per lungo tempo!

SCAVARE POZZI VEDI: SORGENTI E POZZI

SCETTICISMO

Chi, come molti dei nostri lettori, ha ormai fiducia nell'antica scienza dei ritmi della natura e della luna in particolare si è posto prima o poi questa domanda: «Come convincere il medico, il parrucchiere, il falegname, l'impresa edile a venirmi incontro sul momento in cui fare le cose?».

Se non avete ancora trovato una risposta, vorremmo pregarvi di non perdere di vista una cosa, e cioè che le leggi di natura non cambiano solo perché noi le ignoriamo, perché vogliamo prendercela comoda, perché va bene al mondo dell'industria o perché la medicina ufficiale non è in grado di familiarizzare con esse.

Le leggi di natura non cambiano: perché allora non sfruttarle, stabilendo con loro un armonioso rapporto? Cosa c'è di più semplice? Voi siete i clienti, voi date il tono: in gioco c'è la vostra salute, oltre che il vostro portafoglio. Armatevi allora di pazienza e lungimiranza e mettetevi in cerca di alleati, medici e aziende, che vedano nei ritmi della luna una preziosa sapienza e un arricchimento per la propria vita. Non accettate mai espressioni del tipo «È impossibile! Non si può fare»: continuate a cercare.

Non cercate di convincere gli altri, ma continuate a cercare curatori, parrucchieri, negozi biologici, dentisti e quant'altri finché i vostri desideri non troveranno ascolto.

Da millenni le energie dei ritmi lunari sono un prezioso strumento che ancora oggi è a disposizione di tutti coloro che vogliono accoglierla. Per fortuna diventano ogni giorno di più.

> *Credete che nella vita esistano fortuna,*
> *sfortuna e casualità? No, l'unica*
> *cosa da fare è seminare e poi raccogliere,*
> *anche se a volte sembra una cosa difficile da*
> *accettare. Tutto quello che vi capita è sempre*
> *il raccolto di ciò che avete seminato, oppure*
> *una prova. Preoccupatevi sempre di usare dei*
> *buoni semi e di avere la tranquillità necessaria*
> *per accettare le prove che verranno.*
> *Le supererete, se non questa volta la prossima...*

SCHIARIRE

La luna fornisce il suo aiuto anche a chi desidera schiarire la sua chioma fluente. Anche il sole, tuttavia, ha un forte effetto schiarente nei giorni cosiddetti della luce, tanto che in quest'epoca è meglio far asciugare all'ombra i vestiti colorati; anche i capi bianchi e quelli lavabili a novanta gradi non hanno bisogno di candeggianti: il sole svolge questo compito in modo perfettamente naturale.

Le regole per schiarire

Il momento migliore:	con la luna crescente in uno dei giorni della luce (gemelli, bilancia, acquario); l'effetto sarà tanto più forte quanto più ci si avvicina alla luna piena.
Si può fare:	in generale nei giorni della luce.
Periodo neutro:	con la luna calante.

Se aspetterete il momento migliore: avrete una forte azione schiarente su base naturale.

Consigli particolari: vi serve un'altra prova? Quando c'è il sole in uno dei giorni favorevoli prendete un pezzo di stoffa colorata, dividetelo in due parti uguali e lasciatene una esposta al sole più a lungo dell'altra. Poi confrontate il risultato.

Vi occupate di allestire vetrine? Allora questa regola per voi è particolarmente importante, perché nei giorni favorevoli per schiarire è fondamentale tenerle ben riparate dal sole.

SCIACQUI CON L'OLIO

Un vecchio metodo sempre efficace per depurare e ricostituire l'organismo, pulendo nello stesso tempo i denti, è quello di fare sciacqui con l'olio. Ogni momento di questo procedimento è importante e deve essere rispettato per essere efficace.

- Al mattino, prima di lavarvi i denti e di fare colazione, preparate un cucchiaio di olio di girasole *puro e spremuto a freddo*. Sappiamo che nelle zone temperate dell'emisfero nord solo l'olio di girasole ottiene questo effetto positivo: questa pianta infatti contiene le energie necessarie perché il processo riesca.

- Ora tenete in bocca il cucchiaio di olio, *senza inghiottire!* Passatelo nel cavo orale e sui denti, fatelo rotolare e scivolare negli interstizi, lentamente, per non provocare una salivazione eccessiva, per circa 15 minuti. Quando sentite l'irresistibile impulso di sputare, fatelo!

- Dopo un quarto d'ora sputate l'olio nel lavandino o nel wc e lavate bene lavabo e bocca! L'olio si è infatti trasformato in una sostanza altamente velenosa, che è molto pericolosa. Non meravigliatevi del suo colore: è diventato bianco.

- Il periodo giusto per una cura è con la luna calante, ed essa va fatta tutte le mattine per almeno otto giorni (meglio se sono 14).

- Se sentite che dopo lo sciacquo non avete voglia di fare colazione, lasciate perdere. Vedrete che vi farà bene: la «buona» prima colazione per molti non è poi così buona come si crede.

SEGNI DI FUOCO

Sono i segni zodiacali dell'ariete, del leone e del sagittario. Il nome deriva dall'elemento fuoco cui sono abbinati (vedi anche: (I) giorni e le loro caratteristiche a seconda del calendario lunare).

SEGNI DI TERRA

Sono i segni zodiacali del toro, della vergine o del capricorno. Il nome deriva dal fatto che essi sono associati all'elemento terra; vedi anche (I) giorni e le loro caratteristiche a seconda del calendario lunare.

(I) SEGNI ZODIACALI E I LORO COLORI DA MEDITAZIONE

Che i colori e il loro uso armonico esercitino un notevole influsso sulla nostra disposizione d'animo e dunque indirettamente anche sul nostro benessere fisico è cosa risaputa da tutti coloro che sanno guardare a se stessi e a ciò che li circonda con occhi aperti. Ancora relativamente poco noto invece è il fatto che la luce e i colori si possano impiegare come efficaci strumenti terapeutici, per esempio nell'agopuntura con i colori (vedi anche l'effetto dei colori a seconda dei ritmi lunari).

Parlando dei vari segni zodiacali occorre anche specificare il loro colore da meditazione. Tutti voi potete sfruttare quest'informazione per visualizzare la parte del corpo colpita in un'aura del colore corrispondente o per indossare un capo di vestiario di quella tinta. L'effetto positivo si rafforzerà se accorderete questa forma di meditazione con il calendario lunare, per esempio visualizzando la regione della testa nel colore blu nei giorni dell'ariete.

Ecco una piccola tabella riassuntiva.

Segno zodiacale	Colore da meditazione
ariete	dall'indaco al bianco azzurino
toro	blu intenso

(continua)

Segno zodiacale	Colore da meditazione
gemelli	blu chiaro
cancro	verde
leone	verde
vergine	giallo
bilancia	arancione
scorpione	rosso
sagittario	arancione nella parte sup. delle cosce e giallo in quella inf.
capricorno	verde
acquario	blu chiaro, più intenso alle caviglie
pesci	bianco azzurrino

Nel caso di malattie di qualunque tipo è sempre consigliabile usare il bianco come colore delle lenzuola, perché l'organismo può assorbire senza interferenze le vibrazioni terapeutiche provenienti dall'ambiente. Il nero al contrario sarebbe un vero e proprio veleno, in quanto schermerebbe queste vibrazioni. Ciò non significa che una stanza completamente bianca sia la soluzione migliore: gli occhi anzi si rallegrano vedendo cose colorate.

SEMICUPI

Molte donne, ma anche uomini, hanno provato gli effetti preventivi e terapeutici del semicupio: proprio nei mesi invernali è una cosa meravigliosa, di cui potete godere ogni volta che lo volete.

Per quanto riguarda l'influsso della luna, l'esperienza personale è come sempre più preziosa di qualsiasi consiglio dall'esterno. Provate la differenza che esiste tra un semicupio fatto in scorpione e uno fatto in qualsiasi altro giorno: presto capirete perché lo scorpione governa gli organi genitali e la zona dei fianchi.

Alle nostre latitudini le erbe migliori per il semicupio sono le seguenti: l'achillea ha un effetto ricostituente e stimola il benessere generale; l'alchimilla è la migliore contro i disturbi tipicamente femminili; la camomilla è soprattutto antiinfiammatoria, mentre la «borsa del pastore» è buona anch'essa contro i disturbi femminili e le mestruazioni troppo abbondanti. Nel migliore dei casi avrete raccolto queste erbe fresche e ne avrete fatto una piccola scorta per l'inverno, ma anche quelle acquistate nelle erboristerie e nelle farmacie fanno il loro effetto; purtroppo però di solito non si fa attenzione al momento in cui avviene la raccolta.

Ecco la ricetta per un semicupio: versate circa 2-3 litri d'acqua su due manciate di erbe. Fidatevi del vostro intuito nell'usare la quantità di cui avete bisogno. Lasciate le erbe in infusione più a lungo che non per il tè, ovvero circa 15 minuti, e nel frattempo fate scendere l'acqua della vasca (ricordatevi di sciacquarla prima con acqua calda): nel semicupio lo specchio d'acqua dovrebbe arrivare fino ai fianchi, e non al di sopra della pancia; poi versatevi la tisana dopo averla filtrata. Se vi sentite molto bene nell'acqua e questa si raffredda troppo velocemente per i vostri gusti, lasciate scendere altra acqua calda. Sta a voi fare o meno la doccia dopo questo piacere; comunque non è obbligatorio. Buon divertimento!

> *Una sera Mulla Nasrudin guardava*
> *il terreno di fronte a casa alla luce di*
> *un lampione. Alcuni amici passavano*
> *di lì per caso e chiesero curiosi:*
> *«Hei, Mulla, cosa stai cercando?»*
> *«Le mie chiavi.»*
> *Gli amici si chinarono e aiutarono*
> *Mulla nella sua ricerca. Dopo una*
> *mezz'ora buona uno di loro disse:*
> *«Mulla, sei sicuro di averle perse*
> *qui fuori?»*
> *«Qui fuori? No, le ho perse in casa,*
> *ma qui fuori c'è più luce.»*

SEMINARE E PIANTARE

Di solito il grosso del lavoro in giardino o nei campi inizia in primavera, con la vangatura e poi con le operazioni di semina e di piantatura. Compierle al momento giusto è di grande importanza per la crescita e il processo di maturazione delle piante, oltre che per la loro futura capacità di resistere alle erbacce e ai parassiti.

Sarà il futuro a costringerci a usare le regole del «momento giusto», perché prima o poi dovremo rinunciare ai pesticidi e ai fertilizzanti industriali: perché allora non fare il primo passo di nostra volontà?

Con la luna calante la linfa scende nelle radici, la terra è pronta per ricevere le sostanze nutritive e «inspira»; con la luna crescente invece gli umori salgono versono l'alto, ed è il momento dello sviluppo epigeo e dell'«espirazione».

Le regole per seminare e piantare secondo le fasi lunari

- Le piante e le verdure epigee andrebbero piantate o seminate con la luna crescente o in alternativa con quella discendente.
- Fanno eccezione a questa regola la lattuga cappuccina e altri tipi di verdure che fanno il cespo. In questo caso la luna calante in un giorno delle foglie è più indicata per la semina. In questo modo viene stimolata la formazione delle foglie e la pianta fa un bel cespo.
- Le verdure ipogee crescono bene se si aspetta la luna calante come epoca per la semina o la piantatura. Se ciò non fosse possibile si può in alternativa scegliere una data con la luna discendente.

Con l'aiuto del calendario posto in appendice al volume è molto semplice cercare le varie fasi della luna e contemporaneamente tener conto del segno zodiacale.

Per quanto riguarda la scelta di quello giusto, dipende da cosa volete da una pianta, cioè quale parte di essa volete favorire di più.

Le regole per seminare e piantare secondo i segni zodiacali

- Frutti: i pomodori per esempio sono frutti, non foglie né radici né fiori. Scegliete dunque uno dei giorni dei frutti – ariete, leone e sagittario – per piantare e seminare pomodori.
- Le verdure a foglia (spinaci, liliacee etc.) si seminano e si piantano meglio se sul calendario è segnato un giorno delle

foglie (cancro, scorpione, pesci). E non dimenticate: le verdure a foglia che fanno il cespo (insalata, spinaci, cavolo bianco e rosso etc.) vanno piantate e seminate con la luna calante in un giorno delle foglie. Questo vale anche per il rafano e il cavolfiore (le verdure a foglia con il cespo spuntano volentieri in vergine e sagittario).

- Nel caso di frutti a radice (sedano, carota, cipolla, rafano etc.) a nessuno importa che abbiano bei fiori o un fogliame succoso e ricco. Scegliete quindi un giorno dei frutti (ariete, leone e sagittario), ma assolutamente con la luna calante. I giorni delle radici possono essere una valida alternativa: vergine, toro e capricorno.

- Per i fiori e per la maggior parte delle erbe mediche è indicato un giorno dei fiori (gemelli, bilancia e acquario).

Se avete capito la base di questi concetti non sarà difficile fare un piano per un orto di stagione. Motivi legati alla mancanza di tempo o alle condizioni atmosferiche possono a volte rendere impossibile imbroccare il giorno giusto, ma bisognerebbe almeno fare in modo che non tutti gli influssi siano negativi: la natura lascia quasi sempre un margine sufficiente. Nel regno vegetale oltre alle fasi lunari giocano un ruolo importante anche le diverse energie della luna discendente e della luna ascendente, che possono tornare utili in certi casi, per esempio quando il momento migliore per un certo lavoro è già passato. Un'epoca utile per molti lavori di semina e di piantatura sono i tredici giorni circa della luna discendente. Non dimenticate che quest'ultima non ha nulla a che vedere con la luna calante. Se guardate con attenzione il calendario in appendice, potrete verificare che questi due ritmi si incrociano influenzandosi a vicenda.

Come abbiamo detto, vi sono diverse possibilità e alternative per ogni cosa. Il calendario lunare è un grosso aiuto, non un vincolo che costringe ad agire.

SESSUALITÀ, FERTILITÀ E LUNA

Vogliamo cogliere l'occasione per spiegare il motivo per cui finora non abbiamo parlato quasi per nulla degli effetti della luna sulla sessualità, una domanda che ci è stata posta molto spesso. Il motivo è molto semplice: i modelli che oggi vengono proposti a un giovane che vuole scoprire la sua sessualità sono completamente falsati. Indicano la strada di una vita sessuale fatta di blocchi, di ansia e di prestazioni, e fondamentalmente è ancora così oggi come 50 anni fa o 500. Falsi modelli, una falsa morale e una falsa libertà rinnegano tutto ciò che vi può essere di bello, naturale e liberatorio nel vero senso del termine, avvelenando questa fonte di salute e di gioia.

Chiunque, uomo o donna, ha il diritto di vivere la propria sessualità senza norme e regole artificiose, almeno finché questo vuol dire esprimersi e capirsi a vicenda. In questo la luna c'entra ben poco, se non forse come dolce amplificatore di fantasie romantiche.

Auguriamo di cuore a tutti di avere il coraggio di scoprire e di vivere la propria sessualità, senza che aspettative, pressioni e norme disturbino la vera unione. Tutto ciò che riguarda le misure, il soppesare e il confrontare è freddo e inumano e non ha nulla a che fare con l'amore. E quando scompaiono la pressione e le pretese nei confronti del partner, allora ponetevi con calma questa domanda: «Dov'è finito l'amore?». Senza amore non c'è vita, questo è sicuro.

L'influsso della luna sulla fertilità dell'uomo e degli animali è massimo otto giorni dopo il plenilunio di agosto. Può darsi che questa informazione possa aiutare le coppie ancora senza figli che desiderano ardentemente averne.

Molte specie animali nel mondo vivono istintivamente questo aspetto della loro vita: non si mettono in testa nulla e non hanno nessun calendario alle pareti. Possiamo imparare molto dalla saggezza di animali che vivono in libertà. Nessuno però dovrebbe legare questo consiglio ad aspettative eccessive né tanto meno a garanzie: molto meglio usare senso dell'umorismo e una dose extra di amore. Dopo tutto non siamo solo noi uomini a comandare sulla terra... per fortuna!

SERVIRSI DELLA LUNA

È il titolo del nostro classico, il libro con cui tutto è cominciato; dalla sua pubblicazione nel 1994 è presente nelle classifiche dei libri più venduti e finora è stato tradotto in 18 lingue.

In esso potete trovare le regole fondamentali della scienza della luna da applicare in tutti i campi della vita, dalla medicina al giardinaggio, dall'agricoltura a una semplice ed efficace conduzione della casa.

Ciò a cui tenevamo particolarmente era mostrare come ognuno, nel proprio giardino e con l'aiuto di semplici metodi naturali e seguendo le regole del «momento giusto», potesse fare a meno di qualsiasi fertilizzante chimico etc. I giardini e gli orti privati infatti oggi sono spesso vere e proprie discariche di veleni: sapevate che la maggior parte dei danni al terreno e all'acqua freatica deriva proprio da orti e giardini privati?

Allora ecco un consiglio: andate più spesso a spasso nel verde, in mezza montagna o sui pascoli alpini e guardate ciò che la natura può fare da sola quando l'uomo non si mette in mezzo. Osservate come tutto cresce in maniera armoniosa quando non si pianta, non si concima e non si innaffia: è questa la perfezione. Imparate da essa come fare del vostro giardino un piccolo paradiso in terra.

Il giardino più bello che conosciamo si è formato perché il suo proprietario non aveva piantato nulla: aspettava solo che i semi trasportati dal vento facessero il loro lavoro, eliminandoli sempre con la luna calante, cosa che comunque non gli dava affatto gioia. Questo luogo è una vera oasi di pace e serenità, che non richiede neppure un grammo di concime e nemmeno una singola goccia d'acqua potabile. Naturalmente con questo non vogliamo dire che non bisogna fare più nulla in giardino: il giardinaggio è per molti l'hobby preferito e noi lo capiamo benissimo. Ma può diventare ancora più bello e appagante se impariamo a vivere in armonia con la natura invece di imporle la nostra volontà. Con il libro *Servirsi della luna* abbiamo voluto contribuire a diffondere ovunque questo sentimento.

SMAGLIATURE – PREVENZIONE

Le smagliature sono delle striature rosse che dopo un po' diventano bianche e restano tali anche quando il sole ha ormai scurito il resto della pelle. È per questo che molti si arrabbiano quando la pelle – soprattutto sulla pancia e sui fianchi – viene danneggiata in questo modo: purtroppo queste striature non si possono più eliminare, tuttavia è possibile prevenirle in maniera efficace.

Il primo passo è riconoscere le cause che portano a un indebolimento dei tessuti connettivi: la carenza di vitamina E e la mancanza di movimento fisico. La vitamina E è coinvolta in misura determinante nei processi di depurazione dell'organismo: se questi non funzionano, le sostanze tossiche si accumulano nei tessuti connettivi indebolendoli. L'olio vegetale, le plantule dei cereali e il crescione ne sono particolarmente ricchi. In altre parole: un'alimentazione adeguata è la miglior forma di prevenzione contro la comparsa delle smagliature in gravidanza.

Nei giorni della bilancia bisognerebbe inoltre massaggiare a fondo tutte le zone a rischio con dell'olio naturale che rassodi i tessuti: passate le zone interessate con un guanto ruvido in senso orario, massaggiandole poi con l'olio rassodante. Sarebbe molto utile sfruttare allo stesso modo i 14 giorni della luna crescente.

Se siete a rischio per motivi ereditari, usate con la luna calante un olio disintossicante e con quella crescente un olio rassodante. Se aspettate un bambino, durante la gravidanza usate solo un olio disintossicante e dopo il parto solo un olio rassodante, a prescindere dal segno zodiacale in cui si trova la luna e dalla sua fase.

Tra le erbe più efficaci contro le smagliature c'è la «coda di cavallo»: raccoglietela per esempio nei giorni della bilancia, riducetela in poltiglia e applicatela fresca sulle aree interessate. La seconda causa che determina la comparsa delle smagliature, ovvero la mancanza di movimento, non si può eliminare semplicemente massaggiando le parti con l'olio o applicandovi erbe. Forse però possiamo fornirvi qualche ispirazione con le nostre spiegazioni sul tema «il movimento come saggezza che cura il corpo» (vedi anche *Salute e benessere in armonia con le fasi della luna*).

SORGENTI E POZZI

L'acqua migliore per noi uomini viene dalle sorgenti di superficie: basterebbe prendere ciò che affiora spontaneamente. L'acqua ha così superato il necessario processo di maturazione ed è divenuta sana e viva, depurandosi da sola. L'acqua freatica invece è ancora un po' «prematura», non contiene tutta la forza vitale che necessita all'uomo. Non per nulla la natura non l'ha ancora liberata. Perfino molte acque minerali sono in realtà morte, e soddisfare il proprio bisogno di liquidi solo in questo modo indebolisce alla lunga il nostro sistema immunitario, non importa quante sostanze «sane» contengano.

L'acqua di pozzo va quindi utilizzata soprattutto per scopi quali lavarsi, bagnarsi, innaffiare le piante da appartamento etc., senza sprecarne. Come abbiamo già detto, nella maggior parte dei casi non possiede più la vitalità e l'energia che possiede l'acqua potabile e di cui tutti abbiamo bisogno. Se utilizzate come acqua potabile quella del vostro pozzo privato dovreste farla controllare almeno una volta l'anno per vedere che non sia stata contaminata da sostanze dannose. Lo stesso vale se nelle vicinanze hanno costruito, perché le nuove costruzioni possono cambiare di molto il corso delle acque freatiche. Anche l'acqua di fonte va controllata, perché un'agricoltura intensiva nelle vi-

cinanze insieme ad altri fattori può minare la capacità dell'acqua di autodepurarsi.

Volete prendere una fonte o scavare un pozzo? La scelta del momento giusto e i ritmi della luna possono aiutarvi molto a fare il lavoro in maniera efficace.

Le regole per individuare sorgenti e scavare pozzi

Il momento migliore:	con la luna crescente nel segno dei pesci (dunque sempre in autunno).
Si può fare:	con la luna crescente in cancro e scorpione o nel plenilunio (attenzione all'ora esatta!).
Da evitare:	con la luna crescente se non è in uno dei segni d'acqua (cancro, scorpione e pesci).
Il momento peggiore:	con la luna calante in genere.

Se aspetterete il momento giusto: l'acqua freatica, se presente, si trova molto più facilmente. Le fonti si individuano bene e zampillano abbondantemente.

Se sceglierete il momento sbagliato: anche se presente l'acqua è difficile da trovare. Può darsi che sia necessario scavare molto più in profondità di quanto serva effettivamente. Anche quando la si trova, c'è rischio che scorra irregolarmente o che il pozzo si insabbi. La fonte sarà soggetta a forti variazioni di abbondanza, l'acqua non scorre in maniera affidabile. Se il momento è sbagliato l'acqua può sparire completamente per breve o lungo tempo, benché si trovi da anni sempre allo stesso posto: cerca così un'altra strada.

Consigli particolari: prima di fare uno scavo di un pozzo per cercare l'acqua, dovete assolutamente far controllare il posto da un rabdomante (vedi anche Salute e benessere in armonia con le fasi della luna). Molte ditte di scavo dei pozzi collaborano con queste persone, semplicemente perché hanno visto che il successo arriva prima.

È davvero una benedizione poter soddisfare il fabbisogno di acqua potabile pulita con una sorgente propria: speriamo che chi è in questa condizione si renda conto di che cosa vuol dire ricevere in dono dalla natura dell'acqua pura.

Noi stessi eravamo e siamo tutt'ora costretti a prendere l'acqua potabile dai nostri comuni d'origine, che devono trattarla in modo più o meno forte. Per ora ci stiamo aiutando con l'uso di apparecchi del naturalista tirolese Johann Grander, che ha scoperto una tecnica per ridare all'acqua la vitalità e l'energia di quella di fonte. La nostra esperienza personale ci dice che Johann Grander ha trovato una soluzione adatta a tutti.

Noi tutti abbiamo bisogno di acqua pulita e viva. Da dove viene quella che esce dal mio rubinetto? È davvero pulita o solo «ripulita»? Dove va a finire l'acqua quando gorgoglia giù per l'acquaio, e con che cosa l'ho mescolata? E quella che penetra in profondità dai canali di scolo? Che cosa significa l'espressione riportata sui detersivi: «Biodegradabile al 99 per cento»? Che succede di quell'uno per cento? Si trasforma forse in vitamine?

Riflettete un po' su queste domande, tenetele a mente. L'acqua è vita, ogni singola goccia. Neppure una di queste è superflua e può essere contaminata senza pericolo. Tutte le gocce d'acqua appartengono a tutti. Perseverate con queste idee, prendetevi la responsabilità dell'acqua nella vostra vita e usatela con cautela e attenzione. Se sono solo in pochi a farlo, lasciamo loro un peso enorme. Ognuno di noi deve sviluppare un atteggiamento positivo nei confronti dell'acqua, in modo che le abitudini si invertano e che possiamo finalmente imboccare la strada giusta verso il futuro.

Il calendario lunare vi dice quando è meglio mettersi in cerca dell'elisir della vita. Noi volevamo comunque farvi capire che l'atteggiamento con cui vi accingete a quest'operazione è della massima importanza. Saremmo molto felici se voi, con noi e con le altre persone di buona volontà, vedrete le cose con occhi nuovi: se tratterete l'acqua in modo distratto e sprecone sarà peggio che non trovarla affatto. Ritenetevi dunque doppiamente fortunati se essa scorre a sufficienza e se la sua qualità consentirà di gustarla a dovere, poiché avete spillato l'elisir della vita di noi tutti.

E ci son quelli che donano con gioia,
e quella gioia è il loro compenso.
E quelli che donano con sofferenza
e quella sofferenza è il loro battesimo.
E ci son quelli che donano e non conoscono sofferenza
nel donare e nemmeno provano gioia,
e non stanno a pensare alla virtù;
loro sono come nella valle laggiù il mirto, che sparge
il suo profumo nello spazio.
Con le loro mani Dio parla, e da quegli occhi Dio sorride
alla terra.

(Kahlil Gibran)

SPALLE E BRACCIA – INTERVENTI ALLA FASCIA SCAPOLARE E ALLE BRACCIA

Avete già letto la voce <u>Interventi chirurgici</u>? Sarebbe meglio darci un'occhiata prima di fissare l'appuntamento per un'operazione.

Vorremmo ricordarvi una cosa: molti elementi sono decisivi per la riuscita di un intervento chirurgico, dalla competenza del medico allo stato generale di salute del paziente fino alla disponibilità degli strumenti necessari. E non da ultime sono in gioco anche circostanze determinate dal destino: l'esito di operazioni d'emergenza per esempio soggiace di sicuro a leggi superiori.

Nel caso di interventi chirurgici molti fattori sono modificabili, altri no. Ma una cosa è certa: anche lo stato della luna e le sue fasi possono in un dato momento influenzare la riuscita o meno di un'operazione.

La regola di base è molto semplice: tutti gli interventi andrebbero se possibile programmati con la luna calante, e ciò è tanto più importante quanto più l'operazione è difficile ed estesa.

Le regole per gli interventi nell'area della fascia scapolare e delle braccia

Si può fare:	con la luna calante, ma non in toro, gemelli e cancro.
Da evitare:	con la luna crescente.
Il momento peggiore:	con la luna crescente in toro, gemelli, cancro, così come tre giorni prima del plenilunio fino al plenilunio compreso, non importa in quale segno.

Se aspetterete il momento giusto: diminuisce il rischio di emorragie e di cicatrici permanenti. Il decorso postoperatorio è più veloce, minore il pericolo di complicazioni.

Se sceglierete il momento sbagliato: complicazioni e infezioni postoperatorie sono più frequenti con la luna crescente, e la fase di guarigione e convalescenza dura di norma più a lungo. Intorno al plenilunio si possono verificare emorragie forti e difficili da arrestare. Anche la cicatrizzazione presenta qualche problema, e il rischio di cicatrici brutte o permanenti è molto più alto. Possono anche essere necessari più interventi per raggiungere risultati apprezzabili. Grande rischio di dolori ai nervi.

E non dimenticate: è fondamentale chiedersi se l'intervento è davvero necessario! Riflettete sul fatto che certe operazioni non vitali (cistifellea, intestino cieco, tonsille) vengono eseguite su pazienti che siano medici e avvocati l'80 per cento in meno rispetto al resto della popolazione, e non certo perché queste categorie vivano in maniera più sana. Prima di un'operazione importante sentite sempre un secondo parere: non può farvi che bene.

I dolori alla schiena possono essere di varia natura, ma troppo spesso si trascura il fatto che proprio sulla zona della schiena si scarica un grosso peso. Se nessun terapeuta vi può aiutare provate a essere sinceri con voi stessi e a mettere ordine nei vostri pensieri: che cos'è che vi pesa davvero?

SPELTA

La spelta è una modesta qualità di frumento, resistente al freddo, un tempo diffusa in tutta Europa, che in tempi più recenti è stata coltivata solo sporadicamente e oggi sta diffondendosi di nuovo. Sul mercato la spelta è disponibile sotto forma di farina macinata in vario grado, di granaglia macinata grossa e di fiocchi di grano, di frittelle e focaccia etc.

Per millenni gli uomini si sono nutriti di questo prezioso cereale. Hildegard von Bingen (1098-1179), la grande mistica medioevale studiosa di scienze naturali, lo chiamava addirittura «il cereale degli uomini». Vorremmo davvero consigliarvi di usare in cucina la farina di spelta al posto di altre farine!

Saranno sufficienti poche informazioni per farvi innamorare di questo rimedio naturale: esse provengono in parte da un contadino di nostra conoscenza che ha molto studiato questo cereale.

La spelta contiene quasi tutte le sostanze nutritive di cui ha bisogno l'uomo nella giusta proporzione, non solo nell'involucro ma anche nei chicchi stessi. Ciò significa che è in grado di conservare il suo eccezionale valore nutritivo anche a un grado elevato di macinatura. Se si alimentassero i bambini solo con spelta e acqua, essi non mostrerebbero alcun segno di deprivazione, contrariamente a quanto avviene per l'alimentazione a base di latte. È anche altamente indicata come complemento nella dieta dei malati.

Al contrario della maggior parte dei cereali coltivati, la spelta è geneticamente sana, e ha un valore per la salute e un'energia interna incomparabilmente più alti. I chicchi raccolti possono essere usati come sementi, mentre ciò non è più possibile con altri tipi di cereali (gli agricoltori devono dipendere dai produttori di sementi). La spelta è inoltre resistente alla radioattività e ai veleni dell'ambiente, poiché il suo chicco è ricoperto da numerosi strati (glume). Dopo l'incidente nucleare di Chernobyl era l'unico raccolto a essere rimasto immune dalle radiazioni.

La zuppa di spelta, per esempio, è la migliore di tutte, la Cenerentola che diventa una principessa, il brutto anatroccolo in cui è celato il cigno. Questa zuppa è un vero toccasana, che ha effetti lenitivi e terapeutici per molti disturbi. Come misura preventiva è invece imbattibile se portata in tavola una volta alla settimana o due volte al mese.

La ricetta è molto semplice: fate cuocere brevemente una grossa cipolla o due piccole tagliate a dadini in circa due cucchiai da tavola di burro (tipo alfa) o di grasso vegetale (tipo omega), e aggiungetevi circa 8 cucchiai di spelta. Mescolate continuamente con la frusta e aggiungetevi da 1 a 2 litri d'acqua. Contemporaneamente versate del dado di verdure biologiche, un po' di sale e pepe a piacere. La zuppa deve cuocere per 20 minuti circa a fuoco lento. Fatto!

> *« Pensare a Dio mi sembra una cosa senza*
> *senso », disse una volta qualcuno facendo visita*
> *a un santo dei nostri tempi. Quello rispose:*
> *« Senza dubbio il mondo è completamente d'accordo*
> *con te. Ma con questo è forse più felice? Chi*
> *abbandona Dio, la quintessenza della felicità,*
> *cerca invano la vera gioia.*
> *Coloro che davvero cercano Dio vivono già sulla*
> *terra nel Paradiso interiore della pace. Chi lo*
> *dimentica, trascorre i suoi giorni nel Regno*
> *delle Ombre, dove regnano incertezza e delusione.*
> *Chi stringe amicizia con Dio agisce dunque davvero*
> *in modo sensato ».*

STECCATI, SELCIATI E SENTIERI NATURALI – COSTRUZIONE

Molti architetti, committenti e amanti del « fai da te » sapranno benissimo che spesso i pavimenti posati in esterno dopo poco tempo ballano (soprattutto se posati direttamente sul terreno), i selciati di pietre naturali « fanno le onde » e i sentieri appena posati vengono subito erosi dall'acqua o mostrano buche: tutto ciò malgrado le cure e l'esperienza profuse. Altre volte invece tutto tiene come fosse di cemento armato, anche i sentieri naturali, e la costruzione e la conservazione di sentieri di campagna ha successo a lungo, tanto che a nessuno verrebbe in mente di asfaltarli.

In campagna capita di passare accanto a steccati di legno grezzo che se ne stanno ben piantati nel terreno da più di quarant'anni, mentre magari all'altro capo del sentiero si trova un altro steccato completamente marcio e pregno di veleni che ha alle spalle non più di due anni di « servizio ».

I camminatori appassionati possono confermarlo: i vecchi ponti e le passerelle di legno avrebbero molto da dire in tema di resistenza e di putrefazione. Alcuni hanno bisogno di riparazione solo ogni tanto, malgrado siano esposti al vento, all'acqua e al sole quanto altri quasi nuovi che a brevi intervalli devono essere sostituiti dalle comunità montane e dal soccorso alpino.

E infine consideriamo i muretti di pietra che un tempo servivano a demarcare i campi, per esempio in Sudtirolo: sono fatti di pezzi semplicemente accumulati uno sull'altro e possono durare anche secoli, mentre altre volte le pietre sono rovinate e sparse sul sentiero malgrado siano 'state fissate col calcestruzzo. Perché? Cosa spiega queste differenze? Confrontate le vostre esperienze con le regole che seguono e con il calendario lunare e troverete da soli la risposta.

Le regole per costruire steccati, selciati e sentieri naturali

Il momento migliore:	con la luna calante in capricorno; l'ideale è il novilunio in capricorno.
Si può fare:	con la luna calante eccetto i giorni del cancro e del sagittario, tanto meglio quanto più si è vicini al novilunio.
Da evitare:	con la luna crescente in genere, ma anche con quella calante in cancro e sagittario.
Il momento peggiore:	in genere con la luna in cancro e sagittario e durante il plenilunio.

Se aspetterete il momento giusto: i pali si rafforzano da soli, gli aghi restano nel legno. I sentieri non devono essere puliti, le piastrelle si adattano bene al suolo; il terreno diventa sempre più duro e resistente e le migliorie durano più a lungo.

Se sceglierete il momento sbagliato: i pali degli steccati si allentano da soli, soprattutto quelli piantati in cancro marciscono anche prima. Mattonelle e piastrelle ballano, non sono in piano e si rompono più facilmente.

Sentieri e viottoli si erodono più facilmente, soprattutto se sono stati posati in cancro. Ogni anno si verificano danni dovuti al gelo.

Consigli particolari: se steccati e palizzate di legno sono esposti a forti pressioni – il peso della neve, animali che vi si strofina-

no spesso o bambini che li scavalcano – vale la pena di badare non solo alla luna calante, ma anche al segno del capricorno. Soprattutto nel caso di aree giochi per bambini, di strutture per arrampicarsi e di recinti da zoo non ci sarebbe più bisogno di riparazioni per molto tempo.

> *Si possono fare molte cose belle*
> *con le pietre che incontriamo sulla via.*
>
> (Johann Wolfgang von Goethe)

STIRARE

La luna affronta anche le questioni «scottanti»: il risultato dello stiro non dipende infatti solo dall'abilità o dal piacere che ci si mette, ma anche dallo stato della luna. Ecco i consigli e le regole più importanti:

&. Quando la luna è crescente i panni andrebbero messi a stendere con grande attenzione, badando a evitare la formazione

di pieghe ricorrendo a mollette da bucato. Ci vorrà un po'
più di tempo, che però risparmierete in seguito stirando:
quando la luna è crescente, infatti, le pieghe si stirano molto
più difficilmente che non con la luna calante. Ogni volta che
possiamo, evitiamo di fare il bucato in capricorno, perché
stirando si vedranno perfino i segni delle mollette.

🙠 Molte casalinghe/casalinghi prendono come inevitabili quelle striature e macchie lucide che a volte si formano dopo lo
stiro sui vestiti scuri: le cuciture sono molto delicate in questo senso. Ecco il nostro consiglio: evitate di stirare i vestiti
scuri o di seta in capricorno, e non fatelo mai sulla parte
esterna. La cosa migliore sarebbe di girare verso l'interno i
capi delicati e scuri già prima del lavaggio.

SUPERSTIZIONE

Chi non si è mai occupato dei ritmi lunari potrebbe comprensibilmente pensare che si tratti di un'antica forma di credenza popolare, per la quale non vi è più spazio nella nostra era «illuminata»: in una parola, che si tratti di superstizione.

Facciamo due esempi: può darsi che conosciate già dai nostri
libri o magari per esperienza personale la regola per cui nei giorni
dello scorpione le erbe raccolte posseggono una notevole efficacia, indipendentemente dallo scopo per cui vengono utilizzate. La
cosa buffa è che le erbe sono molto meno efficaci se raccolte di
venerdì e domenica, anche se si tratta di giorni dello scorpione!

Secondo una regola antichissima, è possibile trasformare dei
capelli difficili (con forfora, troppo sottili o radi) in una chioma
sana e splendente, semplicemente tagliandoli e lavandoli in determinati periodi.

Perché queste cose funzionano? È un'antica scienza empirica,
che si fonda solo su se stessa. Alcuni vorrebbero liquidarla come
superstizione o «immaginazione», ma per coloro che hanno fatto questo tipo di esperienza con profitto si tratta di una cosa assolutamente valida e sensata.

Anche se fossero all'opera solo leggi naturali a noi ancora
ignote, piuttosto che la nostra immaginazione o magari entrambe
le cose, non sono forse l'immaginazione, la fantasia, i sogni e il
fatto di credere in qualcosa le forze più potenti in assoluto?

Quante volte è successo ai medici di vedere persone riprendersi da malattie dichiarate inguaribili soltanto grazie alla loro fede in Dio e nella guarigione? Se dunque è vero che esclusivamente l'immaginazione porta a una maggior efficacia delle erbe raccolte durante i giorni dello scorpione, allora questa forma di immaginazione possiede una sua fondatezza e un suo senso.

Non è certamente superstizione dare un'altra chance alla scienza dei ritmi lunari, vecchia di secoli, provandone la validità con l'esperienza personale: senza questa saggezza, non avremo un futuro.

In altre parole: la vera superstizione si ha quando ci si fida ciecamente della scienza moderna, magari affidandole perfino la responsabilità dei propri sentimenti e pensieri se non della propria vita. Per esempio, che l'amianto sia una sostanza innocua si è rivelata una sciocca credenza, e magari fra cento anni molte delle cose che oggi sono spacciate per « ultime novità » della scienza e della tecnica saranno oggetto di scherno e derise come superstizioni degli antenati. E in molti casi a ragione.

> « Quando osservo i bambini e in quelle piccole
> creature scorgo i germogli di tutte le virtù e le forze
> di cui avranno un dì bisogno; quando intravedo
> nella loro testardaggine la futura costanza e saldezza
> di carattere, nella spavalderia il buon umore
> e la leggerezza nel destreggiarsi tra i pericoli del
> mondo, e tutto questo in un modo così puro e intatto.
> allora sempre, sempre mi ripeto allora le preziose
> parole del Maestro: se non diventerete come
> uno di loro... »
>
> (Johann Wolfgang von Goethe)

SVERNICIARE

Molti bei pezzi di mobilio, molte porte di legno massiccio ben tornite e intagliate possono durare secoli senza perdere nulla della loro bellezza originaria. Ma è nella natura umana che i secoli non passino senza costanti mutamenti del gusto del proprietario riguardo a colori e forme. Perciò rimuovere i vecchi colori e le tinte con la sverniciatura è un'usanza antichissima, e per compierla con successo si è sempre fatto attenzione allo stato della luna.

Solo recentemente, tuttavia, questo lavoro finisce per presentare grossi problemi, perché nel passato era sufficiente raschiare a fondo al momento giusto (cioè con la luna calante). Le moderne vernici laccate a colori chimici (resina sintetica, acrilico etc.) richiedono invece a loro volta l'impiego di sostanze chimiche per liberare di nuovo le superfici. Per questo motivo è ancora più importante scegliere il momento più adatto.

Le regole per sverniciare

Si può fare:	con luna calante.
Da evitare:	con luna crescente.
Il momento peggiore:	con luna crescente in leone.

Se scegliete il momento giusto: le vostre mani lavoreranno senza fatica, i colori si scioglieranno più facilmente. Le esalazioni velenose vengono recepite più debolmente dai polmoni e dal resto del corpo.

Se scegliete il momento sbagliato: le tracce di colore sono più difficili da rimuovere, e forse si legheranno ancora di più alla superficie. Il legno viene danneggiato, e le esalazioni velenose colpiscono i polmoni e il corpo in genere.

Consigli particolari: a volte il metodo più semplice e sano per sverniciare è usare una pistola ad aria calda che sciolga gli strati di vernice rimuovendola senza fatica. Il successo di questa soluzione, altrimenti garantito, è però legato all'età e alla composizione del colore.

SVEZZAMENTO

Anche nello svezzare vostro figlio lasciatevi aiutare dalla luna: il tutto avverrà molto semplicemente e senza bisogno di ricorrere a farmaci. È sufficiente attaccare il bambino sempre più raramente nei giorni e nelle settimane che precedono la luna piena, e sarà lui stesso a succhiare meno. Quando la luna è piena lo si attacca un'ultima volta e anche qui mangerà poco.

Le regole per lo svezzamento

> **Il momento migliore:** attaccare il bimbo l'ultima volta con la luna piena.
> **Da evitare:** svezzarlo con la luna nuova.

Se rispetterete il momento giusto: lo svezzamento avverrà senza problemi. Il bimbo non cercherà la madre piangendo e comincerà con le pappe. Fate attenzione alla <u>tipologia alimentare</u> (vedi) del bambino!

Se sceglierete il momento sbagliato: è possibile che il seno si infiammi e che si formino dei noduli; che continui a gonfiarsi ed è dolorante; il latte esce in modo incontrollato quando vi lavate o lo toccate.

Consigli particolari: un infuso di salvia può provocare un arresto nella produzione di latte. Bevetene semplicemente alcune tazze poco prima dello svezzamento e subito dopo. Questo infuso è chiaramente controindicato per le madri che stanno ancora allattando!

Allattate il vostro bimbo o avete intenzione di farlo? Non fatevi distogliere da niente e da nessuno! In seguito fatelo mangiare con voi a tavola, quando spunteranno i primi dentini: adattate semplicemente un pochino a lui il vostro cibo, dopo averlo frullato, e osservate bene quello che gli piace. In questo modo potrete cavarvela senza i prodotti dell'industria alimentare per bambini.

SVEZZAMENTO DEI VITELLI

Purtroppo oggi in agricoltura non si usa più che le mucche allattino i vitellini, forse anche perché si è dimenticato il momento giusto per lo svezzamento. È come per noi uomini: per lungo tempo l'allattamento è stato malvisto, ci si fidava degli alimenti per bambini, già pronti e «più sani». Oggi si è più attenti, e piano piano si fa strada la consapevolezza che anche il latte materno peggiore è meglio del biberon. Se non va bene quello materno, come può andar bene qualsiasi altro latte?

Le regole per svezzare i vitelli

Il momento migliore:	iniziare poco prima del plenilunio e nel giorno della luna piena attaccare i vitelli per l'ultima volta.
Da evitare:	con la luna piena in cancro o vergine e di base con la luna calante.

Se aspetterete il momento giusto: lo svezzamento avverrà facilmente e senza problemi. Se il vitellino è tranquillo, lo è anche la mucca.

Se sceglierete il momento sbagliato: in leone gli animali urleranno, in cancro vorrebbero sempre tornare dalla madre, in vergine sono spesso in calore da adulti e diventano un pericolo per tutta la mandria a causa di comportamenti irrequieti, soprattutto in montagna.

TÈ ALL'ORTICA PER DEPURARE IL SANGUE

Una cura depurativa a base di ortica può avere effetti molto positivi e portare giovamento e cura per molti disturbi fisici. Un trattamento con il tè all'ortica, eseguito in primavera, toglierà a qualsiasi persona sana la stanchezza tipica di questa stagione. Questo stimola la vescica e i reni, aiuta l'attività di tutti gli organi della digestione e arricchisce l'organismo di molte sostanze minerali e vitamine. Se fate questa cura per debellare un disturbo fisico o una malattia, dovete essere preparati al fatto che – come succede con l'omeopatia e molte altre forme di terapia naturale – al principio si può verificare un peggioramento dei sintomi: per breve tempo dopo il trattamento i dolori o altri sintomi aumentano, oppure il disturbo si sposta in altri organi o parti del corpo. Non dovete prendere questo segnale come motivo di sconforto, al contrario! Come avviene nelle reazioni ai vaccini, il corpo sta semplicemente segnalando che siete sulla buona strada, che sta reagendo alla misura e vuole rifornire la zona disturbata di forze nuove. Il peggioramento dei sintomi e dei dolori indica che il corpo sta impiegando più forze per spezzare il blocco di energia nella zona malata, proprio come succede con la pressione che l'acqua esercita su una diga.

Quando la luna è calante (se possibile al pomeriggio tra le 15 e le 19) bevete quanto più tè all'ortica potete, oppure prendete tre cucchiai da tavola di succo d'ortica mischiato a latticello (si trova nei negozi di prodotti naturali, indicato solo per le persone sane). Smettete quando sorgerà la luna nuova, aspettate quattordici giorni e dopo il plenilunio successivo ripetete la cura fino alla scomparsa o al miglioramento dei dolori. Per una persona sana sono sufficienti due cicli da quattordici giorni con la luna calante, mentre in caso di malattie o disturbi della pelle ne sono necessari tre.

È meglio raccogliere le ortiche con la luna calante: usate solo le foglie giovani, fatele seccare e mettetele via nello stesso periodo. Non dovete lavare le piante prima di farle seccare (un consiglio: se volete usare le foglie fresche, per esempio in insalata, passatele con il mattarello: le capsule spinose della pianta scoppiano e non bruciano più).

Se al momento della raccolta la luna dovesse trovarsi in uno dei segni di terra (vergine, toro, capricorno), mettetene da parte un po' più del necessario e fate seccare le foglie per l'inverno: il loro utilizzo ha un ottimo effetto sull'ematopoiesi. Per le persone sane non è necessaria una cura depurativa del sangue in inverno, mentre un tè all'ortica ogni tanto dopo un pasto particolarmente ricco e pesante (per esempio a Natale) può essere una buona cosa.

TESTA – INTERVENTI ALLA TESTA E ALLA MASCELLA

Avete già letto la voce <u>Interventi chirurgici</u>? Sarebbe meglio darci un'occhiata prima di fissare l'appuntamento per un'operazione.

Vorremmo ricordarvi una cosa: molti elementi sono decisivi per la riuscita di un intervento chirurgico, dalla competenza del medico allo stato generale di salute del paziente fino alla disponibilità degli strumenti necessari. E non da ultime sono in gioco anche circostanze determinate dal destino: l'esito di operazioni d'emergenza per esempio soggiace di sicuro a leggi superiori.

Nel caso di interventi chirurgici molti fattori sono modificabili, altri no. Ma una cosa è certa: anche lo stato della luna e le sue fasi possono in un dato momento influenzare la riuscita o meno di un'operazione.

La regola di base è molto semplice: tutti gli interventi andrebbero se possibile programmati con la *luna calante*, e ciò è tanto più importante quanto più l'operazione è difficile ed estesa.

Le regole per gli interventi alla testa e alla mascella

Si può fare:	con la luna calante, ma non in pesci, ariete e toro.
Da evitare:	con la luna crescente.
Il momento peggiore:	con la luna crescente in pesci, ariete e toro così come tre giorni prima del plenilunio (compreso questo), non importa in quale segno.

Se aspetterete il momento giusto: diminuisce il rischio di emorragie e di cicatrici permanenti. Il decorso postoperatorio è più veloce, minore il pericolo di complicazioni.

Se sceglierete il momento sbagliato: complicazioni e infezioni postoperatorie sono più frequenti con la luna crescente, e la fase di guarigione e convalescenza dura di norma più a lungo. Intorno al plenilunio si possono verificare emorragie forti e difficili da arrestare. Anche la cicatrizzazione presenta qualche problema, e il rischio di cicatrici brutte o permanenti è molto più alto. Possono anche essere necessari più interventi per raggiungere risultati apprezzabili. Grande rischio di dolori ai nervi.

E non dimenticate: è fondamentale chiedersi se l'intervento è davvero necessario! Riflettete sul fatto che certe operazioni non vitali (cistifellea, intestino cieco, tonsille) vengono eseguite su pazienti che siano medici e avvocati l'80 per cento in meno rispetto al resto della popolazione, e non certo perché queste categorie vivano in maniera più sana. Prima di un'operazione importante sentite sempre un secondo parere: non può farvi che bene.

TETTI DI PAGLIA – QUANDO COSTRUIRLI

Costruire e riparare tetti di paglia è una delle molte attività che possono approfittare in maniera particolare della regola del «momento giusto». In altre parole: la loro funzionalità e durata dipendono direttamente dall'abilità nello scegliere il momento più adatto rispetto ai ritmi lunari. La differenza infatti è così evidente che oggi è quasi un miracolo trovare ancora capanne e case col tetto di paglia. Le regole che seguono potrebbero quindi essere una piccola rivelazione per molti artigiani, restauratori e semplici proprietari di case.

Le regole per costruire tetti di paglia

Si può fare:	raccogliere la paglia con la luna crescente, montare il tetto con la luna calante, purché non in un segno di fuoco (ariete, leone e sagittario).
Da evitare:	raccogliere la paglia con la luna calante, montare il tetto con quella crescente, soprattutto in leone, ariete e sagittario.

Se aspetterete il momento giusto: la paglia resta voluminosa e allo stesso tempo compatta. Il rischio di incendi è più basso.

Se sceglierete il momento sbagliato: la paglia è poco stabile e resistente; vi è un maggior pericolo di incendi, poiché si asciuga troppo velocemente.

Consigli particolari: la riparazione di tetti di paglia andrebbe eseguita solo con la luna calante, meglio se in capricorno.

TINTEGGIATURA

Chiunque viva in città conosce il triste spettacolo di una casa appena restaurata che già dopo due o tre anni mostra le prime macchie di colore che si staccano dalla facciata. L'industria chimica reagisce producendo misture sempre più velenose, invece di preoccuparsi delle vere cause. Ammettendole, però, alcuni guadagni rischierebbero di crollare.

Fate una prova anche voi: dipingete un pezzo di legno con della pittura a smalto, una superficie abbastanza ampia come per esempio una porta. Per far questo comprate due pennelli uguali e utilizzate un'unica pittura. Fatelo una volta subito prima del plenilunio e un'altra volta subito prima del novilunio, poi guardate la differenza: vi passerà la voglia di fare il lavoro al momento sbagliato.

Soprattutto nei lavori di restauro la scelta del momento giusto è doppiamente redditizia.

Molti colori, dispersioni, smalti e colle che danneggiano la salute e l'ambiente hanno potuto sostituire colori a base di calce, più sani e prodotti naturalmente, solo perché hanno travolto nel vero senso della parola i sottili influssi dei ritmi della natura, rendendo apparentemente inutile la scelta del momento più giusto. In questo campo l'uso di prodotti naturali sarebbe più semplice se si facesse attenzione a questo punto. Per la loro semplice lavorazione, per l'efficacia e la durata superano a volte i prodotti tossici a effetto rapido, e sono molto più sani non solo per chi li lavora ma per noi tutti. Per non parlare del fatto che solo per produrre un chilo di vernice convenzionale si creano fino a 7 chili di rifiuti tossici altamente velenosi (a seconda della tinta e del tipo di colore e riferendosi alla quantità finita), mentre dalla produzione di colori naturali deriva perfino del buon concime organico!

I colori a base di calce, per esempio, lasciano respirare la superficie fermando al contempo l'umidità. Sapevate che gli animali da stalla – maiali, vitelli, polli etc. – oggi soffrono molto di più delle malattie più diverse perché si usano colori a dispersione di tipo chimico? Chi torna ai colori naturali a base di calce fa un grosso favore a se stesso e ai suoi animali, perché in questo modo si formano molto meno batteri. Nel passato questo effetto della calce era ben conosciuto: si possono immergervi le uova che poi restano fresche molto a lungo.

Questo tipo di colori è l'ideale da usare nelle sale da pranzo. Negli ospedali erano usati perché garantivano l'igiene indispensabile e combattevano batteri e funghi in grado di provocare gravi malattie.

Vogliamo dirlo: anche nell'uso di colori chimici contenenti sostanze tossiche e solventi è importante seguire le regole del momento giusto. Nei colori utilizzati con la luna calante le esalazioni velenose e la polvere si fissano meglio sul prodotto danneggiando meno la respirazione. Ciò significa che restano tossici, ma che durante la lavorazione l'esalazione di sostanze nocive è un po' minore.

Invece le vernici, gli smalti e le colle stesi con la luna crescente diffondono solventi e veleni di più e più a lungo. Bisognerebbe levigare e sverniciare solo e sempre con la luna calante! Non solo il lavoro procede più facilmente, ma l'organismo non assorbe così immediatamente le esalazioni tossiche. La luna poi non dovrebbe essere in cancro e in gemelli (danni ai polmoni!) né in leone (danni al cuore e alla circolazione!).

Le vernici ad acqua oggi tanto diffuse, con tanto di certificato ecologico, non meritano alcun plauso e sono una pura e semplice circonvenzione di cliente: fatevi spiegare da qualche organizzazione ambientalista quante sostanze tossiche contengono le vernici ad acqua e quale prezzo assurdo noi tutti paghiamo per il fatto che molti le ritengono innocue per l'ambiente al punto da gettarle nell'acqua di scolo. Un paio di spruzzi nell'acqua di scolo, per esempio durante una pulizia «ecologica» del pennello sotto il rubinetto, e dovrete pulire per una settimana per neutralizzare l'effetto dannoso della vernice sul vicino depuratore! Il danno per i nostri polmoni è un po' diminuito, ma quello subito dall'acqua, il nostro elisir di lunga vita, dai pesci e da noi tutti è assai più alto!

È la stessa storia delle sostanze usate al posto di quelle dannose per l'ozono nei frigoriferi e altrove: queste nuociono allo strato di ozono a volte più degli antichi sistemi.

Quindi utilizzate prodotti naturali per amore della vostra salute e dell'ambiente e attenetevi alle regole della luna sulla base della loro facilità di lavorazione, della loro durata e della loro bellezza. Molti dei nostri lettori nel frattempo ne hanno provato la validità.

Le regole per eseguire lavori di tinteggiatura

Il momento migliore:	con la luna calante nei giorni della luce (gemelli, bilancia, acquario).
Si può fare:	con la luna calante eccetto che in cancro, scorpione, pesci e leone.
Da evitare:	in generale con la luna crescente eccetto se in cancro, scorpione, pesci e leone.
Il momento peggiore:	con la luna crescente in cancro e leone o nel plenilunio.

Se aspetterete il momento giusto: la superficie assorbe uniformemente il colore; il pennello scivola più facilmente e non lascia ombreggiature, il colore dura a lungo e non si sfalda. Minore uso di materiali.

Se sceglierete il momento sbagliato: può esservi rischio che il colore si stacchi e duri meno a lungo. Le superfici assorbono il colore in modo poco uniforme e a volte non completo. Soprattutto in leone il colore si può staccare e le esalazioni tossiche possono danneggiare la circolazione. Lo stesso può avvenire per i polmoni quando la luna è in cancro (in più il legno rischia di marcire).

Consigli particolari: di base è meglio pitturare solo all'aperto o in stanze ben aerate, ma mai in pieno sole. Questa regola vale anche per i colori naturali! È meglio evitare il vento forte, soprattutto in leone. L'ideale sarebbe un tempo leggermente nuvoloso e umido: altrimenti il lavoro va comunque fatto all'ombra.

Ancora un consiglio riguardo ai colori naturali: se dovete dipingere a lungo, scegliete assolutamente la luna calante evitando il segno della vergine. La calce non diluita è mortale! Può provocare corrosioni e perdita della vista, va quindi usata con grande attenzione e tenuta lontana dalla portata dei bambini. Una volta mescolata a dovere ai colori è invece innocua.

TIPO ALFA VEDI: TIPOLOGIE ALIMENTARI

TIPO OMEGA VEDI: TIPOLOGIE ALIMENTARI

TIPOLOGIE ALIMENTARI

Un'alimentazione che tenga conto dei ritmi della luna è uno dei fondamenti di uno stile di vita sano, come sanno molti dei nostri lettori che hanno compiuto il salto verso una vita semplice e lineare. La seconda colonna portante l'abbiamo presentata nel nostro libro *Alles erlaubt!*: si tratta dell'alimentazione mirata al proprio tipo alimentare.

Per questo dovete scoprire se siete un tipo alfa o un tipo omega. Questi termini sono di nostra invenzione, poiché a quanto ne sappiamo non esistono definizioni popolari e diffuse per questa differenza fondamentale. La scienza dell'alimentazione infatti non è ancora arrivata a riconoscere che vi sono due tipi fondamentali, o perlomeno non in una forma utilizzabile nei nostri paesi e alle nostre latitudini. In altre culture si possono incontrare determinate differenze, ma finora è mancata una «traduzione» delle conoscenze di altri popoli in una forma per noi utile e illuminante nella vita di tutti i giorni.

Per quanto ne sappiamo l'unica cosa simile giunta fino a noi sono delle antiche ricette di cucina tagliate su misura per un tipo alimentare o per l'altro, ma anche in queste manca qualsiasi riferimento alle diverse tipologie, date ovviamente per sottintese.

La differenza basilare tra i due tipi si può vedere dalla tabella 2.

Leggendo la tabella e facendo qualche esperimento cercate di capire che cosa significhi davvero tollerabilità. Per maggior chiarezza dobbiamo specificare cosa intendiamo con l'espressione «non tollerare un cibo», perché vi è sempre la possibilità che voi mangiate o beviate qualcosa da decenni benché vi faccia male! Un'intolleranza si manifesta infatti sotto forme diverse, che non vengono ancora insegnate in nessuna università. Ecco la lista in cui potete controllare.

	Cibi tollerati	Cibi dannosi
Tipo alfa	grassi animali come burro, latte intero, panna, speck, latte, formaggi etc., pane di segale, farina di segale, pasta integrale, pasta di spelta, carni e pesci arrosto, tè (soprattutto quello verde biologico, meno quello scuro), frutta coi semi, agrumi, cetrioli e carote, spezie forti e piccanti, due/tre pasti al dì, bevande non troppo fredde ma abbondanti.	grassi vegetali e olio, farine bianche, pane bianco, dolci, carne cotta, pesce cotto, zucchero (ingrassante per il tipo alfa), frutta col nocciolo, pomodori e banane, caffè, succhi dolci, a volte anche miele, bere poco e troppo freddo, più pasti al dì e in genere troppi carboidrati.
Tipo omega	grassi vegetali e olio (di girasole, di cardo, di olive, di mais spremuti a freddo), margarina vegetale, cibi poco acidi, farina di frumento integrale, pane bianco, dolci, pasta, pesci e carni cotte, molte proteine integrali, latte scremato, formaggi magri, zucchero (di canna, miele genuino etc.), succhi dolci, caffè, frutta col nocciolo, pomodori e banane, più piccoli spuntini al dì, spezie delicate.	grassi animali, burro etc. (ingrassanti per il tipo omega!), farina di segale, carote, frutta coi semi, agrumi, spezie forti e piccanti, bevande troppo calde, e in genere troppi grassi.
Tutti i tipi	spelta e derivati, orzo, sesamo, riso genuino, fichi, insalata verde, valerianella.	zucchero bianco, cereali brillati, farina bianca, troppo sale.

Tabella 2. Cibi tollerati e non dai tipi alfa e omega.

È probabile che non tolleriate un certo alimento se:

- ❧ dopo averlo mangiato siete sempre stanchi. La sensazione di dover fare un sonnellino dopo ogni pasto è un segnale abbastanza chiaro che non avete tollerato qualcosa che alla lunga può essere molto dannoso per voi. La nostra mentalità corrente riguardo all'alimentazione è così folle che perfino i medici vogliono convincerci che *bisogna* sentirsi stanchi dopo mangiato. Cibi adeguati e mirati al vostro tipo alimentare non danno sensazioni di stanchezza, neppure se ne mangiate un po' più di quanto il vostro corpo abbia bisogno!

In ogni caso conservanti, coloranti e aromatizzanti non naturali fanno sì che i cibi ci rendano *sempre* stanchi.

Con un'eccezione: la leggera stanchezza che si avverte tra le 13 e le 15, indipendentemente dal fatto che abbiamo mangiato o meno, è una cosa del tutto normale ed è legata al ritmo giornaliero dell'organismo (vedi Salute e benessere in armonia con le fasi della luna e la tabella 11, pag. 320).

🙝 soffrite regolarmente di *rigurgiti, bruciori di stomaco, senso di pesantezza*, flatulenza o cefalea. Cefalee ed emicranie sono una reazione allergica molto frequente a cibi o bevande non tollerati, che non viene collegata subito con l'assunzione di alimenti inadatti perché si manifesta solo in seguito, a volte addirittura il giorno seguente o quello dopo ancora.

🙝 circa quindici minuti/mezz'ora dopo averne mangiato *il vostro umore peggiora sensibilmente* oppure *diventate inquieti o nervosi*. Questa reazione compare soprattutto nei bambini che hanno mangiato dolci, ma anche negli adulti, per esempio dopo aver consumato alimenti a base di farina bianca. A volte i bambini inpiegano ventiquattro ore e più per disintossicarsi da alcuni dolciumi.

🙝 avete *l'alito cattivo* o *un odore sgradevole*. L'alito cattivo (non quello causato da una cattiva igiene orale) è dovuto in molti casi a una cattiva digestione e ad uno stomaco appesantito. L'odore sgradevole emanato dal corpo è sempre un segnale di intolleranza alimentare o di un metabolismo disturbato, conseguenza di un'alimentazione sbagliata. Lo stesso vale per il consumo di aglio: le esalazioni corporee conseguenti al consumo di questo alimento sono irrilevanti se vi nutrite in modo sano.

🙝 avete un *fungo* interno o esterno. Anche quelli della pelle sono spie di una cattiva digestione, che mette sottosopra le funzioni della pelle.

🙝 sviluppate spesso un *herpes*, che ha quasi sempre il significato di un'avversione psicologica o fisica per qualcosa (o qualcuno).

    ⁊⦁ soffrite di inspiegabili *dolori di schiena*, in particolare nella zona dei reni (e dell'osso sacro). I dolori di schiena sono una reazione allergica molto frequente al frumento brillato, «morto» (è questo il caso più frequente), perché i reni sovraccarichi si riflettono sui funicoli nervosi della colonna vertebrale! Gli specialisti purtroppo si limitano perlopiù a trattare l'organo che è l'ultimo anello della catena. Non esiste quasi ortopedico che riconduca dolori alla schiena a un'intolleranza per la farina di frumento, benché questa sia la causa più frequente; lo stesso vale per gli urologi: quanti di loro vi chiederanno se consumate frumento quando constatano che qualcosa non va nei vostri reni? Un segnale tipico sono poi dolori alla zona bassa della schiena al momento di alzarsi al mattino presto.

Una volta che – possibilmente con la luna crescente – avete fatto qualche prova e scoperto il vostro tipo alimentare, vi accorgerete che i primi risultati non tarderanno ad arrivare. A questo punto potete anche divertirvi un po', dato che il tipo alfa e quello omega sono riconoscibili anche esteriormente, dal comportamento e dagli interessi nella vita di tutti i giorni. Al bar, in ufficio, dovunque vi capiti, cercate di identificare le persone sulla base di queste due tipologie: osservate le loro abitudini alimentari, il loro peso e lo stato di salute, fate caso a che cosa comprano al supermercato e al loro aspetto.

Il *tipo alfa* è generalmente un pragmatico, che affronta la vita a testa bassa e passo elastico. Anche quando è seduto alla scrivania la schiena è piuttosto inclinata in avanti, si appoggia volentieri e termina verso l'alto con spalle ampie e verso il basso con fianchi sottili. Molti sportivi e artigiani appartengono a questa tipologia. Più spesso che non i tipi omega hanno capelli forti. Tutto ciò che è nuovo e avventura, piccola o grande che sia, li eccita, e non hanno paura di manifestare le proprie idee e opinioni. Esteriormente possono non apparire molto affidabili, proprio perché hanno idee personali e la tendenza a compiere imprese da tutti ritenute insensate.

    A volte possono restare invischiati nel loro stesso scetticismo. Per prendere qualcosa sul serio non hanno bisogno di prove scientifiche, si fidano solo delle proprie sensazioni. Quando sono sazi hanno una digestione forte e vigorosa, e comunque hanno bisogno di mangiare molto per digerire bene e vivere sani. Spesso però non vogliono fare colazione al mattino, perché al risveglio non hanno appetito.

Per i tipi alfa questo è perfettamente normale! Il loro stomaco generalmente si chiude molto in fretta se viene continuamente riempito tra un pasto e l'altro. Questi piccoli spuntini li rendono lunatici ed eccitabili.

Il *tipo omega* si riconosce dalla postura eretta, anche da seduto, e dalla silhouette perlopiù sottile. I segni caratteristici dei tipi omega sono mani delicate, fianchi larghi, busto stretto, capelli spesso fini. Amano più le cose che conoscono e a cui sono abituati: hanno uno spirito meno avventuroso. Sono precisi e coscienziosi nello svolgere i compiti loro affidati. Le idee personali restano in secondo piano, anche se sentite con forza: per questo i tipi omega restano un po' fermi, ma non si disperdono facilmente come può succedere ai tipi alfa.

Rispetto a questi ultimi danno più valore all'evidenza scientificamente provata, che accettano senza riserve. I tipi omega digeriscono continuamente, e il loro stomaco si offende se non viene riempito spesso.

Com'è possibile armonizzare il proprio tipo alimentare con i <u>cibi e le loro qualità</u> (vedi), determinate dalla posizione della luna nello zodiaco? Ecco un esempio: se supponiamo che la luna si trovi oggi nel segno dei gemelli, allora sarà un giorno dell'olio (come succede anche per la luna in bilancia e acquario).

Tipo alfa: se siete un tipo alfa (che sopporta bene i grassi animali e digerisce a fatica quelli vegetali), ciò significa che oggi sopporterete i grassi animali particolarmente bene oppure, eccezionalmente, non così bene come al solito.

Tipo omega: se siete un tipo omega (il cui organismo assorbe al meglio il grasso vegetale e può reagire a quello animale anche con disturbi del metabolismo e un colesterolo alto), allora vuol dire che oggi tollererete i grassi vegetali o particolarmente bene o, eccezionalmente, non così bene come al solito. Fateci caso e ricordatevelo per la prossima volta.

Questo vale anche per le proteine, per i frutti, per i carboidrati e per il sale. A prima vista può sembrare complicato, ma questo vale anche per la macchina prima della prima lezione di guida. In questo campo non dovete imparare nulla a memoria o cercare di assimilarlo in maniera forzata: il vostro corpo conosce da tempo i nessi causali, e aspetta solo che gli diate una possibilità di riscoprire la sua vera natura. Appassionatevi a questa avventura, alla fine della quale avrete la nettissima sensazione di quale sia il vostro tipo individuale, che è in grado di nutrirsi senza badare a dogmi alimentari e rigide diete.

Dalle numerose lettere dei nostri lettori sappiamo che *Alles erlaubt! Ernaehrung und Koerperpflege in Harmonie mit den Mondrhytmen* – il libro in cui esponiamo diffusamente la teoria dei due tipi alimentari – è stato di grande arricchimento e per molti addirittura una rivelazione. Recentemente abbiamo ricevuto una lettera di un lettore, contenente dei ritagli di giornale e delle fotografie: aveva partecipato alla maratona di Atene e si era piazzato primo tra i suoi connazionali! Solo un anno prima aveva sentito parlare dell'alimentazione in armonia con i ritmi della luna, e in quanto impiegato in un ufficio svolgeva un lavoro prevalentemente da scrivania: aveva ben venticinque chili di troppo. Dopo un mese in cui aveva seguito le nuove regole ne era stato così conquistato e incoraggiato da non lasciarle più; era riuscito a occuparsi di nuovo con gioia del proprio corpo senza bisogno di mortificarsi, e con risultati impressionanti.

> *«Chi va con lo zoppo impara a zoppicare»,*
> *dice il proverbio: usa quindi il libero arbitrio*
> *per capire cosa vuoi fare della tua vita.*

TOGLIERE IL COLORE VEDI: SVERNICIARE

Per la buona riuscita di quest'operazione valgono le stesse regole esposte alla voce «sverniciare».

TORACE – INTERVENTI AI POLMONI, ALLO STOMACO, AL FEGATO, ALLA CISTIFELLEA

Avete già letto il paragrafo <u>Interventi chirurgici</u>? Sarebbe utile darci una breve scorsa prima di accertare la data più propizia per un'operazione.

Vorremmo ricordarvi una cosa: ci sono molti fattori che determinano la buona riuscita di un intervento, dalla capacità del chirurgo allo stato generale del paziente fino alla possibilità di avere gli strumenti necessari. E, non da ultime, vi sono anche circostanze volute dal destino che giocano un ruolo: il successo di operazioni d'emergenza, per esempio, risponde sicuramente a leggi superiori.

In questo campo esistono circostanze e fattori che possiamo controllare, altri no. Ma una cosa è certa: anche lo stato della luna al momento dell'operazione influisce sulla sua riuscita. La regola d'oro è molto semplice: qualsiasi operazione andrebbe eseguita se possibile con la *luna calante*, e questo vale tanto più quanto è difficile l'intervento.

Le regole per gli interventi al torace

Si può fare:	con la luna calante, comunque non in gemelli, cancro e leone.
Da evitare:	con la luna crescente.
Il momento peggiore:	con la luna crescente in gemelli, cancro o leone e nei tre giorni prima del plenilunio fino al plenilunio compreso, non importa in quale segno zodiacale.

Se aspetterete il momento giusto: vi è una minore possibilità di emorragie, le cicatrici potrebbero essere più piccole e non permanenti. La guarigione è più rapida, minore il pericolo di complicazioni.

Se sceglierete il momento sbagliato: quando la luna è crescente vi è un rischio maggiore di complicazioni e infezioni dopo l'operazione, e le fasi di guarigione e convalescenza sono di solito più lunghe. Intorno al plenilunio possono verificarsi più spesso emorragie forti e difficilmente arrestabili. Anche la cicatrizzazione non è senza problemi, e il pericolo di avere cicatrici brutte e permanenti è molto più alto. A volte si rendono necessarie più operazioni per ottenere un risultato quantomeno soddisfacente. Maggior rischio di nevralgie.

Da non dimenticare: la domanda fondamentale è se l'intervento è davvero necessario! Riflettete sul fatto che medici e avvocati vengono mediamente sottoposti a certe operazioni non vitali (alla cistifellea, all'intestino cieco, alle tonsille etc.) fino all'80 per cento in meno rispetto al resto della popolazione: e non certo perché queste categorie vivano in modo più sano. Prima di un intervento importante, quindi, cercate di avere sempre almeno due pareri: non può farvi che bene.

> *Così come ogni fiore appassisce e ogni gioventù*
> *cede il passo alla vecchiaia, c'è un tempo per tutte*
> *le fasi della vita, per la saggezza e la virtù, e nessuna*
> *di queste è eterna.*
> *E il cuore sarà sempre pronto al richiamo della vita,*
> *agli addii e ai nuovi inizi, con coraggio e senza*
> *tristezza stringerà altri, diversi legami.*
> *E ogni nuovo inizio ha in sé una magia*
> *che ci protegge e ci aiuta a vivere.*
>
> (Hermann Hesse)

TRAPIANTARE UNA PIANTA

Quando una pianta è spuntata si sceglie la pianticella più forte e la si ripianta in un altro luogo a una distanza maggiore. Questo lavoro può avere risultati indesiderati: avete mai osservato per esempio che poco dopo essere state trapiantate in un'aiuola tutte le piante cadono a terra e muoiono? L'acquario è il segno zodiacale che potrebbe essere responsabile di questi attacchi di «debolezza». Trapiantare è una di quelle attività che vanno assolutamente evitate in acquario.

Le regole per trapiantare

Il momento migliore:	con la luna crescente nei giorni dei frutti (ariete, leone e sagittario) per le piante che fruttificano o nei giorni delle foglie (cancro, scorpione e pesci) se si vuole ottenere un ricco fogliame.
Si può fare:	con la luna crescente purché non in acquario.
Da evitare:	con la luna calante.
Il momento peggiore:	con la luna calante in acquario.

TRASPARENZA DEI PREZZI

Questa espressione è da poco entrata nell'uso corrente e probabilmente non è familiare a molte persone. Ricordarsene e usarla è di grande significato per creare un vero rapporto tra uomo e natura e affinché i nostri figli e nipoti non debbano misurare la nostra poca ragionevolezza dalla quantità di radiazioni e veleni in circolazione.

Un semplice esempio: supponiamo che vogliate comprare un chilo di grano e possiate scegliere tra un tipo economico, prodotto su scala industriale in aziende agricole d'oltreoceano, e un tipo biologico prodotto da contadini delle vicinanze, che non reca danni all'ambiente né con la sua lavorazione né con la cura e il raccolto e costa un po' di più.

Prendiamo ora il grano economico e rechiamoci a una cassa molto particolare, che purtroppo fino a oggi non esiste ancora, ma che tutta l'umanità aspetta appassionatamente pur senza saperlo. Qui al prezzo stampato viene aggiunto ancora qualcosa, finché si determina quello finale.

- *Gli effettivi costi energetici della coltivazione, del raccolto e della lavorazione*
  Tutti voi sapete quanto sia dannosa per l'ambiente quell'energia derivata dal carbone, dal gas naturale, dal petrolio e

dalla forza degli atomi. Ogni kilowatt costerebbe una cifra multipla del prezzo normale se si dovessero aggiungere i danni causati all'ambiente e alla salute.

Il sistema commerciale e distributivo fa in modo che le verdure e la frutta fresche di produzione locale rendano meno dei prodotti vegetali e animali importati. Nel passato le carrozze portavano i prodotti freschi in città, oggi centinaia di migliaia di camion percorrono ogni anno milioni di chilometri: i grandi spedizionieri ci guadagnano, l'industria automobilistica ci guadagna.

Voi sapete anche quanto sarebbero alti i costi di trasporto se nel prezzo fossero inclusi i danni causati dalla benzina, dai Tir, dagli aerei. Il contadino che pratica agricoltura biologica avrebbe subito una chance...

🔊 *Quali sarebbero i costi se i produttori mantenessero dei prezzi adeguati...* cosa che non succede quasi mai. Le merci «economiche» vengono quasi sempre prodotte sfruttando la natura e la forza lavoro umana. Ovunque nel mondo i contadini per i loro prodotti ottengono a paragone meno di tutti e sono i più dipendenti dai sussidi dello stato. Nel prezzo finale che compare sugli scaffali si nascondono i costi della lavorazione, del trasporto, del magazzino, del confezionamento, della pubblicità e dei guadagni delle grandi aziende. Noi stessi abbiamo visto nel corso degli anni quanto sia difficile e costoso intraprendere la strada giusta.

🔊 *Quanto costa depurare l'ambiente dalle sostanze velenose dell'agricoltura industriale.*

Qual è in proporzione il costo dei danni procurati all'ambiente e alla salute da quel pesticida o da quel fertilizzante? Se in tutto il mondo il prezzo di un hamburger includesse anche i costi della distruzione delle foreste per guadagnare terreno da coltivare a cereali, la famosa polpetta costerebbe molto di più, e, forse, nessuna famiglia potrebbe più permettersi di andare nei templi-fast food.

🔊 *I costi derivanti dal fatto che la produzione su scala industriale distrugge molti preziosi posti di lavoro nell'agricoltura.*

Praticamente ovunque nel Terzo Mondo i piccoli contadini sono costretti a morire di fame e vivono in povertà nelle periferie delle grandi città. Le campagne perdono così il loro asse portante, ovvero l'indipendenza e l'autoconservazione. Ma questo non interessa i politici di turno, perché non è la grande industria « mangia-posti-di-lavoro » che finanzia gli aiuti ai paesi in via di sviluppo e ai disoccupati, ma il piccolo contribuente, ovvero il cliente. Lo stesso meccanismo esiste nei paesi industrializzati della terra. Ovunque viene praticata la ricomposizione fondiaria per ottenere profitti a breve termine che alla lunga costano a tutti. Per fortuna all'orizzonte si comincia a intravedere la luce, e nei paesi di lingua tedesca il numero degli agricoltori biologici è in costante aumento dal 1990.

Aggiungiamo tutti questi costi al prezzo d'acquisto del grano. Se abbiamo fatto bene i conti, per acquistarlo dovremo sborsare parecchio denaro: di sicuro una cifra multipla di quella indicata al supermarket. Questo è il suo *vero prezzo*. E non abbiamo parlato di molti altri fattori che potrebbero rendere questo grano ancora più caro! Questo esempio si può applicare a quasi tutti gli altri tipi di prodotti.

Se i prezzi sono determinati in questo modo,
- un litro di benzina costa almeno il triplo.
- l'energia atomica e il carbone costano molto di più di quella che ci potrebbero dare l'acqua, il sole e la biomassa.
- la vernice normale e quella idrorepellente alleggeriscono il vostro portafoglio molto più velocemente dei colori naturali.
- lo zucchero bianco costa dieci volte di più di quello di canna o dello sciroppo d'acero.
- per carta, computer, pneumatici per auto, alluminio, legno tropicale etc. si dovrebbero pagare tasse esorbitanti. A ben vedere è in effetti così, ma alla fine solo per pochi contribuenti un po' troppo ingenui.

Se ci abituassimo a pensare in questo modo, vedremmo il mondo diversamente. Solo in pochi casi il produttore è obbligato a pagare i danni provocati dai suoi prodotti, e praticamente nessuno si è preso la briga di dimostrare quali malattie e problemi ambientali un singolo gruppo o produttore abbia causato indirettamente. È praticamente impossibile, perché si trova sempre uno scienziato in grado di provare che quel prodotto è in realtà innocuo, come è successo per l'amianto, la formaldeide, l'energia atomica, gli antisettici per legno e così via.

«I clienti non vogliono», «non c'è la domanda» o «per i clienti è troppo caro»: capita di sentire queste frasi chiedendo come mai sugli scaffali non si trovino prodotti ecologici e biologici. Davvero i clienti non vogliono? Non esiste una domanda anche per questo tipo di merce?

La domanda esiste, almeno da parte vostra: voi conoscete la legge naturale per cui non è possibile diventare persone sane o avere successo né risolvere i problemi e curare le malattie combattendo quel problema o quella malattia. Nessuno può davvero compiere un durevole cambiamento in meglio se non chiarisce alle persone coinvolte che alla lunga pagano solo le decisioni prese per amore degli uomini e della natura. Commerciare senza gioia e amore non porta a nulla.

Se non accettate questo circolo vizioso ormai consolidato, se non ne prenderete parte, avrete successo: per voi e per tutti noi. Il futuro del nostro mondo dipende da un solo fattore: la vosta personale, individuale e irrinunciabile visione della vita e la forza della vostra libera volontà di vivere secondo questi principi. È la vostra libera volontà, le scelte che fate negli acquisti e le piccole decisioni di ogni giorno a favore o contro qualcosa che decideranno il destino del mondo, a prescindere dal partito per cui votate o dalla religione in cui credete. Noi lavoriamo e lavoreremo sempre instancabilmente affinché diventiate sempre più consapevoli della grande forza e influenza che avete sul futuro di tutti noi.

Lasciate che lo diciamo con parole semplici: se si sapesse la verità sui costi di tutti i prodotti, se tutti i nostri liberi acquisti si basassero sulla consapevolezza delle connessioni tra le cose e sulla trasparenza dei prezzi, allora per lungo tempo non avremmo più problemi ambientali e povertà nel mondo. Tutti i produttori irresponsabili sarebbero messi di fronte alla loro personale verità sui costi: da voi consumatori, che non accettate più i loro prodotti.

Vi siete decisi a comprare un chilo di grano biologico dal contadino della vostra zona invece di quello industriale, senza vita e proveniente da un paese lontano? Avete fatto compiere a tutto il mondo un grosso passo nella direzione di un luminoso futuro: questa decisione è più importante di qualsiasi discorso politico.

Pensate che una sola persona non possa fare nulla? Questa convinzione è un incubo che stende una patina grigia su tutta la vostra vita e che è corresponsabile dei problemi di ognuno.

Forse – e questa sarebbe per noi la cosa più bella – sapremo infondervi quel coraggio che serve per prendere atto di questa realtà: perché è proprio questo che serve per pensare che ogni pensiero, ogni parola e azione ha conseguenze profonde e a lungo termine, ora, domani o fra vent'anni. Il destino del mondo è nelle mani delle singole persone, di tutte le singole persone. La cosa più bella è l'avventura dell'esperienza personale: con essa potete scambiare il fardello delle supposizioni, delle convinzioni e delle opinioni con le ali della saggezza e della verità.

> *Se volete che gli altri vi amino, cominciate*
> *ad amarli, perché hanno bisogno del*
> *vostro amore. Se vi aspettate compassione,*
> *mostratela voi per primi. Se volete che gli*
> *altri vi rispettino, imparate prima a*
> *considerare le altre persone, siano giovani*
> *o vecchie. Non dimenticate mai che sìete voi*
> *a dover possedere quelle qualità che vi*
> *aspettate dagli altri. Allora vi accorgerete che gli*
> *altri si comportano allo stesso modo con voi.*
>
> (Paramahansa Yogananda)

TRE GIORNI AL MESE

È semplice: in alcuni giorni del mese le fasi della luna e la sua posizione nello zodiaco esercitano un influsso che fa andare a male più velocemente i frutti della terra, i cosmetici e i prodotti naturali raccolti o lavorati in questo lasso di tempo: si tratta di due o tre giorni ben precisi, a seconda di quello che producete. In passato si faceva attenzione a questo periodo e lo si evitava: non si produceva assolutamente nulla che non servisse per il fabbisogno immediato.

Per diversi motivi si è persa la consapevolezza di questi influssi particolari, e i produttori si sono dovuti confrontare con delle esperienze negative senza però capire per quale motivo una parte dei loro prodotti si deteriorasse più in fretta degli altri. In che modo hanno reagito i fabbricanti delle merci più deteriorabili, dalle marmellate alle creme di erbe, dai latticini alla paprika? Aumentando la quota di conservanti nei loro prodotti, finché provando e riprovando hanno scoperto che così il livello di conservabilità era sempre accettabile e assicurava un'economia vantaggiosa. Ecco un esempio concreto di come funziona la cosa.

Un fornaio all'ingrosso si accorge che una piccola percentuale dei suoi pacchetti di pane tostato si deteriora molto più velocemente del rimanente. «Saggiamente» aumenta così la quota di conservanti nella ricetta base per la pasta dei toast in tutta la produzione.

In questo modo però aumenta anche l'insorgere di malattie croniche e di allergie nei suoi clienti, ma in modo lento e strisciante, cosicché nessuno potrà ricondurre l'aumento dei disturbi all'innalzamento della quota di conservanti nei toast del fornaio.

Questo esempio si può applicare a quasi tutte le categorie di produttori: gli agricoltori aggiungono sostanze velenose alle piante e ai terreni coltivabili (che ci mantengono in vita regalandoci gli alimenti naturali che vi crescono), solo perché pochi giorni al mese c'è un influsso che rovina più velocemente le sementi e i raccolti.

I produttori di cosmetici inseriscono sostanze velenose in creme che dovrebbero mantenere il nostro corpo giovane, in forma e profumato solo perché per due o tre giorni al mese c'è un influsso per cui una parte dei prodotti di bellezza si deteriora prima del resto della produzione.

I produttori di alimenti per bambini aggiungono conservanti in quei cibi che dovrebbero far diventare il nostro piccolo «grande e forte», solo perché alcuni giorni al mese un influsso causa il deterioramento di alcuni cibi più in fretta del resto della produzione. Non fidatevi ciecamente della dicitura «biologico» che trovate sulle confezioni: spesso ciò significa solo che il prodotto contiene conservanti che non è obbligatorio dichiarare. Ce ne sono in quantità, e molti alla lunga non sono meno pericolosi degli altri.

I produttori di legname da costruzione e di mobili trasformano il legno in rifiuti tossici aggiungendovi vernici protettive e sostanze impregnanti, solo perché non conoscono quei momenti dell'anno in cui il legno appena tagliato non ha bisogno di questi prodotti e potrebbe durare secoli senza alcuna protezione.

I cibi e anche il legname vengono addirittura sottoposti a radiazioni per renderli conservabili più a lungo. Da tempo si è visto che questa pratica non ha assolutamente senso, e modifica solo gli alimenti in maniera dannosa. Agricoltori, produttori di farmaci e di prodotti alimentari, imprese di costruzioni: dappertutto nel mondo vengono sparse e lavorate tonnellate di sostanze chimiche velenose solo per contrastare l'influsso negativo di pochi giorni al mese. Lo si può anche definire «sparare ai passeri con il cannone» o «colpire nel mucchio»: ma chi ha davvero interesse in questa follia? Chi potrebbe desiderare che la consapevolezza dei ritmi lunari resti inutilizzata?

Ne siamo assolutamente sicuri: il 90 per cento di tutti i conservanti sarebbe inutile se i produttori di alimenti e di cosmetici facessero attenzione al momento giusto. Per pochi giorni al mese soltanto dovrebbero sospendere la produzione o dichiarare che le merci prodotte in questo periodo sono destinate solo a un consumo immediato.

Che benedizione imparare a conoscere questi giorni particolari e imboccare così la strada giusta! Il futuro ci costringerà a prendere questa via. Voi potete farlo già da ora, liberamente e a cuor leggero. La soluzione per questo problema globale è infatti semplice: da oggi dovete prendere le decisioni relative agli acquisti sulla base delle vostre convinzioni in materia. È il cliente che determina il corso delle cose, in maniera positiva o negativa.

> *Non abbiate altro debito con alcuno se non di amarvi gli uni gli altri, perché chi ama il prossimo ha adempiuto la legge. Infatti «non commettere adulterio, non uccidere, non rubare, non concupire» e qualsiasi altro comandamento si riassume in questa unica massima: «Ama il tuo prossimo come te stesso». L'amore non fa alcun male al prossimo, quindi l'amore è l'adempimento perfetto della legge.*
>
> *(dalla Lettera di San Paolo ai Romani, 13, 8-10)*

UMIDITÀ E MUFFA

Immaginate di aver dimenticato di chiudere il rubinetto della vostra vasca da bagno: ve ne accorgete solo nel corso di un'animata telefonata in soggiorno, quando l'acqua vi ha già bagnato i calzini.

Che fare a questo punto per risolvere il problema? Correre subito in macchina, guidare fino al centro commerciale più vicino e comprare una pompa per aspirare l'acqua dal vostro salotto? Oppure suonare dal vicino del piano di sotto, scusandovi per l'inondazione? Chiamare per prima cosa uno psicologo che vi spieghi quale esperienza infantile sia all'origine della vostra piccola dimenticanza? O ancora, siete così terrorizzati che non riuscite più neppure a muovervi?

Non ridete, reazioni di questo tipo sono più frequenti di quanto non si creda. Sono soprattutto gli accademici ad avere la tendenza a occuparsi dei sintomi prima che delle vere cause. No, voi andate dritti filati al quadro elettrico per togliere la corrente, vi dirigete poi verso il rubinetto dell'acqua, lo chiudete e infine eliminate l'acqua e i danni, non è così?

Questo modo di affrontare un problema, eliminando prima le cause e poi guardando alle conseguenze, andrebbe seguito anche in caso si verificasse una delle eventualità più temute: le infiltrazioni di umidità in casa.

Di solito invece si procede come fanno alcuni medici tradizionali con una malattia: la combattono. Ma chi vuole eliminare l'umidità deve guardare alle vere cause.

Il motivo principale per cui negli edifici sia antichi sia moderni gli angoli delle pareti si inumidiscono è che si cola il calcestruzzo, si costruiscono muri e si intonaca al momento sbagliato (vedi anche Calcestruzzo e Intonacare e ristrutturare edifici): sull'umidità questo agisce come un magnete. È questa la ragione per cui i consigli che seguono funzionano bene.

Le regole per eliminare umidità e muffa

Il momento migliore:	con la luna calante in gemelli, bilancia, acquario e ariete, leone e sagittario, tanto meglio quanto più ci si avvicina al novilunio.
Si può fare:	con la luna calante, con l'eccezione dei giorni d'acqua di cancro, scorpione e pesci.
Da evitare:	in generale con la luna crescente e il plenilunio, ma anche con la luna calante in cancro, scorpione e pesci.
Il momento peggiore:	con la luna crescente in cancro, scorpione e pesci.

Se aspetterete il momento migliore: tutte le misure intraprese avranno successo, anche quando avrete usato dei metodi dolci come asciugare con il phon etc.

Se sceglierete il momento sbagliato: qualunque cosa abbiate fatto non durerà a lungo.

Consigli particolari: a volte è già sufficiente strofinare i punti umidi e ammuffiti con acqua e aceto e una brusca, facendoli poi asciugare bene eventualmente anche con il fon! Questo vale anche per il legno ammuffito: non si deforma se lo farete al momento giusto. Il successo di questa procedura non è spiegabile dal punto di vista fisico, ma per noi e per molte altre persone ha funzionato quasi sempre bene.

Le stanze che rischiano di essere cronicamente umide e ammuffite, come cantine, dispense etc., non vanno mai lavate a fondo con la luna crescente o in cancro, scorpione e pesci. Sarebbe come invitare a nozze l'umidità.

Le finestre moderne a chiusura ermetica non sono il motivo principale della formazione di angoli umidi e muffa persistente. Questa è solo una tesi con cui la scienza cerca di darsi una spiegazione. Se fosse vera ci sarebbero milioni di abitazioni umide e milioni di pareti ammuffite, ma soprattutto ci sarebbe stato uno scandalo enorme che avrebbe da tempo portato all'uso esclusivo di finestre ad aerazione obbligatoria. Esse esistono effettivamente, ma il loro mercato è piuttosto scarso. Il vero motivo per cui si formano muffa e umidità è, come spesso succede, il montaggio delle finestre al momento sbagliato.

UNGHIE – CURA

Uno dei segreti di una buona cura del corpo e della pelle è una giusta regolarità. Se poi si conoscono anche gli effetti delle diverse posizioni della luna nello zodiaco, il risultato non mancherà. Il segno del capricorno governa la regione delle unghie delle mani e dei piedi, forse perché è il segno responsabile della pelle e le unghie non sono altro che una trasformazione dello strato più duro della pelle. Le regole per la cura delle unghie nascondono anche un'altra particolarità.

Le regole per la cura delle unghie

Il momento migliore:	di venerdì dopo il tramonto, non importa in quale segno si trovi la luna.
Si può fare:	sempre in capricorno.
Il momento peggiore:	in gemelli, cancro, pesci e sempre di sabato, non importa in quale segno.

Se aspetterete il momento giusto: le unghie dei piedi e delle mani diventano dure, resistenti e non si rompono tanto facilmente. Allo stesso tempo si ha un'azione positiva anche sui denti.

Se sceglierete il momento sbagliato: le unghie delle mani sono fragili e si rompono facilmente.

Consigli particolari: provate a succhiare per un po' la limatura delle unghie delle mani (non dipinte): è un ottimo rimedio omeopatico contro numerosi acciacchi.

È inutile usare prodotti chimici per la cura delle unghie, poiché si limitano a combattere i sintomi senza rimuovere le cause. Riflettete sul fatto che la condizione della pelle, dei capelli e delle unghie è sempre una spia dello stato di salute di tutto l'organismo. La pelle viene nutrita dall'esterno e dall'interno: senza quella bellezza interiore, senza una sana alimentazione la cura del corpo si riduce a semplice make-up, che copre le vere cause di una pelle unta od opaca e di unghie fragili.

I numerosi consigli per una sana alimentazione contenuti nel nostro libro *Alles erlaubt!* possono essere d'aiuto per lavorare dall'interno al fine di avere una pelle sana e dei capelli forti. Non sarebbe la prima volta che accade: la meravigliosa trasformazione esteriore di persone che si sono dedicate con gioia a una sana alimentazione.

UNGHIE INCARNATE

Le unghie incarnate andrebbero sempre corrette o tagliate con la *luna crescente*; con la luna calante finiscono sempre per ricrescere in maniera sbagliata. L'eccezione a questa regola è costituita dalla rimozione di tutta l'unghia: questo piccolo intervento riesce meglio con la luna calante (ma evitate i giorni dei pesci, se possibile). In alcuni centri estetici le unghie incarnate a volte vengono « steccate »: dopo averne rimosso una parte si lascia passare l'infiammazione e poi si imbottisce la parte laterale. Anche questo è un sistema per aiutare l'unghia a crescere normalmente.

UOVA DI PASQUA – COLORARE

La riuscita di questa attività non dipende quasi dalla luna. Quando quest'ultima è crescente il colore tiene un po' meglio, ma non in maniera consistente. Tuttavia, poiché ce lo chiedono spesso, ecco alcuni consigli.

Per evitare che le uova si spacchino non devono finire subito in frigorifero: prima della cottura devono essere tenute a temperatura ambiente e poi messe nell'acqua fredda. Fate cuocere lentamente l'acqua, senza farla ribollire troppo. Dopo lasciate le uova nell'acqua fredda più a lungo di quanto facciate di solito a colazione. Ancora una cosa: le uova deposte il giovedì santo non si deteriorano.

VACCINI

Sapevate che, quando si verificano le solite ondate influenzali annunciate, a causa di vere e proprie orge di vaccini si ammalano il doppio delle persone che non durante un'epidemia? E che questo viene taciuto per non causare un'isteria da vaccino? Questo e molto altro in tema di vaccini è stato raccolto da Simone Delarue nel suo libro *Impfungen, der unglaubliche Irrtum* (Hirthammer Verlag, 1998).

Se però volete farvi vaccinare o far vaccinare vostro figlio vi sono delle regole dettate dalla luna.

Esaminando le conseguenze dei vaccini si è visto che è meglio non fissare l'appuntamento per il vaccino nei tre giorni che precedono il plenilunio e soprattutto nel giorno stesso del plenilunio: il rischio di reazioni allergiche è infatti più alto. È anche importante trattare per qualche giorno i bimbi vaccinati come se fossero malati: niente attività sportive né stress, niente corse a piedi nudi sulla terra fredda etc.

VELARE VEDI: <u>TINTEGGIATURA</u>

VENE VARICOSE VEDI: <u>GAMBE</u>

VERNICIARE VEDI: <u>TINTEGGIATURA</u>

VERRUCHE – CURA E ASPORTAZIONE

Il successo di quest'operazione dipende in modo particolare dai ritmi della luna, tanto che la scelta del momento sbagliato è uno dei sistemi migliori per favorire la crescita delle verruche, esattamente come succede per le vene varicose. È per questo che molti amanti dei cavalli si sono ormai convertiti alle regole della luna: i cavalli soffrono spesso di verruche e possono quindi approfittare del vantaggio di un trattamento eseguito al momento opportuno.

Le regole per curare le verruche

Si può fare:	dal plenilunio al novilunio (attenzione al momento preciso!).
Il momento peggiore:	con la luna crescente in genere.

Le regole per togliere le verruche

Si può fare:	con la luna calante, ma non in cancro e capricorno e non nel segno che regge la parte del corpo in cui si trovano le verruche (vedi <u>Parti del corpo e segni zodiacali</u> e la tabella di pag. 307).
Da evitare:	con la luna crescente in genere e con quella calante in cancro e capricorno.
Il momento peggiore:	con la luna crescente in cancro e capricorno e tre giorni prima del plenilunio fino al plenilunio compreso.

Se aspetterete il momento giusto: la possibilità che le verruche spariscano è maggiore.

Se sceglierete il momento sbagliato: le verruche trattate nel momento sbagliato ricrescono o addirittura aumentano. Soprattutto gli interventi con la luna crescente possono rivelarsi molto dannosi!

Ecco qualche consiglio particolare per curare le verruche.

❧ Interrompete assolutamente qualsiasi forma di trattamento delle verruche con l'arrivo del novilunio! Qui è importante perfino l'ora esatta del suo inizio. Interrompete il trattamento anche se non ha ancora avuto i risultati che volevate e ricominciate solo al prossimo plenilunio!

❧ Il succo della celidonia (cresce ovunque, anche nelle città) è un rimedio efficacissimo e provato contro le verruche. Iniziate il trattamento nel giorno del plenilunio e frizionatele quotidianamente con succo fresco di celidonia. È sufficiente sminuzzarne una foglia: il succo è di colore arancione e fuoriesce dal gambo. Continuate così fino al novilunio, anche se le verruche sono già scomparse. Fate attenzione ai vestiti perché le macchie di succo di celidonia sono molto difficili da rimuovere. Un altro sistema efficace contro le verruche, anche se non così veloce, è quello di frizionarle al mattino a stomaco vuoto con la propria saliva.

    Le verruche sulla pianta del piede, che sono particolarmente dolorose, si possono mandare via bene con l'aglio e con la luna calante. Alla sera fate un buco in un cerotto e mettetelo sulla verruca in modo che resti scoperta. Tagliate a metà uno spicchio di aglio fresco, fissatelo alla verruca con un altro cerotto e tenete su i due cerotti per tutta la notte. Al mattino, possibilmente solo dopo la doccia, rimuovete il tutto, ripetendo l'operazione alla sera con un altro spicchio d'aglio fresco e smettendo però con il novilunio. Con il tempo la verruca si scurirà e alla fine si potrà togliere molto facilmente.

VETRI E FINESTRE – MONTAGGIO

Vi sono famiglie che si arrabbiano regolarmente perché le finestre di casa sono opache e appannate, benché sia evidente che sono uguali a quelle del vicino e probabilmente prodotte dalla stessa ditta. Quest'ultima in futuro potrebbe dover versare qualche forma di risarcimento. Se una volta le finestre doppie che restavano pulite regalavano gioia per decenni, oggi per voi oggi la cosa è molto più semplice. Il momento in cui si compiono le operazioni di invetriatura e montaggio è determinante per essere contenti delle vostre finestre. Chi poi sceglierà il momento migliore anche per pulirle si guadagnerà l'ammirazione eterna dei vicini. Neanche noi sappiamo spiegare perché in questo modo le finestre vengano più belle e pulite: non possiamo che confermare che è così e consigliarvi di provare a vostra volta.

Finestre con il telaio di legno invetriate e montate al momento sbagliato possono deformarsi, chiudersi male e marcire prima del tempo a causa dell'umidità. La colpa è di semplici leggi naturali: questi danni mostrano che l'uomo non ha mai trattato il legno come una cosa viva. Non può semplicemente essere tagliato al momento desiderato, fatto asciugare a forza e messo in forma. Così facendo il legno viene come «offeso» e cerca di fuggire da questa spiacevole situazione: ed ecco che abbiamo finestre «inquiete», che non si chiudono e che si appannano.

Se volete andare sul sicuro, e soprattutto se non sapete se il

legno delle vostre porte e finestre è stato tagliato al momento giusto, fate attenzione a queste regole.

Le regole per il montaggio di vetri e finestre

Il momento migliore:	nei segni dell'acquario e dei gemelli.
Si può fare:	con la luna calante, quando non è in cancro, scorpione e pesci.
Da evitare:	con la luna calante in cancro, scorpione e pesci e con la luna crescente.
Il momento peggiore:	con la luna crescente in cancro, scorpione e pesci e con la luna piena.

Se aspetterete il momento giusto: le finestre rimangono pulite e non si deformano così facilmente.

Se sceglierete il momento sbagliato: in cancro, scorpione e pesci il telaio delle finestre marcisce.

Consigli particolari: Anche nel rimettere i vetri invernali rimuovibili il momento giusto è decisivo: dipenderà da questo se durante l'inverno trasuderanno o si appanneranno. A questo proposito valgono le stesse regole del montaggio delle finestre nuove.

> *Non vi preoccupate degli errori altrui.*
> *Usate la saggezza per tenere pulite*
> *e luminose le stanze della vostra mente.*
> *Altri seguiranno il vostro esempio*
> *e puliranno la loro casa.*
>
> (*Paramahansa Yogananda*)

VETRI – LAVAGGIO

Può darsi che l'abbiate già notato: spesso lavando i vetri restano strisce e striature, malgrado abbiate fatto esattamente come al solito. Fate una semplice prova: se sceglierete il momento giusto basteranno un po' d'acqua e un goccio di alcol con della carta da giornale per avere una visuale perfetta. Prodotti corrosivi o iperconcentrati sono del tutto inutili.

Le regole per lavare i vetri

Il momento migliore:	con la luna calante in gemelli, bilancia, acquario o ariete, leone e sagittario.
Si può fare:	con la luna calante.
Da evitare:	con la luna crescente.
Il momento peggiore:	con la luna piena.

Se aspetterete il momento migliore: il lavoro procede facilmente, e il risultato durerà più a lungo. Anche se in seguito dovesse piovere, la finestra rimarrà pulita.

Se sceglierete il momento sbagliato: ci si affatica e spesso strisce e striature restano comunque. A volte basta una goccia di pioggia sulla finestra per sporcare di nuovo tutto.

Consigli particolari: per pulire telai delle finestre molto sporchi l'ideale è scegliere la luna calante in un giorno d'acqua (cancro, scorpione, pesci); il risultato sarà ancora migliore. Attenzione però a far asciugare bene il legno. In passato le finestre venivano tolte dai cardini e spruzzate da entrambe le parti con la canna dell'acqua.

VISO – IMPACCHI

Che cura intensiva – eppure spesso sottovalutata – se eseguita al mattino! Non solo perché il corpo viene liberato dai sogni della notte e la pelle ripulita e resa più luminosa, ma anche perché la circolazione si rimette in moto e con essa anche il vostro spirito di iniziativa e l'ottimismo.

Avete bisogno di soli 30 minuti al giorno per la cura del vostro corpo: fatelo per voi, perché vi volete bene e tenete a voi stessi. Questo è uno dei pilastri per restare belli fino a tarda età, anche se non è poi così importante mantenere il vostro aspetto esteriore e sembrare ancora Miss Mondo o Mister Universo a settant'anni suonati: dovreste infatti ormai essere stufi di illusioni di questo tipo.

Va fatto perché dona un particolare fascino, perché vuol dire amare se stessi. Svilupperete così un'aura felice, che vi farà diventare la fonte della giovinezza per chi vi sta intorno.

Che effetto vi fanno quelle persone che appaiono sempre curate senza però dover ricorrere a maschere di trucco, che lo sono in maniera naturale e non artificiosa? Chi comincia bene al mattino ed è felice di occuparsi del proprio corpo avrà anche un buon giorno.

Riflettete sul fatto che a volte i rituali sono più delle prigioni che altro: al mattino, per esempio, non devono essere troppo rigidi. Vi consiglieremmo di seguire il calendario lunare «viziando» ogni volta la parte del corpo corrispondente (vedi tabella 3, pag. 307): quando la luna è in ariete, per esempio, fare un impacco al viso o massaggiare il cuoio capelluto con un buon olio per capelli prima di lavarli, oppure ancora fare un po' di ginnastica per gli occhi. In sagittario invece dedicatevi a un massaggio particolarmente intenso delle cosce, ai piedi se la luna è nei pesci.

Non fossilizzatevi nel vostro rituale, ma fate in modo di concedervi questi 30 minuti al giorno. Ripetere le stesse cose uccide qualsiasi divertimento, e anche quando sono positive abbiamo bisogno di mutamenti. Se la vostra salute e gioia di vivere non vale 30 minuti al giorno, vuol dire che ritenete più prezioso il vostro cattivo umore e la malattia.

Lasciatevi aiutare dalla luna anche per quanto riguarda la cura del corpo, per esempio con impacchi al viso che, eseguiti una volta ogni quattro settimane, sono di grande giovamento.

Le regole per gli impacchi al viso

Il momento migliore:	con la luna crescente in ariete e nei giorni della luce (gemelli, bilancia e acquario).
Si può fare:	con la luna crescente in genere.
Periodo neutro:	con la luna calante.

Se aspetterete il momento giusto: l'impacco penetra particolarmente bene, la pelle assorbe al meglio tutte le sostanze che le vengono somministrate.

Se sceglierete il momento sbagliato: la pelle appare irritata e tesa, non si notano risultati apprezzabili. Non esistono comunque veri e propri momenti sbagliati per fare impacchi al viso.

Consigli particolari: se non avete mai fatto un impacco al viso, è molto importante cominciare al momento giusto. È sottinteso che dovete usare solo cosmetici naturali.

> *Tutte le mancanze che si hanno*
> *sono molto più scusabili dei sistemi*
> *che usiamo per nasconderle.*
>
> (Francois de La Rochefoucauld)

VITICOLTURA

Tutte le regole di cui abbiamo parlato a proposito della coltivazione delle piante valgono anche per la coltura della vite. Ecco un breve riassunto delle più importanti come promemoria.

- **Piantare e seminare le viti:** con la luna crescente o discendente (da gemelli a sagittario) nei giorni dei frutti dei segni dell'ariete, del leone o del sagittario.
- **Potare le viti:** con la luna calante nei giorni dei frutti. *Eccezione: le viti giovani* andrebbero potate per tre anni con la luna crescente, in modo che il succo non ristagni (si può formare del succo nero).
- **Irrigazione:** evitare i giorni dei fiori (gemelli, bilancia e acquario) perché c'è rischio di un attacco dei parassiti! Alcune delle viti migliori del mondo crescono in regioni in cui piove solo raramente, e solo molto di rado vengono innaffiate artificialmente.
- **Combattere erbe indesiderate e parassiti:** sempre con la luna calante. Le erbe indesiderate in capricorno, i parassiti del terreno nei giorni delle radici (toro, vergine, capricorno) e gli altri in cancro, ma anche in gemelli e sagittario. *Potare per risanare la vite:* assolutamente con la luna calante poco prima del novilunio o direttamente in plenilunio. Anche in viticoltura la prevenzione migliore contro la massiccia presenza di parassiti è quella di seminare e piantare al momento giusto.
- **Concimare:** sempre con la luna calante, meglio se nei giorni

dei frutti (ariete, sagittario). Meno indicato il leone, perché il terreno secca troppo rapidamente.

- **Vendemmia:** con la luna ascendente (dal sagittario ai gemelli). Fanno eccezione i giorni dei pesci, in cui l'uva va consumata immediatamente.
- **Pigiatura:** con la luna crescente, perché il processo di fermentazione procede più rapidamente.
- **Travasare:** questa operazione, compiuta con la luna calante, fa sì che il vino si conservi più a lungo.

Anche in viticoltura è possibile non usare sostanze tossiche e fertilizzanti chimici, e questo a parità di raccolto e con una qualità molto più alta delle viti e del vino. Questo cambiamento richiede pazienza, ma ne vale la pena. Ora rispondete a questa domanda: secondo voi, quanto potrebbero costare un chilo d'uva e un litro di vino se dal prezzo sottraeste la spesa necessaria per depurare l'ambiente dai pesticidi e dai fertilizzanti (vedi <u>Trasparenza dei prezzi</u>)?

> *La vera, profonda povertà di un uomo*
> *non è la mancanza di cose materiali,*
> *ma il suo desiderio di perfezione, non*
> *importa se nel senso di una grande*
> *ricchezza, di una prestazione perfetta,*
> *del raggiungimento della posizione*
> *più alta o di una buona fama.*
> *Gli uomini pensano che la ricchezza*
> *stia nel raggiungere questi traguardi,*
> *in una perfezione sognata e desiderata.*
> *E proprio da ciò ha origine la povertà*
> *più profonda, perché noi siamo già*
> *circondati dalla perfezione e dalla ricchezza.*
> *Sono i nostri sensi a essere troppo*
> *obnubilati per riconoscerle. Tutte le persone davvero*
> *geniali e creative – dai grandi artisti ai grandi*
> *guaritori e inventori – sanno esattamente che*
> *mai hanno creato qualcosa da soli. Essi hanno*
> *semplicemente scoperto e reso visibile a tutti*
> *ciò che già esiste. Sono stati dei semplici*
> *strumenti per delle energie che sono sempre*
> *esistite, per chiunque le sappia accogliere.*

ZUCCHERO

«Lo zucchero è un veleno che agisce lentamente, e in questo modo ha già riempito molte bare.» Questa frase non proviene da uno dei tanti salutisti dei nostri giorni, ma è vecchia di cento anni e si trova scritta nel testo orientale *Der gluecklichste Mensch* di Idries Shah. I terapeuti di ogni epoca hanno capito quanto i dolci siano inutili e dannosi, e se si volessero applicare allo zucchero bianco gli attuali criteri di controllo di qualità e di efficacia delle medicine, lo si distribuirebbe, se mai, solo su ricetta e sotto controllo medico. Il fatto che non sia così si spiega allo stesso modo per cui l'alcol non è soggetto a ricetta medica o addirittura vietato: troppe persone non potrebbero concepire la propria vita senza dolci, in altre parole ne sono dipendenti.

È una cosa nota, e non vogliamo parlarne più di tanto. Abbiamo aggiunto questa voce solo perché lo zucchero bianco non dovrebbe avere alcun ruolo nell'alimentazione in armonia con i ritmi della luna e perché uno dei suoi effetti più dannosi viene ancora poco considerato: forse perché in questo modo avrebbe la brutta fama che si merita.

Provate a pensarci: che cos'è peggio, un alimento che indebolisce lentamente il sistema immunitario per poi distruggerlo, senza però mostrare conseguenze sul piano psicologico, o un alimento che spinge una persona giovane, allegra e rilassata in uno stato di più o meno continua irritabilità, iperattività e reattività?

Lo zucchero fa entrambe le cose. Oggi, in un'epoca in cui viene prodotto in quantità industriali e ampi strati della popolazione se lo possono permettere, lo zucchero è responsabile di un'alta percentuale di nervosismo, aggressività, mancanza di concentrazione e iperattività nei bambini e nei giovani. Ciò è da imputare anche alle molte sostanze coloranti, aromatizzanti e conservanti che sono presenti nei dolci.

Osservate dei bambini che giocano insieme allegramente, e fatelo di nuovo dopo circa mezz'ora che hanno mangiato dolci. Ricordatevi della vostra esperienza personale e dell'effetto che i dolci hanno su di voi.

Vi auguriamo di trovare il coraggio per trarne le dovute conclusioni. Sappiamo per esperienza quanto questo sia difficile. Non passerà molto tempo prima che si costituiscano dei gruppi di sostegno per risolvere questo problema.

DULCIS IN FUNDO...
LE ULTIME NOVITÀ DELLA DITTA
PAUNGGER & POPPE!

Quando terrete in mano questo libro ci saranno molte novità della nostra ditta! Quasi per accompagnare degnamente il nostro libro abbiamo finalmente trovato il partner giusto che produca e distribuisca un numero straordinario dei nostri prodotti in armonia con i ritmi della luna e della natura, e cioè:

- una particolare linea di prodotti per la cura del corpo e di cosmetici;
- un ampio assortimento di erbe mediche e aromatiche.

Molti dei nostri lettori sanno già che cosa vuol dire: i prodotti preparati al momento giusto possono fare del tutto a meno di conservanti, non hanno nulla da invidiare a quelli freschi, possono essere fatti di sostanze naturali e possiedono una particolare energia interna trasmessa grazie alla scelta del «momento giusto» e ad antichissimi segreti di lavorazione.

Dobbiamo ringraziare i nostri lettori se abbiamo potuto aspettare e superare i lunghi anni della ricerca e del lavoro pionieristico, prima di arrivare a questo punto dell'avventura dei «prodotti al momento giusto». Possiamo solo restituire loro la fiducia che ci hanno accordato in tutto questo tempo, sotto forma di prodotti che sono unici nel mondo.

Cosmetici in armonia con i ritmi della luna e della natura

Produrre cosmetici che sostenessero tutte le funzioni naturali della pelle senza sostituirsi a esse per breve tempo per poi peggiorare la situazione: era questo il nostro sogno. Oggi, dopo molti anni, con l'aiuto delle conoscenze acquisite da un nuovo e più sano modo di conservazione degli alimenti, dall'energia dei colori e delle piramidi millenarie, possiamo essere contenti del risultato.

Ecco come produciamo i nostri cosmetici.

- Li prepariamo solo su ordinazione e al momento opportuno, mescolandoli a mano. In altre parole: vi offriamo dei cosmetici appena fatti!

🐾 Utilizziamo *acqua viva* e quasi esclusivamente elementi naturali e preziosi.

🐾 Ovviamente rinunciamo all'uso di qualsiasi conservante, co-
lorante o profumo artificiale e alla vivisezione.

🐾 Il momento migliore per la produzione secondo i ritmi lunari
viene rispettato con precisione.

🐾 Vengono inoltre utilizzati: l'energia dei colori per donare efficacia e vitalità ai prodotti e l'energia delle piramidi, una
forma di conservazione millenaria.

🐾 Non da ultimi vi sono antichissimi segreti relativi alla lavorazione dei prodotti, di cui il più importante è forse la gioia nel
fare questo lavoro.

Tutto ciò caratterizza la nostra serie di cosmetici assolutamente
unici al mondo, che ravvivano la pelle e la rinforzano in tutte le
sue funzioni fondamentali senza però fare il lavoro al posto suo
mettendola a dormire. Si tratta di cosmetici che hanno un'energia senza eguali: solo usandoli capirete ciò che non si può esprimere a parole.

Un breve cenno sulla vivisezione animale: è ovvio che dovreste
evitare di usare qualsiasi prodotto testato sugli animali. Siamo
convinti che questo tipo di prodotti oggi non avrebbe più mercato se ai consumatori venisse spiegata meglio la brutalità di questa pratica. Assumetevi la responsabilità che noi tutti abbiamo e
regalate alla vostra pelle solo cosmetici prodotti non testati sugli
animali, con sostanze naturali o perlomeno non dannose (è impossibile usare solo sostanze naturali, anche se vi promettono il
contrario). In quanto clienti siete in grado di esercitare una grossa influenza.
  Tenete sempre presente che le vostre decisioni in fatto di acquisti possono decidere dell'impiego o meno di test sugli animali
e di conservanti. Abbiate fin da ora il coraggio di chiedere quando entrate in un negozio: in questo modo farete di più contro le
sostanze chimiche e la vivisezione che non i dimostranti per la
strada.

Che tipo di prodotti siamo in grado di offrirvi? Attualmente il
nostro programma comprende alcuni prodotti specifici come la
linea Luna piena per la pelle secca, quella Luna nuova per la pelle grassa, quella energetica per tutti i tipi di pelle e quella giovane

per i teenager. Tutti comprendono crema da giorno e crema da notte, latte detergente e tonico. Il tutto è completato da altri venti prodotti circa, dai gel doccia agli shampoo, da speciali creme per mani a prodotti per bambini, da dopobarba a meravigliosi oli per massaggi.

Una cosa a parte sono due oli che abbiamo pensato come complemento della cura della luna (vedi): si tratta dell'olio rassodante e di quello depurativo. Da molte lettere sappiamo quanto benessere possono dare se utilizzati al momento giusto e con le nostre speciali miscele di tè.

Quali materie prime utilizziamo? Molte delle sostanze presenti nei nostri cosmetici hanno proprietà lenitive e curative; ma dopo che la medicina tradizionale ha rivendicato il monopolio della cura non è possibile indicare queste caratteristiche sui prodotti. Noi abbiamo fiducia che con il tempo capirete che cosa questi cosmetici possono fare per voi. Potete anche consultare i nostri libri per comprendere quali energie abbiamo messo nelle nostre linee per la pelle: dall'acqua viva di sorgente e dagli estratti di corteccia di quercia, di albero del tè, di rosmarino, di fiori di tiglio etc. fino alle vitamine naturali.

Presentandovi la linea di cosmetici « Vom richtifen zeitpunkt » (Al momento giusto) ubbidiamo a una necessità, perché i tempi sono ormai maturi. Dovremmo lentamente cominciare a curare la nostra pelle con prodotti non dannosi, altrimenti non saremo più in grado di fronteggiare il diffondersi delle allergie. Queste infatti non sono dovute ai pomodori o alla lana di pecora, ai pollini o alla polvere, ma molto più ai conservanti presenti nei cibi, alle sostanze aromatizzanti, all'alcol nei prodotti per la cura del corpo, all'inquinamento dell'aria, alla cattiva qualità dell'acqua che indeboliscono il nostro sistema immunitario. Con i nostri prodotti vogliamo mostrare che esistono anche altre strade.

Le erbe « Al momento giusto »: il completamento ideale della cura della luna

Siamo particolarmente fieri delle nostre erbe « Al momento giusto ». Tutte quelle del nostro assortimento vengono piantate solo dopo che la terra non ha assorbito concimi artificiali e pesticidi per almeno sette anni.

Coltivazioni biologiche, un'attenta lavorazione, disseccamento e immagazzinamento in armonia con i ritmi della luna e della natura: tutti questi fattori portano alla raccolta di erbe la cui vitalità eguaglia o adirittura supera quella che potete trovare nella natura incontaminata.

Oltre a singole erbe scelte – dall'ortica alla piantaggine, dai fiori di sambuco e l'iperico alla coda di cavallo (in parte usate perfino per riempire le bustine del tè) – vi offriamo anche quattro particolari miscele di erbe per tè dagli effetti meravigliosi in ogni momento e che costituiscono il completamento ideale della cura della luna e di un'alimentazione naturale: il tè della luna calante, quello della luna crescente, quello della luna piena e quello della luna nuova.

Nei nostri tè le erbe sono messe insieme in modo da armonizzarsi perfettamente, proprio come una buona squadra che solo lavorando insieme può sviluppare tutte le sue possibilità. Fatevi accompagnare da queste quattro miscele di tè nelle varie fasi della luna. Se poi userete anche i nostri oli depurativi e rassodanti sarà molto più semplice raggiungere o mantenere il vostro peso forma. Potete ordinarle singolarmente o in set.

Una cosa è particolarmente importante: questi tè sortiscono l'effetto migliore se vengono usati nella fase lunare corrispondente. Per esempio il tè della luna piena è ideale per i tre giorni prima del plenilunio fino a plenilunio compreso. La serie di cosmetici della luna piena invece può essere usata sempre se avete la pelle secca.

I veri calendari lunari Paungger & Poppe

A piccoli passi viene riscoperta la scienza del «momento giusto» e anno dopo anno i nostri libri e calendari acquisiscono nuovi amici... di 18 lingue diverse.

Affinché nella congerie di pubblicazioni ci sia sempre la possibilità di avere informazioni di prima mano, offriamo anche il programma completo del calendario lunare dal titolo *Das Mondjahr*: si tratta di nove calendari di formato diverso a seconda delle occasioni, che sono stati pubblicati dalle edizioni Goldmann di Monaco.

&. *I calendari annuali in fogli sciolti*: i calendari lunari dei prossimi dieci anni. Lo strumento indispensabile nella sua forma più semplice.

- *Al momento giusto – I calendari annuali in un unico volume*: rilegati, di formato maneggevole (9,6 cm × 21) e con la visione d'insieme di sei mesi in sei mesi (Edizioni Heinrich Hugendubel, Monaco/Kreuzlingen).

- *Calendario tascabile formato 14,5 cm × 10,5*: il nostro prezioso calendario tascabile in bianco e nero, il libretto ideale anche per i neofiti. Per quasi ogni giorno dell'anno trovate i simboli che vi dicono subito quali sono le attività favorite o meno. Semplici tabelle, testi esplicativi, tanto spazio per prendere appunti, le istruzioni per calcolare da soli il proprio bioritmo: questo e molto altro potete trovare in questo calendario.

- *Time-planer:* tutto l'anno lunare in una piccola confezione con fogli inseribili per organizzare al meglio il vostro tempo. Contiene tutti i simboli che potete trovare nel calendario tascabile. 106 pagine, 1 settimana ogni doppia facciata, formato mm 95 × 171, sei fori da 6 mm a intervalli di 19/19/51/19/19 mm.

- *Calendario da parete con foto*: dodici splendide fotografie di paesaggi e lune fanno di questo calendario mensile un elemento per decorare casa e ufficio. Contiene tutti i simboli e i testi che potete trovare anche nel calendario tascabile. Tutta la scienza della luna in un colpo d'occhio, per un formato di 28 cm × 32.

- *Calendario settimanale*: da mettere sulla scrivania. Contiene tutti i simboli e i testi che potete trovare anche nel calendario tascabile di formato 32 cm × 11.

- *Il vero calendario lunare Paungger & Poppe da strappare*: giorno per giorno le regole della luna per il nuovo anno. Con tante storie che vi faranno capire meglio gli effetti della luna, una saggezza senza tempo e naturalmente le regole base della scienza della luna. Contiene tutti i simboli e i testi che potete trovare anche nel calendario tascabile. Formato 13 cm × 11,5.

- *Grande calendario da parete per ufficio*: con tutti i simboli del calendario tascabile e tanto spazio per appunti in formato maxi (61 cm × 88).

La luna in internet

Sull'onda del successo delle traduzioni dei nostri libri in 18 lingue abbiamo pensato di creare anche un sito internet **www.paungger-poppe.com**. Qui potrete ottenere informazioni, estratti di testi e altro ancora.

La luna per posta

Il lavoro pionieristico non può seguire cartine geografiche precise, e i suoi passi non possono essere programmati né come tempi né come dimensioni. Il tempo è denaro? Non per noi. Le normali basi di calcolo costringono a rinunciare alla qualità o a praticare prezzi astronomici. Affinché tutti possano permettersi i nostri cosmetici e le nostre erbe abbiamo intrapreso nuovi metodi di produzione e distribuzione dei prodotti, senza dover ricorrere alla pubblicità che mangia soldi. Ciò è possibile solo se noi, al contrario della grande industria, possiamo non investire tutte le nostre energie in pubblicità. Per questo diamo le informazioni direttamente agli interessati e ai nostri lettori: in tal modo riusciamo a soddisfare le nostre esigenze anche a lungo termine.

Permetteteci di spedirvi gratuitamente il nostro piccolo catalogo:

Johanna Paungger-Poppe & Thomas Poppe
Postfach 107
A-3400 Klosterneuburg/Oesterreich
Fax: (0043) 2243 31637
E-Mail: TPoppe@compuserve.com

Volete mettervi in contatto con noi, avete domande da farci o desiderate una copia firmata di uno dei nostri libri? Anche per queste cose l'indirizzo suddetto è a vostra disposizione (per favore leggere prima la voce <u>Posta dei lettori</u>).

TABELLE

Tabella 1. Giorni adatti e non adatti ai salassi (sulla base del calcolo del momento esatto dell'inizio del novilunio).

Giorno	qualità	scopo
1	non adatto	
2	non adatto	
3	non adatto	
4	pessimo	
5	non adatto	
6	buono	per l'attività dei reni
7	non adatto	
8	non adatto	
9	non adatto	
10	non adatto	
11	buono	contro l'anoressia
12	buono	per tutto il corpo
13	non adatto	
14	non adatto	
15	buono	contro l'anoressia
16	pessimo	
17	ottimo	calcolare esattamente questo giorno!
18	buono	per tutto il corpo
19	non adatto	
20	non adatto	
21	buono	per tutto il corpo
22	ottimo	
23	buono	per lo scheletro osseo, contro la sclerosi multipla e i reumatismi
24	buono	per i polmoni e contro l'asma
25	buono	per attività mentali
26	buono	contro la pressione alta e la febbre
27	pessimo	
28	buono	
29	non adatto	
30	non adatto	

306

Tabella 2. Cibi tollerati e non dai tipi alfa e omega.

	Cibi tollerati	Cibi dannosi
Tipo alfa	grassi animali come burro, latte intero, panna, speck, latte, formaggi, etc., pane di segale, farina di segale, pasta integrale, pasta di spelta, carni e pesci arrosto, tè (soprattutto quello verde biologico, meno quello scuro), frutta coi semi, agrumi, cetrioli e carote, spezie forti e piccanti, due/tre pasti al dì, bevande non troppo fredde ma abbondanti.	grassi vegetali e olio, farine bianche, pane bianco, dolci, carne cotta, pesce cotto, zucchero (ingrassante per il tipo alfa), frutta col nocciolo, pomodori e banane, caffè, succhi dolci, a volte anche miele, bere poco e troppo freddo, più pasti al dì e in genere troppo carboidrati.
Tipo omega	grassi vegetali e olio (di girasole, di cardo, di olive, di mais spremuti a freddo), margarina vegetale, cibi poco acidi, farina di frumento integrale, pane bianco, dolci, pasta, pesci e carni cotte, molte proteine integrali, latte scremato, formaggi magri, zucchero (di canna, miele genuino etc.), succhi dolci, caffè, frutta col nocciolo, pomodori e banane, più piccoli spuntini al dì, spezie delicate.	grassi animali, burro etc. (ingrassanti per il tipo omega!), farina di segale, carote, frutta coi semi, agrumi, spezie forti e piccanti, bevande troppo calde, e in genere troppi grassi.
Tutti i tipi	spelta e derivati, orzo, sesamo, riso genuino, fichi, insalata verde, valerianella.	zucchero bianco, cereali brillati, farina bianca, troppo sale.

Tabella 3. Le posizioni della luna nello zodiaco e gli influssi sull'uomo e sulla natura.

Segno zodiacale	Simbolo	Parti del corpo	Insieme di organi	Elemento	Tipo di cibi	Caratteristiche dei giorni	In luna calante	In luna crescente
ariete		testa, cervello, occhi, naso	organi di senso	fuoco	proteine/frutti	giorni caldi	aprile-ottobre	ottobre-aprile
toro		laringe, tiroide, denti mandibola, tonsille, orecchio	circolaz. sanguigna	terra	sale	giorni di terra	maggio-novembre	novembre-maggio
gemelli		spalle, braccia, mani, polmoni	sistema linfatico	aria	grassi	giorni della luce	giugno-dicembre	dicembre-giugno
cancro		torace, polmoni, stomaco, fegato, cistifellea	sistema nervoso	acqua	carboidrati	giorni umidi	luglio-gennaio	gennaio-luglio
leone		cuore, polmoni, schiena, diaframma, circ. sanguigna, arterie	organi di senso	fuoco	proteine/frutti	giorni caldi	agosto-febbraio	febbraio-agosto
vergine		apparato digerente, nervi, milza, pancreas	circolaz. sanguigna	terra	sale	giorni di terra	settembre-marzo	marzo-settembre
bilancia		fianchi, reni, vescica	sistema linfatico	aria	grassi	giorni della luce	ottobre-aprile	aprile-ottobre
scorpione		organi genitali, uretere	sistema nervoso	acqua	carboidrati	giorni umidi	novembre-maggio	maggio-novembre
sagittario		cosce, vene	organi di senso	fuoco	proteine/frutti	giorni caldi	dicembre-giugno	giugno-dicembre
capricorno		ginocchia, ossa, articolazioni, pelle	circolaz. sanguigna	terra	sale	giorni di terra	gennaio-luglio	luglio-gennaio
acquario		gambe, vene	sistema linfatico	aria	grassi	giorni della luce	febbraio-agosto	agosto-febbraio
pesci		piedi, dita dei piedi	sistema nervoso	acqua	carboidrati	giorni umidi	marzo-settembre	settembre-marzo

Tabella 4. I segni zodiacali e i loro colori.
Per un uso corretto: il violetto dovrebbe essere un rosso bluastro; in altre parole, nella mescolanza di rosso e blu il primo colore dev'essere dominante. L'arancione dovrebbe essere un rosso giallastro. Anche qui il rosso deve prevalere sul giallo nell'unione dei due colori.

Segno zodiacale	Parte del corpo	Colore base	Colore opposto
ariete	testa, cervello, occhi, naso	rosso	giallo/blu
toro	laringe, organi del linguaggio, denti, mandibola, gola, tonsille, orecchie	blu	rosso (giallo)
gemelli	spalle, braccia, mani, polmoni	giallo	rosso/blu
cancro	petto, polmoni, stomaco, fegato, cistifellea	verde	violetto o arancione
leone	cuore, schiena, diaframma, circolazione, arterie	rosso	giallo/blu
vergine	apparato digerente, nervi, milza, pancreas	blu	rosso (giallo)
bilancia	fianchi, reni, vescica	giallo	rosso/blu
scorpione	organi genitali, uretere	verde	violetto o arancione
sagittario	cosce, vene	rosso	giallo/blu
capricorno	ginocchia, ossa, articolazioni, pelle	blu	rosso (giallo)
acquario	gambe, vene	giallo	rosso/blu
pesci	piedi, dita dei piedi	verde	violetto o arancione

Tabella 5. L'effetto dei cibi a seconda del colore.

Colore	Proprietà	Cibi
rosso	vascolarizzante, ematopoietico, energizzante, rinfrancante	pomodori, ribes rossi e neri, lamponi, fragole, ciliege rosse e nere, barbabietole rosse, paprika rossa, mirtilli rossi, rapanelli, mele rosse
blu/ violetto	antinfiammatorio, antidolorifico, calmante, sonnifero, riequilibrante	mirtilli, mirtilli neri, bacche di sambuco, ribes neri, ciliege nere, uva nera, prugne, susine, cavolo rosso, melanzane
giallo/ arancione	ricostituente per i nervi, ispirante, attivante per le mucose	paprika gialla, albicocche, carote, mele, pere, mais, cavolo rapa, banane, piselli gialli, cipolle, sedano, aglio, uva bianca, limoni, aranci, mandarini, pompelmi, ananas, cantarelli
verde	calmante, riequilibrante, stimolante per la crescita	spinaci, ortica, fagioli, piselli verdi, liliacea, asparagi, zucchine, salvia, aneto, erba cipollina, prezzemolo, etc.

Tabella 6. Impieghi delle erbe mediche a seconda del momento della raccolta.

Segno zodiacale	erbe per
ariete	emicranie, dolori agli occhi
toro	mal di gola, otiti
gemelli	tensioni alla cintura scapolare e per inalazioni in caso di malattie polmonari
cancro	bronchiti, disturbi allo stomaco, al fegato, alla cistifellea, al cuore, alla circolazione e malattie polmonari
leone	disturbi cardiocircolatori
vergine	disfunzioni dell'apparato digerente e della tiroide, malattie nervose
bilancia	disturbi alle anche, malattie dei reni e della vescica
scorpione	malattie degli organi genitali e dell'uretere; è un buon giorno per raccogliere qualsiasi erba
sagittario	dolori alle vene
capricorno	disturbi alle ossa e alle articolazioni, malattie della pelle
acquario	dolori alle vene
pesci	disturbi ai piedi

Tabella 7. Costruire e ristrutturare in armonia con i ritmi lunari.

attività	il momento migliore	si può fare	se aspetterete il momento giusto	da evitare	il momento peggiore	se sceglierete il momento sbagliato
ispezione profonda con un rabdomante	–	con luna crescente	si sentono meglio le radiazioni	–	–	–
scavare il terreno	con luna calante in toro, vergine e capricorno	con luna calante	l'acqua freatica non sale tanto	con luna crescente	con luna crescente in cancro, scorpione e pesci	l'acqua freatica resta a lungo nello scavo di fondazione
fondamenta	con luna calante in toro, vergine e capricorno	con luna calante, ma non in leone	–	con luna crescente in cancro, scorpione e pesci	con luna piena	il terreno resta umido a lungo
cantina	in gemelli, bilancia e acquario o in ariete, leone e sagittario	eventualmente in toro, vergine e capricorno	l'umidità sparisce presto dai muri, la cantina resta asciutta	in cancro, scorpione e pesci	–	l'umidità resta più a lungo o anche per sempre nei muri. Alto rischio di muffa.
soffitto cantina	–	–	tutto asciuga prima e i muri resistono di più	–	in leone	si spacca più facilmente perché asciuga troppo in fretta
muratura	–	(con luna calante)	–	–	–	–
soffitti	–	–	–	–	in leone	spesso asciugano troppo in fretta, rischio di crepe
montare orditure	con luna calante in capricorno	con luna calante, ma non in cancro, leone o sagittario	durano di più e sono più salde; le travi non si crepano e non si gonfiano	con luna crescente	con luna piena	l'intera orditura può contrarsi o gonfiarsi
rivestire il tetto	con luna calante in gemelli, bilancia e acquario o ariete, leone e sagittario	con luna calante	le tegole asciugano prima, non si forma quasi muschio	con luna crescente	con luna crescente in cancro, scorpione e pesci	il tetto resta umido a lungo, quindi si sporca di più e si forma muschio

attività	il momento migliore	si può fare	se aspetterete il momento giusto	da evitare	il momento peggiore	se sceglierete il momento sbagliato
intonacare esterni/interni, rivestire muri esterni	–	con luna calante ma non in un giorno d'acqua	tutto è più solido e durevole	con luna crescente	con luna crescente e in cancro!	rischio di crepe e di caduta dell'intonaco; il legno si incurva
pareti divisorie	–	–	–	–	–	–
scale di legno	con luna calante in capricorno	con luna calante ma non in cancro, leone e sagittario	più resistenza, non scricchiolano	con luna crescente	con luna crescente in cancro, leone e sagittario e con luna piena	scivolano più spesso dalle guide, si incurvano e scricchiolano
scale di pietra	–	–	–	–	–	–
impianto elettrico	–	–	–	–	–	–
impianto idraulico	cancro, scorpione e pesci	cancro, scorpione e pesci	più importante una volta quando non c'erano misure anti-inquinamento; l'acqua è più fresca, minor corrosione	toro, vergine, capricorno	–	l'acqua può insabbiarsi o bloccarsi all'esterno; maggior corrosione
finestre/ porte di legno	con luna calante in capricorno	con luna calante e non in cancro, leone e sagittario	sono solide, chiudono bene, e asciugano velocemente anche dopo forti pioggie	con luna crescente	con luna crescente in cancro, leone e sagittario	si deformano facilmente, l'umidità resta nel legno che può marcire
riscaldare la prima volta	con luna calante in ariete, sagittario	–	il camino tira bene, il calore si diffonde più velocemente	–	cancro, pesci	il fumo può tornare verso il basso, si forma molta fuliggine
rivestire i pavimenti	–	con luna calante	la posa è uniforme, senza deformazioni	con luna crescente	–	a volte si formano pieghe, e quelli di tessuto o artificiali si possono corrugare

attività	il momento migliore	si può fare	se aspetterete il momento giusto	da evitare	il momento peggiore	se scegliete il momento sbagliato
pavimenti in legno	con luna calante in capricorno	con luna calante, non in cancro, leone e sagittario	sono saldi e resistenti; il legno non marcisce e resta bello	con luna crescente	con luna crescente e in cancro, leone e sagittario	dopo anni possono diventare marci e sconnessi; rischio di crepe, forti scricchiolii
soffitti e pannelli in legno	con luna calante in capricorno	con luna calante, ma non in cancro, leone, sagittario	niente buchi, i pannelli non si spostano	con luna crescente	con luna crescente e in cancro, leone e sagittario	si formano buchi, il legno scricchiola quando cambia il tempo
lavori di pittura/laccare/impregnare/incollare	–	con luna calante, non in leone, cancro, scorpione e pesci	il lavoro dura a lungo, non si rompe il colore, la lavorazione è facile, si usano meno materiali che penetrano bene e uniformemente	con luna crescente	con luna cresc. in leone o cancro possono danneggiare la circolazione. Nei giorni del cancro possono essere danneggiati i polmoni, e l'umidità si frappone fra legno e colore (il legno può marcire e il colore può staccarsi)	il colore si rompe e le esalazioni sono maggiori
montare gli stipiti	con luna nuova	con luna calante, eventualmente toro, vergine e capricorno	col tempo aumentano resistenza e solidità, minor rischio di putrefazione	con luna crescente	con luna crescente in cancro e sagittario e con la luna piena	gli stipiti sono sbalzati, non tengono e marciscono subito
piastrellare	con luna calante in toro, vergine e capricorne	con luna calante	le piastrelle aderiscono saldamente ai terreni naturali e tengono bene	con luna crescente	con luna crescente in cancro e sagittario e con luna piena	le piastrelle «ballano» e si staccano, sollevandosi sempre dai terreni naturali; sotto si radunano le lumache
sentieri/viottoli	con luna calante in capricorno	con luna calante	non serve pulire quando piove, il suolo diventa duro e le migliorie durano a lungo	con luna crescente	con luna crescente in cancro e sagittario e con luna piena	i sentieri vanno puliti, le migliorie durano poco

Tabella 8. Le erbe e le loro proprietà

proprietà	piante
lassative	foglie di senna, corteccia di frangola, ramno, fumaria, radici di tarassaco, achillea
rassodanti	«coda di cavallo», centinodia, piantaggine, consolida maggiore, brugo, fagiolini, agrimonia, ortica, pulmonaria, cetrioli, spinaci, cipolle, muschio islandese, miglio, orzo. Molte di queste piante contengono acido silicico, che ha un effetto antinfiammatorio, sia internamente che esternamente, e cura i disturbi del metabolismo nei tessuti connettivi. Utilizzate solo piante giovani, perché quelle vecchie liberano pochissimo acido silicico. Poiché esso dev'essere assorbito dall'organismo, i tè, gli impacchi e le applicazioni a base di queste erbe sono più efficaci con la luna crescente
ematopoietiche	ortica, achillea, salvia, calendola, rabarbaro, sedano, sedano di montagna, prezzemolo, «coda di cavallo», ribes nero, sambuco, carote, caglio, iperico, rafano, timo, cipolla, cicuta rossa, crescione, aglio
ipotensive	vischio, aglio, aglio ursino, cipolla, «coda di cavallo»
depurative	ortica, tarassaco, viola del pensiero, finocchio, achillea
emostatiche	«borsa del pastore», achillea, vischio, tarassaco
ipoglicemiche	valeriana, ortica, foglie di sambuco, tarassaco, foglie di mirtillo, cipolla, nasturzio
antinfiammatorie	consolida maggiore, piantaggine, farfaro, agrimonia, centinodia, piantaggine, camomilla
colagoghe	tarassaco, camomilla, genziana, vilucchio, trifoglio fibrino, rafano, iperico, celidonia, menta piperita, aglio, agrimonia
regolatrici della tiroide	consolida maggiore, avena, carote, spinaci, mele, nasturzio, aglio

proprietà	piante
antidolorifiche e antispastiche	valeriana, menta piperita, camomilla, achillea, iperico, brugo, santoreggia, foglie di betulla, «coda di cavallo», centinodia, potentilla, melissa, rosmarino, salvia, buccia di mela (bere i tè più caldi possibile)
astringenti per la pelle	origano, piantaggine, centaurea, tarassaco, rosa, veronica, alchimilla, farfaro, agrimonia, noce, iperico
contro la flatulenza	cumino tedesco, anice, finocchio, salvia, menta piperita, melissa, achillea, camomilla
contro i problemi alla vescica	ortica morta bianca, achillea, camomilla, tarassaco, ortica, «coda di cavallo», rabarbaro, cicuta rossa
contro i disturbi femminili	alchimilla, achillea, ortica, cicuta rossa, salvia, «borsa del pastore»
contro le mestruazioni dolorose	achillea, iperico, camomilla, valeriana, artemisia, melissa, menta piperita
contro le mestruazioni abbondanti	«borsa del pastore», achillea, «coda di cavallo», ortica, ortica bianca, alchimilla, tormentilla, fagopiro, pepe d'acqua
contro la scomparsa delle mestruazioni	iperico, calendola, assenzio, prezzemolo, finocchio, melissa, radici di angelica
contro la scomparsa del latte	cumino tedesco, borragine, maggiorana, trigonella, eupatorio, pimpinella, coriandolo, anice, finocchio
contro l'eccessiva quantità di latte	foglie di noce, salvia, frutti di luppolo
contro i problemi di pelle	piantaggine, achillea, cipolla, salvia, «coda di cavallo», alchimilla, farfaro, iperico, fiori di sambuco, fiori di tiglio, calendola, prezzemolo, rabarbaro, foglie di noce, viola del pensiero, radici di lappola

proprietà	piante
contro i reumatismi e gotta	«coda di cavallo», ortica, fiori di sambuco, foglie di betulla, brugo, arnica, coccole della rosa canina, radici di prezzemolo, radici di primula, «borsa del pastore», bacche di ginepro, farfaro, achillea, corteccia di ippocastano, luppolo
contro i disturbi ginecologici	alchimilla, achillea, barbabietola rossa, calendola, cicuta rossa, ortica bianca, rabarbaro, vischio, «coda di cavallo», ortica, «borsa del pastore», angelica, salvia, valeriana
nella cura dell'intestino/ crasso	barbabietola rossa, tarassaco, achillea, alchimilla, ortica, consolida maggiore, camomilla, aglio, calendola, cipolla, «borsa del pastore», rabarbaro, «coda di cavallo», finocchio
nella cura di ossa/ articolazioni	consolida maggiore, calendola, salvia, achillea, sesamo, girasole, cipolla, lenticchie, rabarbaro, ortica, cavolo, piantaggine, rafano
nella cura del fegato/cistifellea	tarassaco, salvia, achillea, celidonia, licopodio, «coda di cavallo», camomilla, cumino tedesco, iperico, ortica, barbabietola rossa
nella cura dei polmoni	piantaggine, salvia, edera terrestre, nasturzio, «coda di cavallo», cipolla, pulmonaria, verbasco, barbabietola rossa, achillea
nella cura delle ghiandole linfatiche	cicuta rossa, barbabietola rossa, rafano, caglio, aglio/aglio orsino, pimpinella, «coda di cavallo», cipolla, piantaggine
nella cura dello stomaco	centaurea, achillea, ortica bianca, calendola, iperico, «coda di cavallo», vischio, barbabietola rossa, salvia, carote, erba cipollina, rafano
nella cura di milza/ pancreas	tarassaco, rabarbaro, salvia, achillea, barbabietola rossa, cipolla, lenticchie, vischio, asperula, «coda di cavallo»
nella cura dei reni	camomilla, iperico, calendola, barbabietola rossa, salvia, ortica bianca, rabarbaro, caglio, solidago, alchimilla, piantaggine, cicuta rossa, ortica

proprietà	piante
nella cura di prostata e testicoli	semi di zucca, « coda di cavallo », aglio, epilobio, cicuta rossa, salvia, betulla, achillea, piantaggine, calendola, camomilla
nella cura della tiroide	caglio, calendola, barbabietola rossa, achillea, cicuta rossa, ortica, « coda di cavallo », valeriana, rabarbaro, nasturzio

318

Tabella 9. Combinazioni di colture favorevoli nell'orto e in tavola.

Verdure	vanno bene accanto a
patate	varietà di cavoli, spinaci, fagiolini, cavolo rapa, aneto, pomodori, finocchio, fagioli verdi, cavolo rosso, lenticchie, paprika, asparagi, broccoli, tarassaco, crescione, insalata verde.
carote	cipolle, spinaci, insalata cappuccina, melanzane, finocchio, cavolo rapa.
cetrioli	cipolle, sedano, rape rosse, prezzemolo, insalata cappuccina, cavolo rapa, varietà di cavoli, fagioli nani.
piselli	sedano, insalata cappuccina.
sedano	fagioli nani, spinaci, cipolle, pomodori, liliacee, cavoli rapa, cavolfiori, cetrioli.
spinaci	pomodori, cavoli rapa, carote, patate, varietà di cavoli.
pomodori	sedano, spinaci, cipolle, prezzemolo, varietà di cavoli, cavoli rapa, insalata cappuccina, liliacee, fagioli nani, carote.
insalata cappuccina	cipolle, pomodori, fagioli nani, rapanelli, rafano, aneto, piselli, cetrioli, fragole, carote, varietà di cavoli, liliacee.
cipolle	pomodori, fragole, cetrioli, prezzemolo, insalata cappuccina, cavoli rapa.
melanzane	pomodori, fragole, cetrioli, prezzemolo, insalata cappuccina, cavoli rapa.
finocchio	patate, carote, zucche, sedano, zucchine, pomodori.
cavoli rapa	patate, carote, liliacee.
liliacee	patate, lenticchie, mais, sedano, pomodori.

Tabella 10. Tratti fondamentali della cura della luna.

Regola numero 1:
comprate alimenti più freschi, integrali, naturali possibile, scelti e preparati con amore.

Regola numero 2:
scegliete sempre gli alimenti adatti alla vostra tipologia alimentare, ma non abbiate paura di fare delle eccezioni. Se siete un tipo alfa limitatevi a tre pasti al giorno, se siete un tipo omega a cinque.

Regola numero 3:
mangiate seguendo il ritmo della luna.

fase lunare	regole base	facoltativo
luna piena	Già due o tre giorni prima iniziate a mangiare meno, e comunque non dopo le 18. Nel giorno di plenilunio digiunate – se non avete problemi di circolazione – e bevete più di due litri di liquidi.	Bevete molto «tè del plenilunio» fino alle 10, poi solo se avvertite l'esigenza. Introducete alcuni giorni di dieta a base di frutta o succhi o di digiuno totale intorno al plenilunio.
luna calante	Mangiate come al solito, facendo attenzione alla qualità dei cibi del giorno. Se vi sentite bene, non avete bisogno di stare attenti a nulla: il vostro intuito è già risvegliato. Evitate di mangiare dopo le 17.	Bevete «tè della luna calante» fino alle 19 circa, poi solo se ne avete voglia. Massaggiate ogni giorno a piacere il corpo con l'olio depurativo «Al momento giusto».
luna nuova	Già due o tre giorni prima iniziate a mangiare meno. Nel giorno del novilunio digiunate – se non avete problemi di circolazione – e bevete più di due litri di liquidi.	Bevete la miscela di tè per il novilunio. Introducete alcuni giorni di dieta a base di frutta o di succhi o di digiuno totale intorno al novilunio.
luna crescente	Mangiate un po' meno e fate attenzione alla qualità dei cibi del giorno. Dopo le 18 evitate di mangiare altro. Bevete molto tutti i giorni fino alle 19 circa, poi a vostro piacimento.	Bevete la mistura di tè per la luna crescente, almeno due litri al giorno. Massaggiate il corpo quotidianamente con l'olio rassodante «Al momento giusto».

Tabella 11. Il corpo e i suoi ritmi quotidiani.

Organo	Fase alta	Fase bassa
stomaco	h. 7-9	h. 9-11
milza e pancreas	h. 9-11	h. 11-13
cuore	h. 11-13	h. 13-15
intestino tenue	h. 13-15	h. 15-17
vescica	h. 15-17	h. 17-19
reni	h. 17-19	h. 19-21
circolazione	h. 19-21	h. 21-23
accumulo energetico	h. 21-23	h. 23-1
cistifellea	h. 23-1	h. 1-3
fegato	h. 1-3	h. 3-5
polmoni	h. 3-5	h. 5-7
intestino crasso	h. 5-7	h. 7-9

CALENDARIO LUNARE
2005-2016

 Ariete

Toro

Gemelli

Cancro

Leone

Vergine

Bilancia

Scorpione

Sagittario

Capricorno

Acquario

Pesci

 Luna calante

 Luna crescente

 Luna nuova

 Luna piena

2005

Gennaio	Febbraio	Marzo	Aprile	Maggio	Giugno
S 1	M 1	M 1	V 1	D 1 ☾	M 1
D 2	M 2 ☾	M 2 ☾	S 2 ☾		G 2
L 3 ☾	G 3	G 3 ☾	D 3	L 2	V 3
M 4	V 4	V 4		M 3	S 4
M 5	S 5	S 5	L 4	M 4	D 5
G 6	D 6	D 6	M 5	G 5	
V 7			M 6	V 6	L 6 ● 22.54
S 8	L 7	L 7	G 7	S 7	M 7
D 9	M 8 ● 23.28	M 8 ●	V 8 ● 21.33	D 8 ● 09.48	M 8
L 10 ● 13.01	M 9	M 9	S 9		G 9
M 11	G 10	G 10 ● 10.13	D 10	L 9	V 10
M 12	V 11	V 11		M 10	S 11
G 13	S 12	S 12	L 11	M 11	D 12
V 14	D 13	D 13	M 12	G 12	
S 15			M 13	V 13	L 13
D 16	L 14	L 14	G 14	S 14	M 14
	M 15	M 15	V 15	D 15	M 15 ☽
L 17 ☽	M 16 ☽	M 16	S 16 ☽		G 16
M 18	G 17	G 17 ☽	D 17	L 16 ☽	V 17
M 19	V 18	V 18		M 17	S 18
G 20	S 19	S 19	L 18	M 18	D 19
V 21	D 20	D 20	M 19	G 19	
S 22			M 20	V 20	L 20
D 23	L 21	L 21	G 21	S 21	M 21
	M 22	M 22	V 22	D 22	M 22 ○ 05.12
L 24	M 23	M 23	S 23		G 23
M 25 ○ 11.32	G 24 ○ 05.51	G 24	D 24 ○ 11.03	L 23 ○ 21.15	V 24
M 26	V 25	V 25 ○ 21.55		M 24	S 25
G 27	S 26	S 26	L 25	M 25	D 26
V 28	D 27	D 27	M 26	G 26	
S 29			M 27	V 27	L 27
D 30	L 28	L 28	G 28	S 28	M 28 ☾
L 31		M 29	V 29	D 29	M 29
		M 30	S 30		G 30
		G 31		L 30 ☾	
				M 31	

2005

Luglio	Agosto	Settembre	Ottobre	Novembre	Dicembre
V 1	L 1	G 1	S 1	M 1	G 1 ● 15.57
S 2	M 2	V 2	D 2	M 2 ● 02.24	V 2
D 3	M 3	S 3 ● 19.43	L 3 ● 11.24	G 3	S 3
L 4	G 4	D 4	M 4	V 4	D 4
M 5	V 5 ● 04.04	L 5	M 5	S 5	L 5
M 6 ● 13.03	S 6	M 6	G 6	D 6	M 6
G 7	D 7	M 7	V 7	L 7	M 7
V 8	L 8	G 8	S 8	M 8	G 8 ☾
S 9	M 9	V 9	D 9	M 9 ☾	V 9
D 10	M 10	S 10	L 10 ☾	G 10	S 10
L 11	G 11	D 11 ☾	M 11	V 11	D 11
M 12	V 12	L 12	M 12	S 12	L 12
M 13	S 13 ☾	M 13	G 13	D 13	M 13
G 14 ☾	D 14	M 14	V 14	L 14	M 14
V 15	L 15	G 15	S 15	M 15	G 15 ○ 17.17
S 16	M 16	V 16	D 16	M 16 ○ 01.58	V 16
D 17	M 17	S 17	L 17 ○ 13.18	G 17	S 17
L 18	G 18	D 18 ○ 03.02	M 18	V 18	D 18
M 19	V 19 ○ 18.53	L 19	M 19	S 19	L 19
M 20	S 20	M 20	G 20	D 20	M 20
G 21 ○ 11.59	D 21	M 21	V 21	L 21	M 21
V 22	L 22	G 22	S 22	M 22	G 22
S 23	M 23	V 23	D 23	M 23 ☾	V 23 ☾
D 24	M 24	S 24	L 24	G 24	S 24
L 25	G 25	D 25 ☾	M 25 ☾	V 25	D 25
M 26	V 26 ☾	L 26	M 26	S 26	L 26
M 27	S 27	M 27	G 27	D 27	M 27
G 28 ☾	D 28	M 28	V 28	L 28	M 28
V 29	L 29	G 29	S 29	M 29	G 29
S 30	M 30	V 30	D 30	M 30	V 30
D 31	M 31		L 31		S 31 ● 04.09

2006

Gennaio	Febbraio	Marzo	Aprile	Maggio	Giugno
D 1	M 1	M 1	S 1	L 1	G 1
L 2	G 2	G 2	D 2	M 2	V 2
M 3	V 3	V 3		M 3	S 3
M 4	S 4	S 4	L 3	G 4	D 4 ☽
G 5	D 5 ☽	D 5	M 4	V 5 ☽	
V 6 ☽			M 5 ☽	S 6	L 5
S 7	L 6	L 6 ☽	G 6	D 7	M 6
D 8	M 7	M 7	V 7		M 7
	M 8	M 8	S 8	L 8	G 8
L 9	G 9	G 9	D 9	M 9	V 9
M 10	V 10	V 10		M 10	S 10
M 11	S 11	S 11	L 10	G 11	D 11 ○ 19.04
G 12	D 12	D 12	M 11	V 12	
V 13			M 12	S 13 ○ 07.51	L 12
S 14 ○ 10.49	L 13 ○ 05.44	L 13	G 13 ○ 17.39	D 14	M 13
D 15	M 14	M 14	V 14		M 14
	M 15	M 15 ○ 00.34	S 15	L 15	G 15
L 16	G 16	G 16	D 16	M 16	V 16
M 17	V 17	V 17		M 17	S 17
M 18	S 18	S 18	L 17	G 18	D 18 ☾
G 19	D 19	D 19	M 18	V 19	
V 20	L 20	L 20	M 19	S 20 ☾	L 19
S 21	M 21 ☾	M 21 ☾	G 20	D 21	M 20
D 22 ☾	M 22	M 22 ☾	V 21 ☾		M 21
	G 23	G 23	S 22	L 22	G 22
L 23	V 24	V 24	D 23	M 23	V 23
M 24	S 25	S 25		M 24	S 24
M 25	D 26	D 26	L 24	G 25	D 25 ● 17.05
G 26			M 25	V 26 ● 06.25	
V 27	L 27	L 27	M 26	S 27	L 26
S 28	M 28 ● 01.30	M 28	G 27 ● 20.44	D 28	M 27
D 29 ● 15.14		M 29 ● 11.15	V 28		M 28
		G 30	S 29	L 29	G 29
L 30		V 31	D 30	M 30	V 30
M 31				M 31	

2006

Luglio	Agosto	Settembre	Ottobre	Novembre	Dicembre
S 1	M 1	V 1	D 1	M 1	V 1
D 2	M 2	S 2		G 2	S 2
L 3)	G 3	D 3	L 2	V 3	D 3
M 4	V 4		M 3	S 4	L 4
M 5	S 5	L 4	M 4	D 5 ○ 13.59	M 5 ○ 01.24
G 6	D 6	M 5	G 5		M 6
V 7		M 6	V 6	L 6	G 7
S 8	L 7	G 7 ○ 19.41	S 7 ○ 04.13	M 7	V 8
D 9	M 8	V 8	D 8	M 8	S 9
	M 9 ○ 11.52	S 9		G 9	D 10
L 10	G 10	D 10	L 9	V 10	
M 11 ○ 04.01	V 11		M 10	S 11	L 11 (
M 12	S 12	L 11	M 11	D 12 (	M 12 (
G 13	D 13	M 12	G 12		M 13
V 14		M 13	V 13	L 13	G 14
S 15	L 14	G 14 (	S 14 (	M 14	V 15
D 16	M 15	V 15	D 15	M 15	S 16
	M 16 (	S 16		G 16	D 17
L 17 (	G 17	D 17	L 16	V 17	
M 18	V 18		M 17	S 18	L 18
M 19	S 19	L 18	M 18	D 19	M 19
G 20	D 20	M 19	G 19		M 20 ● 15.00
V 21		M 20	V 20	L 20 ● 23.17	G 21
S 22	L 21	G 21	S 21	M 21	V 22
D 23	M 22	V 22 ● 12.45	D 22 ● 06.14	M 22	S 23
	M 23 ● 20.09	S 23		G 23	D 24
L 24	G 24	D 24	L 23	V 24	
M 25 ● 05.30	V 25		M 24	S 25	L 25
M 26	S 26	L 25	M 25	D 26	M 26
G 27	D 27	M 26	G 26		M 27)
V 28		M 27	V 27	L 27	G 28
S 29	L 28	G 28	S 28	M 28)	V 29
D 30	M 29	V 29	D 29)	M 29	S 30
	M 30	S 30)		G 30	D 31
L 31	G 31)		L 30		
			M 31		

2007

Gennaio	Febbraio	Marzo	Aprile	Maggio	Giugno
L 1	G 1	G 1	D 1	M 1	V 1 ○ 02.02
M 2	V 2 ○ 06.45	V 2		M 2 ○ 11.08	S 2
M 3 ○ 14.56	S 3	S 3	L 2 ○ 18.15	G 3	D 3
G 4	D 4	D 4 ○ 00.18	M 3	V 4	
V 5			M 4	S 5	L 4
S 6	L 5	L 5	G 5	D 6	M 5
D 7	M 6	M 6	V 6		M 6
	M 7	M 7	S 7	L 7	G 7
L 8	G 8	G 8	D 8	M 8	V 8 ☾
M 9	V 9	V 9		M 9	S 9
M 10	S 10 ☾	S 10 ☾	L 9	G 10 ☾	D 10
G 11 ☾	D 11	D 11	M 10 ☾	V 11	
V 12			M 11	S 12	L 11
S 13	L 12	L 12 ☾	G 12	D 13	M 12
D 14	M 13	M 13	V 13		M 13
	M 14	M 14	S 14	L 14	G 14
L 15	G 15	G 15	D 15	M 15	V 15 ● 04.13
M 16	V 16	V 16		M 16 ● 20.27	S 16
M 17	S 17 ● 17.14	S 17	L 16	G 17	D 17
G 18	D 18	D 18	M 17 ● 12.35	V 18	
V 19 ● 05.00			M 18	S 19	L 18
S 20	L 19	L 19 ● 03.42	G 19	D 20	M 19
D 21	M 20	M 20	V 20		M 20
	M 21	M 21	S 21	L 21	G 21
L 22	G 22	G 22	D 22	M 22	V 22 ☽
M 23	V 23	V 23		M 23 ☽	S 23
M 24	S 24 ☽	S 24	L 23	G 24	D 24
G 25	D 25	D 25 ☽	M 24 ☽	V 25	
V 26 ☽			M 25	S 26	L 25
S 27	L 26	L 26	G 26	D 27	M 26
D 28	M 27	M 27	V 27		M 27
	M 28	M 28	S 28	L 28	G 28
L 29		G 29	D 29	M 29	V 29
M 30		V 30		M 30	S 30 ○ 14.49
M 31		S 31	L 30	G 31	

2007

Luglio	Agosto	Settembre	Ottobre	Novembre	Dicembre
D 1	M 1	S 1	L 1	G 1 ☾	S 1 ☾
L 2	G 2	D 2	M 2	V 2	D 2
M 3	V 3		M 3 ☾	S 3	
M 4	S 4	L 3	G 4	D 4	L 3
G 5	D 5 ☾	M 4 ☾	V 5		M 4
V 6		M 5	S 6	L 5	M 5
S 7 ☾	L 6	G 6	D 7	M 6	G 6
D 8	M 7	V 7		M 7	V 7
	M 8	S 8	L 8	G 8	S 8
L 9	G 9	D 9	M 9	V 9	D 9 ● 18.40
M 10	V 10		M 10	S 10 ● 00.03	
M 11	S 11	L 10	G 11 ● 06.00	D 11	L 10
G 12	D 12	M 11 ● 13.44	V 12		M 11
V 13		M 12	S 13	L 12	M 12
S 14 ● 13.03	L 13 ● 00.02	G 13	D 14	M 13	G 13
D 15	M 14	V 14		M 14	V 14
	M 15	S 15	L 15	G 15	S 15
L 16	G 16	D 16	M 16	V 16	D 16
M 17	V 17		M 17	S 17 ☽	
M 18	S 18	L 17	G 18	D 18	L 17 ☽
G 19	D 19	M 18	V 19 ☽		M 18
V 20		M 19 ☽	S 20	L 19	M 19
S 21	L 20	G 20	D 21	M 20	G 20
D 22 ☽	M 21 ☽	V 21		M 21	V 21
	M 22	S 22	L 22	G 22	S 22
L 23	G 23	D 23	M 23	V 23	D 23
M 24	V 24		M 24	S 24 ○ 15.30	
M 25	S 25	L 24	G 25	D 25	L 24 ○ 02.16
G 26	D 26	M 25	V 26 ○ 05.51		M 25
V 27		M 26 ○ 20.44	S 27	L 26	M 26
S 28	L 27	G 27	D 28	M 27	G 27
D 29	M 28 ○ 11.35	V 28		M 28	V 28
	M 29	S 29	L 29	G 29	S 29
L 30 ○ 01.48	G 30	D 30	M 30	V 30	D 30
M 31	V 31		M 31		L 31 ☾

2008

Gennaio	Febbraio	Marzo	Aprile	Maggio	Giugno
M 1	V 1	S 1	M 1	G 1	D 1
M 2	S 2	D 2	M 2	V 2	L 2
G 3	D 3	L 3	G 3	S 3	M 3 ● 20.22
V 4	L 4	M 4	V 4	D 4	M 4
S 5	M 5	M 5	S 5	L 5 ● 13.18	G 5
D 6	M 6	G 6	D 6 ● 04.53	M 6	V 6
L 7	G 7	V 7 ● 18.10	L 7	M 7	S 7
M 8 ● 12.34	V 8 ● 04.41	S 8	M 8	G 8	D 8
M 9	S 9	D 9	M 9	V 9	L 9
G 10	D 10	L 10	G 10	S 10	M 10 ☽
V 11	L 11	M 11	V 11	D 11	M 11
S 12	M 12	M 12	S 12 ☽	L 12 ☽	G 12
D 13	M 13	G 13	D 13	M 13	V 13
L 14	G 14	V 14 ☽	L 14	M 14	S 14
M 15 ☽	V 15 ☽	S 15	M 15	G 15	D 15
M 16	S 16	D 16	M 16	V 16	L 16
G 17	D 17	L 17	G 17	S 17	M 17
V 18	L 18	M 18	V 18	D 18	M 18 ○ 18.30
S 19	M 19	M 19	S 19	L 19	G 19
D 20	M 20	G 20	D 20 ○ 11.27	M 20 ○ 03.09	V 20
L 21	G 21	V 21 ○ 19.41	L 21	M 21	S 21
M 22 ○ 14.38	V 22 ○ 04.31	S 22	M 22	G 22	D 22
M 23	S 23	D 23	M 23	V 23	L 23
G 24	D 24	L 24	G 24	S 24	M 24
V 25	L 25	M 25	V 25	D 25	M 25
S 26	M 26	M 26	S 26	L 26	G 26 ☾
D 27	M 27	G 27	D 27	M 27	V 27
L 28	G 28	V 28	L 28 ☾	M 28 ☾	S 28
M 29	V 29 ☾	S 29 ☾	M 29	G 29	D 29
M 30 ☾		D 30	M 30	V 30	L 30
G 31		L 31		S 31	

2008

Luglio	Agosto	Settembre	Ottobre	Novembre	Dicembre
M 1	V 1 ● 11.15	L 1	M 1	S 1	L 1
M 2	S 2	M 2	G 2	D 2	M 2
G 3 ● 3.19	D 3	M 3	V 3		M 3
V 4	L 4	G 4	S 4	L 3	G 4
S 5	M 5	V 5	D 5	M 4	V 5 ☽
D 6	M 6	S 6		M 5	S 6
L 7	G 7	D 7 ☽	L 6	G 6 ☽	D 7
M 8	V 8 ☽	L 8	M 7 ☽	V 7	
M 9	S 9	M 9	M 8	S 8	L 8
G 10 ☽	D 10	M 10	G 9	D 9	M 9
V 11		G 11	V 10		M 10
S 12	L 11	V 12	S 11	L 10	G 11
D 13	M 12	S 13	D 12	M 11	V 12 ○ 17.38
	M 13	D 14		M 12	S 13
L 14	G 14		L 13	G 13 ○ 07.16	D 14
M 15	V 15	L 15 ○ 10.09	M 14 ○ 20.59	V 14	
M 16	S 16 ○ 22.15	M 16	M 15	S 15	L 15
G 17	D 17	M 17	G 16	D 16	M 16
V 18 ○ 08.56		G 18	V 17		M 17
S 19	L 18	V 19	S 18	L 17	G 18
D 20	M 19	S 20	D 19	M 18	V 19 ☾
	M 20	D 21		M 19 ☾	S 20
L 21	G 21		L 20	G 20	D 21
M 22	V 22	L 22 ☾	M 21 ☾	V 21	
M 23	S 23	M 23	M 22	S 22	L 22
G 24	D 24 ☾	M 24	G 23	D 23	M 23
V 25 ☾		G 25	V 24		M 24
S 26	L 25	V 26	S 25	L 24	G 25
D 27	M 26	S 27	D 26	M 25	V 26
	M 27	D 28		M 26	S 27 ● 13.22
L 28	G 28		L 27	G 27 ● 17.55	D 28
M 29	V 29	L 29 ● 09.15	M 28	V 28	
M 30	S 30 ● 20.59	M 30	M 29 ● 00.13	S 29	L 29
G 31	D 31		G 30	D 30	M 30
			V 31		M 31

2009

Gennaio	Febbraio	Marzo	Aprile	Maggio	Giugno
G 1	D 1	D 1	M 1	V 1 ☽	L 1
V 2			G 2 ☽	S 2	M 2
S 3	L 2	L 2	V 3	D 3	M 3
D 4 ☽	M 3 ☽	M 3	S 4		G 4
	M 4	M 4 ☽	D 5	L 4	V 5
L 5	G 5	G 5		M 5	S 6
M 6	V 6	V 6	L 6	M 6	D 7 ○ 19.12
M 7	S 7	S 7	M 7	G 7	
G 8	D 8	D 8	M 8	V 8	L 8
V 9			G 9 ○ 15.59	S 9 ○ 05.03	M 9
S 10	L 9 ○ 15.52	L 9	V 10	D 10	M 10
D 11 ○ 04.26	M 10	M 10	S 11		G 11
	M 11	M 11 ○ 03.38	D 12	L 11	V 12
L 12	G 12	G 12		M 12	S 13
M 13	V 13	V 13	L 13	M 13	D 14
M 14	S 14	S 14	M 14	G 14	
G 15	D 15	D 15	M 15	V 15	L 15 ☾
V 16			G 16	S 16	M 16
S 17	L 16 ☾	L 16	V 17 ☾	D 17 ☾	M 17
D 18 ☾	M 17	M 17	S 18		G 18
	M 18	M 18 ☾	D 19	L 18	V 19
L 19	G 19	G 19		M 19	S 20
M 20	V 20	V 20	L 20	M 20	D 21
M 21	S 21	S 21	M 21	G 21	
G 22	D 22	D 22	M 22	V 22	L 22 ● 20.35
V 23			G 23	S 23	M 23
S 24	L 23	L 23	V 24	D 24 ● 13.08	M 24
D 25	M 24	M 24	S 25 ● 04.20		G 25
	M 25 ● 02.34	M 25	D 26	L 25	V 26
L 26 ● 08.53	G 26	G 26 ● 17.01		M 26	S 27
M 27	V 27	V 27	L 27	M 27	D 28
M 28	S 28	S 28	M 28	G 28	
G 29		D 29	M 29	V 29	L 29 ☽
V 30			G 30	S 30	M 30
S 31		L 30		D 31 ☽	
		M 31			

2009

Luglio	Agosto	Settembre	Ottobre	Novembre	Dicembre
M 1	S 1	M 1	G 1	D 1	M 1
G 2	D 2	M 2	V 2	L 2 ○ 20.11	M 2 ○ 08.28
V 3	L 3	G 3	S 3	M 3	G 3
S 4	M 4	V 4 ○ 17.00	D 4 ○ 07.06	M 4	V 4
D 5	M 5	S 5	L 5	G 5	S 5
L 6	G 6 ○ 01.54	D 6	M 6	V 6	D 6
M 7 ○ 10.21	V 7	L 7	M 7	S 7	L 7
M 8	S 8	M 8	G 8	D 8	M 8
G 9	D 9	M 9	V 9	L 9 ☾	M 9 ☾
V 10	L 10	G 10	S 10	M 10	G 10
S 11	M 11	V 11	D 11 ☾	M 11	V 11
D 12	M 12	S 12 ☾	L 12	G 12	S 12
L 13	G 13 ☾	D 13	M 13	V 13	D 13
M 14	V 14	L 14	M 14	S 14	L 14
M 15 ☾	S 15	M 15	G 15	D 15	M 15
G 16	D 16	M 16	V 16	L 16 ● 20.15	M 16 ● 13.04
V 17	L 17	G 17	S 17	M 17	G 17
S 18	M 18	V 18 ● 19.46	D 18 ● 06.36	M 18	V 18
D 19	M 19	S 19	L 19	G 19	S 19
L 20	G 20 ● 11.01	D 20	M 20	V 20	D 20
M 21	V 21	L 21	M 21	S 21	L 21
M 22 ● 03.33	S 22	M 22	G 22	D 22	M 22
G 23	D 23	M 23	V 23	L 23	M 23
V 24	L 24	G 24	S 24	M 24 ☽	G 24 ☽
S 25	M 25	V 25	D 25	M 25	V 25
D 26	M 26	S 26 ☽	L 26 ☽	G 26	S 26
L 27	G 27 ☽	D 27	M 27	V 27	D 27
M 28 ☽	V 28	L 28	M 28	S 28	L 28
M 29	S 29	M 29	G 29	D 29	M 29
G 30	D 30	M 30	V 30	L 30	M 30
V 31	L 31		S 31		G 31 ○ 20.10

2010

Gennaio	Febbraio	Marzo	Aprile	Maggio	Giugno
V 1	L 1	L 1	G 1	S 1	M 1
S 2	M 2	M 2	V 2	D 2	M 2
D 3	M 3	M 3	S 3	L 3	G 3
L 4	G 4	G 4	D 4	M 4	V 4 ☾
M 5	V 5	V 5	L 5	M 5	S 5
M 6	S 6 ☾	S 6 ☾	M 6 ☾	G 6 ☾	D 6
G 7 ☾	D 7	D 7 ☾	M 7	V 7	L 7
V 8	L 8	L 8	G 8	S 8	M 8
S 9	M 9	M 9	V 9	D 9	M 9
D 10	M 10	M 10	S 10	L 10	G 10
L 11	G 11	G 11	D 11	M 11	V 11
M 12	V 12	V 12	L 12	M 12	S 12 ● 12.14
M 13	S 13	S 13	M 13	G 13	D 13
G 14	D 14 ● 03.51	D 14	M 14 ● 13.28	V 14 ● 02.04	L 14
V 15 ● 08.11	L 15	L 15 ● 22.01	G 15	S 15	M 15
S 16	M 16	M 16	V 16	D 16	M 16
D 17	M 17	M 17	S 17	L 17	G 17
L 18	G 18	G 18	D 18	M 18	V 18
M 19	V 19	V 19	L 19	M 19	S 19 ☽
M 20	S 20	S 20	M 20	G 20	D 20
G 21	D 21	D 21	M 21 ☽	V 21 ☽	L 21
V 22	L 22 ☽	L 22	G 22	S 22	M 22
S 23 ☽	M 23	M 23 ☽	V 23	D 23	M 23
D 24	M 24	M 24	S 24	L 24	G 24
L 25	G 25	G 25	D 25	M 25	V 25
M 26	V 26	V 26	L 26	M 26	S 26
M 27	S 27	S 27	M 27	G 27	D 27 ○ 12.30
G 28	D 28 ○ 17.38	D 28	M 28 ○ 13.17	V 28 ○ 00.05	L 28
V 29		L 29	G 29	S 29	M 29
S 30 ○ 07.17		M 30 ○ 03.26	V 30	D 30	M 30
D 31		M 31		L 31	

2010

Luglio	Agosto	Settembre	Ottobre	Novembre	Dicembre
G 1	D 1	M 1 ☾	V 1 ☾	L 1	M 1
V 2	L 2	G 2	S 2	M 2	G 2
S 3	M 3 ☾	V 3	D 3	M 3	V 3
D 4 ☾	M 4	S 4	L 4	G 4	S 4
L 5	G 5	D 5	M 5	V 5	D 5 ● 18.35
M 6	V 6	L 6	M 6	S 6 ● 05.51	L 6
M 7	S 7	M 7	G 7 ● 19.44	D 7	M 7
G 8	D 8	M 8 ● 11.29	V 8	L 8	M 8
V 9	L 9	G 9	S 9	M 9	G 9
S 10	M 10 ● 04.07	V 10	D 10	M 10	V 10
D 11 ● 20.40	M 11	S 11	L 11	G 11	S 11
L 12	G 12	D 12	M 12	V 12	D 12
M 13	V 13	L 13	M 13	S 13 ☽	L 13 ☽
M 14	S 14	M 14	G 14 ☽	D 14	M 14
G 15	D 15	M 15 ☽	V 15	L 15	M 15
V 16	L 16 ☽	G 16	S 16	M 16	G 16
S 17	M 17	V 17	D 17	M 17	V 17
D 18 ☽	M 18	S 18	L 18	G 18	S 18
L 19	G 19	D 19	M 19	V 19	D 19
M 20	V 20	L 20	M 20	S 20	L 20
M 21	S 21	M 21	G 21	D 21 ○ 18.24	M 21 ○ 09.14
G 22	D 22	M 22	V 22	L 22	M 22
V 23	L 23	G 23 ○ 10.15	S 23 ○ 02.35	M 23	G 23
S 24	M 24 ○ 18.04	V 24	D 24	M 24	V 24
D 25	M 25	S 25	L 25	G 25	S 25
L 26 ○ 02.37	G 26	D 26	M 26	V 26	D 26
M 27	V 27	L 27	M 27	S 27	L 27
M 28	S 28	M 28	G 28	D 28 ☾	M 28 ☾
G 29	D 29	M 29	V 29	L 29	M 29
V 30	L 30	G 30	S 30 ☾	M 30	G 30
S 31	M 31		D 31		V 31

2011

Gennaio	Febbraio	Marzo	Aprile	Maggio	Giugno
S 1	M 1	M 1	V 1	D 1	M 1 ● 22.02
D 2	M 2	M 2	S 2		G 2
L 3	G 3 ● 03.30	G 3	D 3 ● 15.32	L 2	V 3
M 4 ● 10.02	V 4	V 4 ● 21.45		M 3 ● 07.50	S 4
M 5	S 5	S 5	L 4	M 4	D 5
G 6	D 6	D 6	M 5	G 5	
V 7			M 6	V 6	L 6
S 8	L 7	L 7	G 7	S 7	M 7
D 9	M 8	M 8	V 8	D 8	M 8
	M 9	M 9	S 9		G 9 ☽
L 10	G 10	G 10	D 10	L 9	V 10
M 11	V 11 ☽	V 11		M 10	S 11
M 12 ☽	S 12	S 12	L 11 ☽	M 11	D 12
G 13	D 13	D 13 ☽	M 12	G 12 ☽	
V 14			M 13	V 13	L 13
S 15	L 14	L 14	G 14	S 14	M 14
D 16	M 15	M 15	V 15	D 15	M 15 ○ 21.12
	M 16	M 16	S 16		G 16
L 17	G 17	G 17	D 17	L 16	V 17
M 18	V 18 ○ 09.34	V 18		M 17 ○ 12.08	S 18
M 19 ○ 22.21	S 19	S 19	L 18 ○ 03.45	M 18	D 19
G 20	D 20	D 20	M 19	G 19	
V 21			M 20	V 20	L 20
S 22	L 21	L 21	G 21	S 21	M 21
D 23	M 22	M 22	V 22	D 22	M 22
	M 23	M 23	S 23		G 23 ☾
L 24	G 24	G 24	D 24	L 23	V 24
M 25	V 25 ☾	V 25		M 24 ☾	S 25
M 26 ☾	S 26	S 26 ☾	L 25 ☾	M 25	D 26
G 27	D 27	D 27	M 26	G 26	
V 28			M 27	V 27	L 27
S 29	L 28	L 28	G 28	S 28	M 28
D 30		M 29	V 29	D 29	M 29
L 31		M 30	S 30		G 30
		G 31		L 30	
				M 31	

2011

Luglio	Agosto	Settembre	Ottobre	Novembre	Dicembre
V 1 ● 09.53	L 1	G 1	S 1	M 1	G 1
S 2	M 2	V 2	D 2	M 2 ☽	V 2 ☽
D 3	M 3	S 3	L 3	G 3	S 3
L 4	G 4	D 4 ☽	M 4 ☽	V 4	D 4
M 5	V 5	L 5	M 5	S 5	L 5
M 6	S 6 ☽	M 6	G 6	D 6	M 6
G 7	D 7	M 7	V 7	L 7	M 7
V 8	L 8	G 8	S 8	M 8	G 8
S 9 ☽	M 9	V 9	D 9	M 9	V 9
D 10	M 10	S 10	L 10	G 10 ○ 21.15	S 10 ○ 15.35
L 11	G 11	D 11	M 11	V 11	D 11
M 12	V 12	L 12 ○ 10.27	M 12 ○ 03.05	S 12	L 12
M 13	S 13 ○ 19.57	M 13	G 13	D 13	M 13
G 14	D 14	M 14	V 14	L 14	M 14
V 15 ○ 07.38	L 15	G 15	S 15	M 15	G 15
S 16	M 16	V 16	D 16	M 16	V 16
D 17	M 17	S 17	L 17	G 17	S 17
L 18	G 18	D 18	M 18	V 18 ☾	D 18 ☾
M 19	V 19	L 19	M 19	S 19	L 19
M 20	S 20	M 20 ☾	G 20 ☾	D 20	M 20
G 21	D 21 ☾	M 21	V 21	L 21	M 21
V 22	L 22	G 22	S 22	M 22	G 22
S 23 ☾	M 23	V 23	D 23	M 23	V 23
D 24	M 24	S 24	L 24	G 24	S 24 ● 19.07
L 25	G 25	D 25	M 25	V 25 ● 07.09	D 25
M 26	V 26	L 26	M 26 ● 20.55	S 26	L 26
M 27	S 27	M 27 ● 12.08	G 27	D 27	M 27
G 28	D 28	M 28	V 28	L 28	M 28
V 29	L 29 ● 04.05	G 29	S 29	M 29	G 29
S 30 ● 19.41	M 30	V 30	D 30	M 30	V 30
D 31	M 31		L 31		S 31

2012

Gennaio	Febbraio	Marzo	Aprile	Maggio	Giugno
D 1 ☽	M 1	G 1 ☽	D 1	M 1	V 1
L 2	G 2	V 2	L 2	M 2	S 2
M 3	V 3	S 3	M 3	G 3	D 3
M 4	S 4	D 4	M 4	V 4	L 4 ○ 12.12
G 5	D 5	L 5	G 5	S 5	M 5
V 6	L 6	M 6	V 6 ○ 20.17	D 6 ○ 04.34	M 6
S 7	M 7 ○ 22.54	M 7	S 7	L 7	G 7
D 8	M 8	G 8 ○ 10.38	D 8	M 8	V 8
L 9 ○ 08.30	G 9	V 9	L 9	M 9	S 9
M 10	V 10	S 10	M 10	G 10	D 10
M 11	S 11	D 11	M 11	V 11	L 11 ☾
G 12	D 12	L 12	G 12	S 12 ☾	M 12
V 13	L 13	M 13	V 13 ☾	D 13	M 13
S 14	M 14 ☾	M 14	S 14	L 14	G 14
D 15	M 15	G 15 ☾	D 15	M 15	V 15
L 16 ☾	G 16	V 16	L 16	M 16	S 16
M 17	V 17	S 17	M 17	G 17	D 17
M 18	S 18	D 18	M 18	V 18	L 18
G 19	D 19	L 19	G 19	S 19	M 19 ● 16.01
V 20	L 20	M 20	V 20	D 20	M 20
S 21	M 21 ● 23.34	M 21	S 21 ● 08.18	L 21 ● 00.46	G 21
D 22	M 22	G 22 ● 15.36	D 22	M 22	V 22
L 23 ● 08.39	G 23	V 23		M 23	S 23
M 24	V 24	S 24	L 23	G 24	D 24
M 25	S 25	D 25	M 24	V 25	
G 26	D 26		M 25	S 26	L 25
V 27	L 27	L 26	G 26	D 27	M 26
S 28	M 28	M 27	V 27	L 28 ☽	M 27 ☽
D 29	M 29	M 28	S 28	M 29	G 28
L 30		G 29	D 29 ☽	M 30	V 29
M 31 ☽		V 30 ☽	L 30	G 31	S 30
		S 31			

2012

Luglio	Agosto	Settembre	Ottobre	Novembre	Dicembre
D 1	M 1	S 1	L 1	G 1	S 1
L 2	G 2 ○ 04.26	D 2	M 2	V 2	D 2
M 3 ○ 19.52	V 3	L 3	M 3	S 3	L 3
M 4	S 4	M 4	G 4	D 4	M 4
G 5	D 5	M 5	V 5		M 5
V 6		G 6	S 6	L 5	G 6 ☾
S 7	L 6	V 7	D 7	M 6	V 7
D 8	M 7	S 8 ☾		M 7 ☾	S 8
	M 8	D 9	L 8 ☾	G 8	D 9
L 9	G 9 ☾		M 9	V 9	
M 10	V 10	L 10	M 10	S 10	L 10
M 11 ☾	S 11	M 11	G 11	D 11	M 11
G 12	D 12	M 12	V 12		M 12
V 13		G 13	S 13	L 12	G 13 ● 09.41
S 14	L 13	V 14	D 14	M 13 ● 23.07	V 14
D 15	M 14	S 15		M 14	S 15
	M 15	D 16 ● 03.10	L 15 ● 13.02	G 15	D 16
L 16	G 16		M 16	V 16	
M 17	V 17 ● 16.54	L 17	M 17	S 17	L 17
M 18	S 18	M 18	G 18	D 18	M 18
G 19 ● 05.23	D 19	M 19	V 19		M 19
V 20		G 20	S 20	L 19	G 20 ☽
S 21	L 20	V 21	D 21	M 20 ☽	V 21
D 22	M 21	S 22 ☽		M 21	S 22
	M 22	D 23	L 22 ☽	G 22	D 23
L 23	G 23		M 23	V 23	
M 24	V 24 ☽	L 24	M 24	S 24	L 24
M 25	S 25	M 25	G 25	D 25	M 25
G 26 ☽	D 26	M 26	V 26		M 26
V 27		G 27	S 27	L 26	G 27
S 28	L 27	V 28	D 28	M 27	V 28 ○ 11.19
D 29	M 28	S 29		M 28 ○ 15.45	S 29
	M 29	D 30 ○ 04.18	L 29 ○ 20.50	G 29	D 30
L 30	G 30		M 30	V 30	
M 31	V 31 ○ 14.56		M 31		L 31

2013

Gennaio	Febbraio	Marzo	Aprile	Maggio	Giugno
M 1	V 1	V 1	L 1	M 1	S 1
M 2	S 2	S 2	M 2 ◐	G 2 ◐	D 2
G 3	D 3 ◐	D 3 ◐	M 3 ◐	V 3	
V 4			G 4	S 4	L 3
S 5 ◐	L 4	L 4 ◐	V 5	D 5	M 4
D 6	M 5	M 5	S 6		M 5
	M 6	M 6	D 7	L 6	G 6
L 7	G 7	G 7		M 7	V 7
M 8	V 8	V 8	L 8	M 8	S 8 ● 16.56
M 9	S 9	S 9	M 9	G 9	D 9
G 10	D 10 ● 08.19	D 10 ●	M 10 ● 10.35	V 10 ● 01.28	
V 11 ● 20.43			G 11	S 11	L 10
S 12	L 11	L 11 ● 20.50	V 12	D 12	M 11
D 13	M 12	M 12	S 13		M 12
	M 13	M 13	D 14	L 13	G 13
L 14	G 14	G 14		M 14	V 14
M 15	V 15	V 15	L 15	M 15	S 15
M 16	S 16	S 16	M 16	G 16	D 16 ☽
G 17	D 17 ☽	D 17 ☽	M 17	V 17	
V 18			G 18 ☽	S 18 ☽	L 17
S 19 ☽	L 18	L 18	V 19	D 19	M 18
D 20	M 19	M 19 ☽	S 20		M 19
	M 20	M 20	D 21	L 20	G 20
L 21	G 21	G 21		M 21	V 21
M 22	V 22	V 22	L 22	M 22	S 22
M 23	S 23	S 23	M 23	G 23	D 23 ○ 12.31
G 24	D 24	D 24	M 24	V 24	
V 25			G 25 ○ 20.56	S 25 ○ 05.23	L 24
S 26	L 25 ○ 21.26	L 25	V 26	D 26	M 25
D 27 ○ 05.37	M 26	M 26 ○ 10.28	S 27		M 26
	M 27	M 27	D 28	L 27	G 27
L 28	G 28	G 28		M 28	V 28
M 29		V 29	L 29	M 29	S 29
M 30		S 30	M 30	G 30	D 30 ◐
G 31		D 31		V 31 ◐	

2013

Luglio	Agosto	Settembre	Ottobre	Novembre	Dicembre
L 1	G 1	D 1	M 1	V 1	D 1
M 2	V 2		M 2	S 2	
M 3	S 3	L 2	G 3	D 3 ● 13.49	L 2
G 4	D 4	M 3	V 4		M 3 ● 01.21
V 5		M 4	S 5 ● 01.34	L 4	M 4
S 6	L 5	G 5 ● 12.35	D 6	M 5	G 5
D 7	M 6 ● 22.50	V 6		M 6	V 6
	M 7	S 7	L 7	G 7	S 7
L 8 ● 08.14	G 8	D 8	M 8	V 8	D 8
M 9	V 9		M 9	S 9	
M 10	S 10	L 9	G 10	D 10 ☽	L 9 ☽
G 11	D 11	M 10	V 11		M 10
V 12		M 11	S 12 ☽	L 11	M 11
S 13	L 12	G 12 ☽	D 13	M 12	G 12
D 14	M 13	V 13		M 13	V 13
	M 14 ☽	S 14	L 14	G 14	S 14
L 15	G 15	D 15	M 15	V 15	D 15
M 16 ☽	V 16		M 16	S 16	
M 17	S 17	L 16	G 17	D 17 ○ 16.15	L 16
G 18	D 18	M 17	V 18		M 17
V 19		M 18	S 19 ○ 00.36	L 18	M 18 ○ 10.28
S 20	L 19	G 19 ○ 12.11	D 20	M 19	G 19
D 21	M 20	V 20		M 20	V 20
	M 21 ○ 02.44	S 21	L 21	G 21	S 21
L 22 ○ 19.16	G 22	D 22	M 22	V 22	D 22
M 23	V 23		M 23	S 23	
M 24	S 24	L 23	G 24	D 24	L 23
G 25	D 25	M 24	V 25		M 24
V 26		M 25	S 26	L 25 ☾	M 25 ☾
S 27	L 26	G 26	D 27 ☾	M 26	G 26
D 28	M 27	V 27 ☾		M 27	V 27
	M 28 ☾	S 28	L 28	G 28	S 28
L 29 ☾	G 29	D 29	M 29	V 29	D 29
M 30	V 30		M 30	S 30	
M 31	S 31	L 30	G 31		L 30
					M 31

2014

Gennaio	Febbraio	Marzo	Aprile	Maggio	Giugno
M 1	S 1	S 1 ● 08.59	M 1	G 1	D 1
G 2	D 2	D 2	M 2	V 2	L 2
V 3	L 3	L 3	G 3	S 3	M 3
S 4	M 4	M 4	V 4	D 4	M 4
D 5	M 5	M 5	S 5	L 5	G 5 ☽
L 6	G 6 ☽	G 6	D 6	M 6	V 6
M 7	V 7	V 7	L 7 ☽	M 7 ☽	S 7
M 8 ☽	S 8	S 8	M 8	G 8	D 8
G 9	D 9	D 9	M 9	V 9	
V 10	L 10	L 10	G 10	S 10	L 9
S 11	M 11	M 11	V 11	D 11	M 10
D 12	M 12	M 12	S 12		M 11
L 13	G 13	G 13	D 13	L 12	G 12
M 14	V 14	V 14	L 14	M 13	V 13 ○ 05.10
M 15	S 15 ○ 00.51	S 15	M 15 ○ 08.43	M 14 ○ 20.16	S 14
G 16 ○ 05.52	D 16	D 16 ○ 18.07	M 16	G 15	D 15
V 17	L 17	L 17	G 17	V 16	L 16
S 18	M 18	M 18	V 18	S 17	M 17
D 19	M 19	M 19	S 19	D 18	M 18
L 20	G 20	G 20	D 20	L 19	G 19 ☾
M 21	V 21	V 21	L 21	M 20	V 20
M 22	S 22 ☾	S 22	M 22 ☾	M 21 ☾	S 21
G 23	D 23	D 23	M 23	G 22	D 22
V 24 ☾	L 24	L 24 ☾	G 24	V 23	L 23
S 25	M 25	M 25	V 25	S 24	M 24
D 26	M 26	M 26	S 26	D 25	M 25
L 27	G 27	G 27	D 27	L 26	G 26
M 28	V 28	V 28	L 28	M 27	V 27 ● 09.08
M 29		S 29	M 29 ● 07.14	M 28 ● 19.39	S 28
G 30 ● 22.38		D 30 ● 19.44	M 30	G 29	D 29
V 31		L 31		V 30	L 30
				S 31	

2014

Luglio

M 1
M 2
G 3
V 4
S 5 ☽
D 6
L 7
M 8
M 9
G 10
V 11
S 12 ○ 12.23
D 13
L 14
M 15
M 16
G 17
V 18
S 19 ☾
D 20
L 21
M 22
M 23
G 24
V 25
S 26 ● 23.41
D 27
L 28
M 29
M 30
G 31

Agosto

V 1
S 2
D 3
L 4 ☽
M 5
M 6
G 7
V 8
S 9
D 10 ○ 19.08
L 11
M 12
M 13
G 14
V 15
S 16
D 17 ☾
L 18
M 19
M 20
G 21
V 22
S 23
D 24
L 25 ● 15.12
M 26
M 27
G 28
V 29
S 30
D 31

Settembre

L 1
M 2 ☽
M 3
G 4
V 5
S 6
D 7
L 8
M 9 02.38
M 10
G 11
V 12
S 13
D 14
L 15
M 16 ☾
M 17
G 18
V 19
S 20
D 21
L 22
M 23
M 24 ● 07.13
G 25
V 26
S 27
D 28
L 29
M 30

Ottobre

M 1 ☽
G 2
V 3
S 4
D 5
L 6
M 7
M 8 ○ 11.50
G 9
V 10
S 11
D 12
L 13
M 14
M 15 ☾
G 16
V 17
S 18
D 19
L 20
M 21
M 22
G 23 ● 22.56
V 24
S 25
D 26
L 27
M 28
M 29
G 30
V 31 ☽

Novembre

S 1
D 2
L 3
M 4
M 5
G 6 ○ 23.21
V 7
S 8
D 9
L 10
M 11
M 12
G 13
V 14 ☾
S 15
D 16
L 17
M 18
M 19
G 20
V 21
S 22 ● 13.31
D 23
L 24
M 25
M 26
G 27
V 28
S 29 ☽
D 30

Dicembre

L 1
M 2
M 3
G 4
V 5
S 6 ○ 13.25
D 7
L 8
M 9
M 10
G 11
V 12
S 13
D 14 ☾
L 15
M 16
M 17
G 18
V 19
S 20
D 21
L 22 ● 02.35
M 23
M 24
G 25
V 26
S 27
D 28 ☽
L 29
M 30
M 31

2015

Gennaio	Febbraio	Marzo	Aprile	Maggio	Giugno
G 1	D 1	D 1	M 1	V 1	L 1
V 2	L 2	L 2	G 2	S 2	M 2 ○ 17.19
S 3	M 3	M 3	V 3	D 3	M 3
D 4	M 4 ○ 00.09	M 4	S 4 ○ 13.04	L 4 ○ 04.41	G 4
L 5 ○ 05.53	G 5	G 5 ○ 19.05	D 5	M 5	V 5
M 6	V 6	V 6	L 6	M 6	S 6
M 7	S 7	S 7	M 7	G 7	D 7
G 8	D 8	D 8	M 8	V 8	L 8
V 9	L 9	L 9	G 9	S 9	M 9 ☾
S 10	M 10	M 10	V 10	D 10	M 10
D 11	M 11	M 11	S 11	L 11 ☾	G 11
L 12	G 12 ☾	G 12 ☾	D 12 ☾	M 12	V 12
M 13 ☾	V 13	V 13	L 13	M 13	S 13
M 14	S 14	S 14	M 14	G 14	D 14
G 15	D 15	D 15	M 15	V 15	L 15
V 16	L 16	L 16	G 16	S 16	M 16 ● 15.04
S 17	M 17	M 17	V 17	D 17	M 17
D 18	M 18	M 18	S 18	L 18 ● 05.12	G 18
L 19	G 19 ● 00.46	G 19	D 19 ● 19.56	M 19	V 19
M 20 ● 14.13	V 20	V 20 ● 10.35	L 20	M 20	S 20
M 21	S 21	S 21	M 21	G 21	D 21
G 22	D 22	D 22	M 22	V 22	L 22
V 23			G 23	S 23	M 23
S 24	L 23	L 23	V 24	D 24	M 24 ☽
D 25	M 24	M 24	S 25	L 25 ☽	G 25
L 26	M 25 ☽	M 25	D 26 ☽	M 26	V 26
M 27 ☽	G 26	G 26	L 27	M 27	S 27
M 28	V 27	V 27	M 28	G 28	D 28
G 29	S 28	S 28	M 29	V 29	
V 30		D 29	G 30	S 30	L 29
S 31		L 30		D 31	M 30
		M 31			

2015

Luglio
- M 1
- G 2 — 03.19 ○
- V 3
- S 4
- D 5
- L 6
- M 7
- M 8 ☾
- G 9
- V 10
- S 11
- D 12
- L 13
- M 14
- M 15
- G 16 — 02.23 ●
- V 17
- S 18
- D 19
- L 20
- M 21
- M 22
- G 23
- V 24 ☽
- S 25
- D 26
- L 27
- M 28
- M 29
- G 30
- V 31 — 11.41 ○

Agosto
- S 1
- D 2 — 03.19 ○
- L 3
- M 4
- M 5
- G 6
- V 7 ☾
- S 8
- D 9
- L 10
- M 11
- M 12
- G 13
- V 14 — 15.53 ●
- S 15
- D 16
- L 17
- M 18
- M 19
- G 20
- V 21
- S 22 ☽
- D 23
- L 24
- M 25
- M 26
- G 27
- V 28
- S 29 — 19.33 ○
- D 30
- L 31

Settembre
- M 1
- M 2
- G 3
- V 4 ☾
- S 5
- D 6
- L 7
- M 8
- M 9
- G 10
- V 11
- S 12
- D 13 — 07.41 ●
- L 14
- M 15
- M 16
- G 17
- V 18
- S 19
- D 20
- L 21 ☽
- M 22
- M 23
- G 24
- V 25
- S 26
- D 27
- L 28 — 03.50 ○
- M 29
- M 30

Ottobre
- G 1
- V 2
- S 3
- D 4 ☾
- L 5
- M 6
- M 7
- G 8
- V 9
- S 10
- D 11
- L 12
- M 13 — 01.05 ●
- M 14
- G 15
- V 16
- S 17
- D 18
- L 19
- M 20 ☽
- M 21
- G 22
- V 23
- S 24
- D 25
- L 26
- M 27 — 13.06 ○
- M 28
- G 29
- V 30
- S 31

Novembre
- D 1
- L 2
- M 3 ☾
- M 4
- G 5
- V 6
- S 7
- D 8
- L 9
- M 10
- M 11 — 18.46 ●
- G 12
- V 13
- S 14
- D 15
- L 16
- M 17
- M 18
- G 19 ☽
- V 20
- S 21
- D 22
- L 23
- M 24
- M 25 — 23.44 ○
- G 26
- V 27
- S 28
- D 29
- L 30

Dicembre
- M 1
- M 2
- G 3 ☾
- V 4
- S 5
- D 6
- L 7
- M 8
- M 9
- G 10
- V 11 — 11.29 ●
- S 12
- D 13
- L 14
- M 15
- M 16
- G 17
- V 18 ☽
- S 19
- D 20
- L 21
- M 22
- M 23
- G 24
- V 25 — 12.10 ○
- S 26
- D 27
- L 28
- M 29
- M 30
- G 31

2016

Gennaio	Febbraio	Marzo	Aprile	Maggio	Giugno
V 1	L 1 ☾	M 1 ☾	V 1	D 1	M 1
S 2 ☾	M 2	M 2	S 2	L 2	G 2
D 3	M 3	G 3	D 3	M 3	V 3
L 4	G 4	V 4	L 4	M 4	S 4
M 5	V 5	S 5	M 5	G 5	D 5 ● 03.59
M 6	S 6	D 6	M 6	V 6 ● 20.29	L 6
G 7	D 7	L 7	G 7 ● 12.23	S 7	M 7
V 8	L 8 ● 15.38	M 8	V 8	D 8	M 8
S 9	M 9	M 9 ● 02.54	S 9	L 9	G 9
D 10 ● 02.30	M 10	G 10	D 10	M 10	V 10
L 11	G 11	V 11		M 11	S 11
M 12	V 12	S 12	L 11	G 12	D 12 ☽
M 13	S 13	D 13	M 12	V 13 ☽	L 13
G 14	D 14		M 13	S 14	M 14
V 15	L 15 ☽	L 14	G 14 ☽	D 15	M 15
S 16	M 16	M 15 ☽	V 15	L 16	G 16
D 17 ☽	M 17	M 16	S 16	M 17	V 17
L 18	G 18	G 17	D 17	M 18	S 18
M 19	V 19	V 18		G 19	D 19
M 20	S 20	S 19	L 18	V 20	L 20 ○ 12.01
G 21	D 21	D 20	M 19	S 21 ○ 22.13	M 21
V 22		L 21	M 20	D 22	M 22
S 23	L 22 ○ 19.20	M 22	G 21	L 23	G 23
D 24 ○ 02.44	M 23	M 23 ○ 13.01	V 22 ○ 06.23	M 24	V 24
L 25	M 24	G 24	S 23	M 25	S 25
M 26	G 25	V 25	D 24	G 26	D 26
M 27	V 26	S 26		V 27	
G 28	S 27	D 27	L 25	S 28	L 27 ☾
V 29	D 28		M 26	D 29 ☾	M 28
S 30	L 29	L 28	M 27	L 30	M 29
D 31		M 29	G 28	M 31	G 30
		M 30	V 29		
		G 31 ☾	S 30 ☾		

2016

Luglio	Agosto	Settembre	Ottobre	Novembre	Dicembre
V 1	L 1	G 1 ● 10.02	S 1 ● 01.11	M 1	G 1
S 2	M 2 ● 21.44	V 2	D 2	M 2	V 2
D 3	M 3	S 3	L 3	G 3	S 3
L 4 ● 12.00	G 4	D 4	M 4	V 4	D 4
M 5	V 5	L 5	M 5	S 5	L 5
M 6	S 6	M 6	G 6	D 6	M 6
G 7	D 7	M 7	V 7	L 7 ☽	M 7 ☽
V 8	L 8	G 8	S 8	M 8	G 8
S 9	M 9	V 9 ☽	D 9 ☽	M 9	V 9
D 10	M 10 ☽	S 10	L 10	G 10	S 10
L 11	G 11	D 11	M 11	V 11	D 11
M 12 ☽	V 12	L 12	M 12	S 12	L 12
M 13	S 13	M 13	G 13	D 13	M 13
G 14	D 14	M 14	V 14	L 14 ○ 14.51	M 14 ○ 01.06
V 15	L 15	G 15	S 15	M 15	G 15
S 16	M 16	V 16 ○ 20.04	D 16 ○ 05.21	M 16	V 16
D 17	M 17	S 17	L 17	G 17	S 17
L 18	G 18 ○ 10.27	D 18	M 18	V 18	D 18
M 19 ○ 23.57	V 19	L 19	M 19	S 19	L 19
M 20	S 20	M 20	G 20	D 20	M 20
G 21	D 21	M 21	V 21	L 21 ☾	M 21 ☾
V 22	L 22	G 22	S 22 ☾	M 22	G 22
S 23	M 23	V 23 ☾	D 23	M 23	V 23
D 24	M 24	S 24	L 24	G 24	S 24
L 25	G 25 ☾	D 25	M 25	V 25	D 25
M 26 ☾	V 26	L 26	M 26	S 26	L 26
M 27	S 27	M 27	G 27	D 27	M 27
G 28	D 28	M 28	V 28	L 28	M 28
V 29	L 29	G 29	S 29	M 29 ● 13.17	G 29 ● 07.52
S 30	M 30	V 30	D 30 ● 18.38	M 30	V 30
D 31	M 31		L 31		S 31

INDICE

348

TEA PRATICA

TEA PRATICA

ALLA SCOPERTA DELL'ELISIR DI LUNGA VITA

SOPHIE LACOSTE
IL TÈ VERDE

UN PICCOLO GRANDE MANUALE CHE TRACCIA UN PROFILO
COMPLETO DELLA BEVANDA: STORIA, VARIETÀ,
PRINCIPI TERAPEUTICI, PREPARAZIONE, USO IN CUCINA.

Verde come la natura, verde come dovrebbe essere ogni
vera pianta, il tè verde, a differenza degli altri tipi di tè, viene ricavato dalla pianta fresca, senza alcun processo di
fermentazione e offre un vasto numero di varietà ed è fonte
inesauribile di salute e benessere. Come confermano numerosi studi scientifici, questo tipo di tè previene, e cura,
numerosi disturbi e aiuta a mantenersi giovani e in forma.
Per poter godere appieno delle sue innumerevoli proprietà
terapeutiche e per gustarlo con assoluto piacere bisogna
conoscerlo, saperlo scegliere, preparare e bere. Ecco l'u-
tilità di questa guida in cui sono classificati tutti i tipi di tè
verde, per zona di provenienza – Cina, Giappone, India,
Ceylon, Taiwan, Nordafrica – e per varietà, con un'accura-
ta descrizione del gusto e dell'aroma.

**CONSIGLI, ESERCIZI E STRATEGIE
PER CAMBIARE IN MEGLIO LE PROPRIE
ABITUDINI ALIMENTARI E IMPARARE A PREVENIRE
INVECE CHE CURARE**

MARIE BORREL
60 CONSIGLI ANTICOLESTEROLO

Il colesterolo è diventato ormai una star. Tutti ne parlano, tutti lo temono, chi di noi non conosce almeno una persona che, pur vivendo a stretto regime alimentare, ha livelli altissimi di colesterolo? La stampa parla spesso di prodotti anticolesterolo, il mercato propone in continuazione alimenti *light*. Ma il colesterolo è davvero quel mostro che minaccia la nostra salute e che può essere debellato soltanto con diete ipocaloriche e senza grassi? Questo libro dispensa 60 ottimi consigli per fare luce su questa sostanza naturale – è prodotta, infatti, dal nostro organismo – ma considerata il nemico numero 1 della salute, aiutandoci nella scelta degli alimenti, senza farci perdere il piacere e la gioia della tavola. Ci aiuta a scoprire terapie naturali – piante, minerali, vitamine, rimedi omeopatici – ed esercizi fisici semplici e praticabili ogni giorno – passeggiate, ginnastica dolce, yoga –, non solo per tenere sotto controllo i valori di colesterolo nel sangue, ma anche per migliorare il nostro stile di vita, grazie ad abitudini sane e corrette per un futuro di benessere sia fisico sia mentale.

TEA PRATICA

ATTIVARE I CHAKRA E RITROVARE LA SALUTE

CHRISTOPHER S. KILHAM
I CINQUE ESERCIZI TIBETANI

Una serie di semplici esercizi, noti anche come i «cinque rituali di ringiovanimento», in cui è racchiuso il segreto per migliorare la propria efficienza fisica e mentale. Un potente mezzo derivato dalla tradizione dello yoga tibetano, per rinvigorire i sensi, potenziare l'energia vitale, eliminare i blocchi energetici e innescare un processo di profonda trasformazione spirituale.

TEA PRATICA

Curarsi, liberarsi da blocchi interiori e paure, e crescere spiritualmente

GIANCARLO TAROZZI
REIKI
ENERGIA E GUARIGIONE

Negli ultimi anni il Reiki sta conoscendo un momento di crescente diffusione anche in Italia. Per contro, la documentazione sull'argomento è ancora carente, spesso incompleta e contraddittoria. Questo manuale risponde in modo chiaro e completo a tutte le domande sul Reiki, sulle sue origini, le sue funzioni e i suoi principi, e illustra in modo dettagliato il metodo terapeutico olistico che sfrutta l'energia cosmica (il *reiki* appunto) per eliminare blocchi interiori, compensare carenze energetiche e per entrare in sintonia con quanto ci circonda.

**Dello stess autore
insieme a Gianna Cristofanilli,
in edizione TEA:**

Il Reiki delle origini

IL BENEFICO INFLUSSO DELLA LUNA
SU CORPO, MENTE E SPIRITO

JOHANNA PAUNGGER
THOMAS POPPE
SALUTE E BENESSERE IN ARMONIA
CON LE FASI DELLA LUNA

« Essere e mantenersi sani – con la propria forza: ecco l'argomento di questo libro. Vogliamo far conoscere una scienza che può accompagnare per tutta la vita, che può spianare la via a esperienze dirette e personali di tutto ciò che rafforza o indebolisce il corpo, lo spirito, l'anima, senza passare attraverso suggerimenti di esperti e autorità. » Dall'antica saggezza popolare, una guida utilissima e di comprovata efficacia per condurre una vita sana e serena, regolata sui ritmi naturali dei cicli lunari. Per imparare una corretta alimentazione in sintonia con le fasi lunari, cogliendo il momento giusto per cominciare qualsiasi cosa, riconoscere e sfruttare le forze e l'influenza della luna sulla nostra salute, sui nostri ritmi biologici, sul nostro umore e curarsi in modo naturale per mantenere un perfetto equilibrio tra corpo e anima.

Degli stessi autori
in edizione TEA:

L'agenda della luna
Servirsi della luna

L'INTEGRAZIONE DI *TERAPIA CON I MANDALA*

RUEDIGER DAHLKE
ELISABETH MITTEREGGER
ALBUM DI MANDALA

Non esiste al mondo un altro disegno simbolico tanto universale come il mandala. Esso racchiude in sé il senso dell'intera esistenza umana e, secondo la tradizione buddhista e tantrica, può aiutare a superare gli aspetti visibili del mondo e cogliere l'intima struttura del cosmo. Non meno importante, inoltre, è il suo straordinario potere terapeutico. Il lavoro con i mandala, infatti, offre un aiuto concreto nella guarigione spirituale e, in virtù dell'intima unione di corpo e spirito, favorisce la soluzione di moltissimi disturbi fisici. Colorando i mandala scelti per questo album, si potrà partire per un viaggio affascinante, dall'antichità fino ai tempi moderni, alla scoperta dello straordinario potere di guarigione della «terapia con i mandala».

Dello stesso autore
in edizione TEA:

Piccolo oracolo della salute
Terapia con i mandala

Finito di stampare
nel mese di settembre 2005
per conto della TEA S.p.A.
da La Tipografica Varese S.p.A. (VA)
Printed in Italy

502-0488-4